Lehrerausbildung im Urteil ihrer Studenten
Zur Reformbedürftigkeit der deutschen Lehrerbildung

GREIFSWALDER STUDIEN ZUR ERZIEHUNGSWISSENSCHAFT

Herausgegeben von Andreas Pehnke

Band 2

PETER LANG

Frankfurt am Main · Berlin · Bern · New York · Paris · Wien

Herbert Flach
Joachim Lück
Rosemarie Preuss

Lehrerausbildung im Urteil ihrer Studenten

Zur Reformbedürftigkeit
der deutschen Lehrerbildung

PETER LANG
Europäischer Verlag der Wissenschaften

Die Deutsche Bibliothek - CIP-Einheitsaufnahme

Lehrerausbildung im Urteil ihrer Studenten : zur
Reformbedürftigkeit der deutschen Lehrerbildung / Herbert
Flach ; Joachim Lück ; Rosemarie Preuss. - 2., durchges. Aufl. -
Frankfurt am Main ; Berlin ; Bern ; New York ; Paris ; Wien :
Lang, 1997
(Greifswalder Studien zur Erziehungswissenschaft ; Bd. 2)
ISBN 3-631-31780-8

NE: Lück, Joachim:; Preuss, Rosemarie:; GT

ISSN 0945-8581
ISBN 3-631-31780-8
© Peter Lang GmbH
Europäischer Verlag der Wissenschaften
Frankfurt am Main 1995
2., durchges. Aufl. 1997
Printed in Germany 1   3 4 5 6 7

INHALTSVERZEICHNIS

Die Veröffentlichung dieses Buches wurde durch einen Druckkostenzuschuß der

Ernst-Moritz-Arndt-Universität Greifswald

unterstützt.

Der Herausgeber und die Autoren danken Frau MANUELA PEUSS und Frau KORNELIA KOCK für ihre als studentische bzw. wissenschaftliche Hilfskraft geleistete mühevolle Arbeit der Aufbereitung des Gesamtmanuskripts.

0   Vorwort des Herausgebers

Die Idee zu diesem Buch wurde 1990 geboren, in einer Zeit, als in ersten
ost-westdeutschen Gesprächen zwischen Wissenschaftlern, die an der
Lehrerbildung interessiert waren, Gedanken und Vorstellungen über die
Neugestaltung der Lehrerbildung in einem vereinten Deutschland entwickelt
wurden. So entstand z.b. an der Freien Universität Berlin eine über zwei
Jahre tätige Arbeitsgruppe aus ost-und westdeutschen Erziehungswissenschaftlern, zu deren Initiatoren auch die Autoren dieses Buches gehörten (vgl. HÜBNER 1994).[*]

Dabei wurde deutlich, daß trotz unterschiedlicher politischer Systeme die
Grundprobleme der Lehrerbildung sowie die Forderungen der ost- und
westdeutschen Befürworter einer Reform der Lehrerbildung ähnlich sind.
Konsenz fand man insbesondere in folgenden Aufgabenbereichen:
- eine engere Verbindung von pädagogischer Theorie und pädagogischer
  Praxis in allen Ausbildungsphasen;
- eine stärker interdisziplinäre Ausbildung versus einer immer stärkeren Zersplitterung und Verfachwissenschaftlichung,
- eine gleichmäßigere Wichtung von fachwissenschaftlichen, fachdidaktischen und erziehungswissenschaftlichen Ausbildungsbestandteilen.

HERBERT FLACH, JOCHEN LÜCK und ROSEMARIE PREUß unternehmen mit ihrem Buch den Versuch, die Problematik der Lehrerbildung
aus der Sicht der Betroffenen (Lehrerstudenten) zu verdeutlichen. Dabei
betten sie die Ergebnisse der Studentenbefragungen in das Bedingungsgefüge ein, innerhalb dessen die Studentenurteile zustande gekommen sind und
versuchen so - in Verbindung mit den wesentlichen theoretischen und praktischen Entwicklungsproblemen - Anstöße zur Veränderung der Lehrerausbildung zu geben.

Dieser Ansatz ist besonders zu würdigen, weil die Diskussion um eine
Reform der Lehrerbildung in der Regel bisher durch die Neigung gekennzeichnet war, "Grundsatzfragen zu vereinfachen und inhaltliche Unklarheiten
durch ein oft vorschnelles Überwechseln auf die Ebenen politischer Ent-

---

[*] Die Literaturhinweise zum Vorwort befinden sich im Literaturverzeichnis des Nachwortes.

scheidungen, `weltanschaulicher Prämissen` und `standesbestimmter Wunschbilder`"(NEUMANN 1985, S.118) zu verlagern, denn seit es staatliche Lehrerausbildung gibt, ist sie stets konzeptionell umstritten und hochgradig politisiert gewesen (vgl. NEUMANN/OELKERS 1984, S.229) . Lehrerausbildung wurde bisher "keinen harten Evaluationen unterzogen, die das Ausbildungsangebot auf den Ausbildungszweck hin befragen würden" (vgl. OELKERS 1993, S.11), Modellversuche wurden kaum wahrgenommen und Studentenaussagen oft nur zu legitimatorischen Zwecken herangezogen.

Als das Manuskript vorlag, waren die gesetzlichen Bestimmungen zur Umgestaltung der Lehrerbildung in den neuen Bundesländern noch nicht erschienen, "lediglich" die Einführung der Zweiphasigkeit war bereits durch die "MEYER-Verordnung" (Verordnung vom 18.9.1990) festgelegt. Die Hoffnung der Verfasser und auch an Lehrerbildungsfragen interessierter westdeutscher Wissenschaftler (vgl. HÄNDLE/ NITSCH 1991), die neuen Bundesländer würden ihre durch die Kulturautonomie gegebenen Spielräume für die Gestaltung einer reform- und zukunftsorientierten Lehrerbildung nutzen, wurden nicht erfüllt. Betrachtet man die Lehrerbildungsgesetze und die Prüfungsordnungen für die Lehrämter, so wird man bei jedem neuen Bundesland ein entsprechendes Konzept aus einem Altbundesland finden. Lediglich die Universität Potsdam stellte zumindestens einen Entwurf für eine neue Lehrerbildung auf und realisiert diesen in Ansätzen (vgl. Potsdamer Modell).

Einen ersten Bilanzierungsversuch von ost- und westdeutscher Lehrerbildung stellten HÄNDLE/NITSCH bereits 1991 zur Diskussion. Dieser gibt einen Überblick über die unterschiedlichen Formen der Lehrerbildung in der ehemaligen DDR und der BRD und enthält eine wertvolle Sammlung von Dokumenten und Vorträgen über Vorschläge zur Gestaltung der Lehrerbildung im vereinten Deutschland.

Mit vorliegendem Buch stellen FLACH/PREUSS/LÜCK jedoch eine erste auf empirischen Untersuchungen beruhende Analyse von ost- und westdeutscher Lehrerbildung von 1970 bis zur Gegenwart zur Diskussion. Dabei werden bisher vernachlässigte und nicht publizierte empirische Arbeiten (vor allem aus der ehemaligen DDR) für Reformbemühungen einbezogen.

Es ist ein erster Versuch der Zusammenfassung einer Vielzahl empirischer Arbeiten; besonders hervorzuheben dabei ist, daß die Autoren dabei nicht stehenbleiben, sondern die empirische Analyse mit den zentralen bildungstheoretischen und hochschulpädagogischen Fragen der Lehrerausbildung verbinden und daraus konkrete Schlußfolgerungen für eine notwendige

Veränderung der Lehrerbildung im vereinten Deutschland zur Diskussion stellen.

Diese Reform der Lehrerbildung ist bisher zwar nicht erfolgt, aber dennoch geben FLACH/PREUß/LÜCK allen an der Lehrerbildung Beteiligten wichtige Denkanstöße für die zukünftige Gestaltung der Lehrerbildung und benennen für die Lehrerbildungsforschung wichtige Frage-und Problemstellungen .

Das pädagogische Wirken der drei Autoren ist schon immer eng mit Fragen der Lehrerbildung und Lehrertätigkeit verbunden gewesen.

HERBERT FLACH wurde 1928 geboren, war von 1946-1948 als Neulehrer im Schuldienst tätig, studierte dann an der Universität Leipzig und hat anschließend an der Pädagogischen Hochschule Potsdam erst als wissenschaftlicher Assistent und später als Professor vielfältige Erfahrungen in der Lehrerausbildung sammeln können. Seit 1970 ist er in der Lehrerbildungsforschung tätig und arbeitete von 1972-1990 an der Pädagogischen Akademie der Wissenschaften. Er publizierte vor allem zur Geschichte der Pädagogik, zur Lehrerbildung und Lehrertätigkeit und zur Theorie und Methodologie der Pädagogik.

ROSEMARIE PREUß wurde 1936 geboren, studierte von 1955-1960 an der Pädagogischen Hochschule Potsdam und war danach bis 1963 als Lehrerin für Geschichte und Deutsch tätig. Danach arbeitete sie an der Pädagogischen Hochschule Potsdam. Seit 1970 befaßt sie sich mit Fragen der Lehrerbildungsforschung, erst an der PH Potsdam und dann an der Akademie der Pädagogischen Wissenschaften Berlin. Sie publizierte im Bereich der Methodik des Geschichtsunterrichts und der Lehrerausbildung.

JOACHIM LÜCK wurde 1923 geboren und war von 1949-1961 als Neulehrer und dann als Schuldirektor tätig. Nach zwei Fernstudien arbeitete er von 1961-1975 an der Pädagogischen Hochschule Potsdam im Bereich der Erziehungstheorie. Von 1975-1990 arbeitete er an der Pädagogischen Akademie der Wissenschaften in Berlin. Er publizierte zur Erziehungstheorie und zur Lehrerbildung.

Den Autoren war es leider auf Grund ihrer beruflichen Situation nach der Wende nicht möglich, ihre eigenen empirischen Untersuchungen und theoretischen Studien zur Entwicklung des pädagogischen Könnens bzw. der pädagogischen Handlungskompetenz weiterzuführen bzw. vergleichende Erhebungen bei ost-und westdeutschen Studierenden vorzunehmen.

Ihre wissenschaftlichen Intentionen werden jedoch von INES HORST, einer ihrer Mitstreiterinnen, aufgegriffen und in einem Habilitationsprojekt zu Aspekten der Lehrerbildung am Institut für Pädagogik der Ernst-Moritz-Arndt-Universität Greifswald fortgeführt.

Einige ausgewählte Ergebnisse einer ersten vergleichenden Erhebung (vgl. HORST 1994), die durch die DFG in Form eines Ausbildungsstipendiums unterstützt wurden, werden von ihr im Nachwort dargestellt.

Greifswald im Januar 1995   Andreas Pehnke

1 Problemlage

1.1. Begründung des Anliegens

Die Herstellung der Einheit Deutschlands durch den Beitritt der DDR zur Bundesrepublik hat natürlich auch Konsequenzen für die Lehrerausbildung. Dies gilt vor allem für die neuen Bundesländer und den Ostteil Berlins, denn die Modalitäten der Vereinigung, also die Tatsache, daß diese durch Beitritt zustandekam, bedingen, daß die Ausbildung der Lehrer in den neuen Ländern weitgehend den in der Bundesrepublik dominierenden Ausbildungsstrukturen und -prinzipien angepaßt und angeglichen wird. Ein entscheidender Schritt dazu wurde mit der Einführung der Zweiphasigkeit der Ausbildung auf dem Verordnungsweg noch vor dem 3.Oktober 1990 getan (Verordnung vom 18.9.1990); die folgenden Maßnahmen zur Evaluierung, Umstrukturierung und Neuorientierung der Lehrerausbildung in den neuen Ländern führten freilich weit über den mit dieser Verordnung gesetzten Rahmen hinaus, insbesondere was den Abbau von Ausbildungskapazitäten betrifft.[1]

Die Umgestaltung der Ausbildung der Lehrer in den neuen Ländern ist im wesentlichen abgeschlossen. Trotzdem bleibt abzuwarten, ob und wie in diesen Ländern die mit ihrer Kulturhoheit gegebenen Möglichkeiten der Ausgestaltung dieser Ausbildung verstanden und ausgeschöpft werden, und zu hoffen, daß vorhandene Spielräume für eine reform- und zukunftsorientierte Lehrerbildung, speziell auch im Hinblick auf die angestrebte europäische Integration, genutzt werden. Freilich muß die Lehrerausbildung sich an den Schulsystemen der neuen Länder orientieren. Hier dominiert - mit Variationen in den einzelnen Ländern - der Rückschritt zum Modell der dreigliedrigen Schule, wobei sich hinsichtlich der Grundschuldauer, des Stellenwertes von Gesamtschulen, des Fächerkanons, der Differenzierung innerhalb der Schultypen usw. unterschiedliche Regelungen abzeichnen, die auch die Gestaltung der Ausbildung der Lehrer beeinflussen.

Notwendige Maßnahmen, wie der Übergang zur Hochschulausbildung der Primarstufenlehrer stehen im Kontrast zum Abbau von Ausbildungskapazitäten, der durch den Lehrerüberschuß, wie er aus der Erhöhung der Klassenfrequenzen und der Pflichtstundenzahl der Lehrer, genauer: aus der Übernahme der entsprechenden finanzpolitisch begründeten Kennziffern der Bundesrepublik entsteht, eine fragwürdige Rechtfertigung erhält. Die Auflösung von Ausbildungsstätten wie auch die politisch motivierte Abwicklung von Fachbereichen an lehrerbildenden Einrichtungen trägt sicher kaum zur notwendigen Verbesserung der Qualität der Ausbildung z.B. in den erziehungswissenschaftlichen und sozialwissenschaftlichen Fächern bei. Der mit der Einführung der zweiten Phase einhergehenden Reduzierung im Bereich der unterrichtsmethodischen und schulpraktischen Ausbildung steht das wenig erfolgversprechende Bestreben gegenüber, durch die Einrichtung neuer Studiengänge (Freizeitpädagogen, Sozialpädagogen u.ä.) personelle Kapazitäten zu erhalten.

Insgesamt verhindern die Eile, mit der die Angleichung an Strukturen der Lehrerausbildung in der Bundesrepublik vollzogen wird, und die Art und Weise, wie dies geschieht, die Besinnung und Diskussion darüber, wie die notwendige Umgestaltung in den neuen Ländern in einer echten Reform münden könnte, von der auch Impulse für die weitere Entwicklung der Lehrerausbildung in den alten Bundesländern ausgehen könnten. Denn: Die Anpassung an deren Ausbildungssystem kann nicht damit begründet werden, daß dieses so effektiv, leistungsfähig und fortschrittlich sei, daß es rundum und ohne jede Abstriche als Vorbild für eine moderne Lehrerbildung dienen könne. Die weitgehende Anpassung ist ausschließlich politisch begründet und „gerechtfertigt". Und doch bleibt ernsthaft zu fragen, was an der Lehrerausbildung in der ehemaligen DDR erhaltenswert und entwicklungsfähig ist. Das Argument, dieses Ausbildungssystem sei, politisch - ideologisch durchdrungen und staatlich reglementiert, nur ein Instrument gewesen, um die bildungspolitischen Ziele der SED durchzusetzen, ist zu vordergründig und zu einseitig, um für eine echte und sachliche Diskussion über die künftige Gestaltung der Lehrerbildung brauchbar zu sein.

Eine solche Diskussion ist jedoch notwendig. Dies zumindest in dreierlei Hinsicht: Zunächst einmal als notwendiges Moment und wichtige Bedingung für die Lehrerausbildung überhaupt. Ohne das ständige kritische Infragestellen des Bestehenden sind deren „Funktionsfähigkeit" und erst recht deren Verbesserung und Weiterentwicklung nicht möglich. Die Erfahrungen in der DDR, wo mit der These, daß das Bestehende immer und stets „sich bewährt" habe, solche Diskussionen - die trotzdem unausweichlich waren - stark behindert und eigentlich ins „Nichtoffizielle" verbannt wurden, belegen das.

Zweitens wird in einem tatsächlich einheitlichen Deutschland die Frage der Weiterentwicklung, der Reform der Lehrerausbildung aktuell und vielleicht auch brisant werden, weil einerseits das bestehende bundesrepublikanische Ausbildungssystem durchaus nicht als optimal gelten kann, weil andererseits das Erbe - auch im positiven Sinne gemeint - der DDR-Lehrerbildung weder durch Verordnung noch Abwicklung beseitigt werden kann, sondern weiterwirken wird und der kritischen Aufarbeitung bedarf.

Drittens schließlich wird die europäische Integration (im Rahmen der EU), unabhängig davon, welche Zeiträume sie benötigt, nicht ohne Auswirkungen auf die Lehrerausbildung in der Bundesrepublik Deutschland bleiben. Das betrifft sowohl die Befähigung der künftigen Lehrer, zur Integrationsbereitschaft und zur Integrationsfähigkeit zu erziehen - sicher eine ebenso weitreichende wie aktuelle Aufgabe -, wie auch ein vernünftiges Maß an Kompatibilität und Angleichung der Ausbildungsgänge für Lehrer. Die gegenseitige Anerkennung von Abschlüssen ist nur ein erster Schritt dazu.[2]

Zu dieser notwendigen Diskussion um die Reform der Lehrerausbildung will diese Publikation beitragen. Sie stellt sich die Aufgabe, aus einer Analyse dieser Ausbildung in den beiden deutschen Staaten heraus Ansatzpunkte, Problemfelder, Möglichkeiten und Notwendigkeiten der Weiterentwicklung deutlich zu machen. Freilich ist dies eine spezifische Form der Analyse: Die Erfahrung, das Erleben, die Meinung der von der Lehrerausbildung Betroffenen, also der Lehrerstudenten, soll die Basis sein, um Aussagen und Aufschlüsse über Effekt und Wirksamkeit, über Stärken und Schwächen der Ausbildung zu gewinnen und zu werten. Die mit diesem Vorgehen verbundenen methodologischen und (forschungs-) methodischen Fragen sind sicher zu diskutieren. Zunächst sei lediglich festgestellt, daß sowohl aus der Bundesrepublik wie aus der DDR ein sehr umfangreiches empirisches Material vorliegt, das zwar nach Art der Erhebung wie nach Grad und Qualität der Verarbeitung große Unterschiede aufweist, insgesamt aber eine tragfähige Grundlage für ein solches Anliegen bietet.

Nun könnte freilich bezweifelt werden, ob dieses auf einem Vergleich beider Lehrerausbildungssysteme beruhende Anliegen überhaupt gerechtfertigt und realisierbar sei, oder ob nicht diese beiden Systeme nach Ziel, Art und Ausgestaltung so unterschiedlich sind bzw. waren, daß sich ein solcher Vergleich verbietet.

Wir gehen von der These aus - die es zu belegen gilt -, daß diese beiden Systeme so viel gemeinsame Zielaspekte, Gestaltungsgrundsätze und auch unzureichend bewältigte Probleme haben, daß dieser Vergleich, gegründet auf den Urteilen der betroffenen Lehrerstudenten, nicht nur möglich ist, sondern sich in vieler Hinsicht geradezu anbietet.

Eine Skizze der Entwicklung der Lehrerbildungssysteme in beiden deutschen Staaten nach der Zerschlagung der faschistischen Herrschaft kann helfen, diese These zu stützen. In beiden Teilen Deutschlands standen die gleichen Aufgaben im Bereich der Lehrerausbildung auf der Tagesordnung: Es ging zunächst um die Überwindung der Deformierungen der Lehrerbildung im faschistischen Deutschland, die einerseits in der politisch-ideologischen Ausrichtung der Ausbildung durch das faschistische Regime, andererseits im inhaltlichen und organisatorischen Abbau vor allem der Ausbildung der Volksschullehrer (Rückkehr zur Seminarausbildung) ihren Ausdruck fanden. Vor allem aber war der Aufbau einer Lehrerbildung erforderlich, die den Zielen der Demokratisierung und der höheren Leistungsfähigkeit des Schulwesens verpflichtet und geeignet war, die Realisierung dieser Ziele nicht nur zu unterstützen, sondern in hohem Maße überhaupt erst zu gewährleisten. Dabei war die Ausgangslage in beiden Teilen Deutschlands auch insofern ähnlich, als das überkommene duale System der Lehrerbildung, also die seminaristische Ausbildung der Volksschullehrer auf der einen[3], die universitäre Ausbildung der Gymnasiallehrer auf der anderen Seite der Reform bedurfte, um eine weitreichende Demokratisierung der Schule zu fördern und zu sichern. Die alte Forderung nach Hochschulausbildung für alle Lehrer gewann besonderes Gewicht.

Die Reform ging freilich im Westen und im Osten Deutschlands unterschiedliche Wege. Das ist natürlich in der unterschiedlichen politischen Entwicklung und speziell in den verschiedenen Wegen der Reform des Bildungswesens begründet.

Im Osten Deutschlands, in der damaligen sowjetischen Besatzungszone, wurde die achtjährige gemeinsame Grundschule als Kern der demokratischen Einheitsschule geschaffen. Die Lehrer dafür sollten an den neu gegründeten Pädagogischen Fakultäten an den Universitäten ausgebildet werden; damit sollte die Hochschulausbildung für alle Lehrer gesichert werden.

Dieses Modell der Ausbildung von Lehrern scheiterte; die Pädagogischen Fakultäten wurden in den fünfziger Jahren aufgelöst. Für dieses Scheitern gab es zwei Gründe: Zum einen waren die Fakultäten nicht in der Lage, den dramatisch zunehmenden starken Lehrerbedarf zu befriedigen. Dieser Bedarf resultierte aus der konsequent betriebenen Entlassung faschistisch belasteter Lehrer, aus dem Lehrermangel als Kriegsfolge, aus den stark gestiegenen Schülerzahlen, aus dem Aufbau des neuen Schulsystems. So wurden neben der kurzfristigen Ausbildung von „Neulehrern" neue Ausbildungsformen und -einrichtungen geschaffen: einerseits die „Pädagogischen Institute", die sich über einen längeren Zeitraum hinweg zu lehrerbildenden wissenschaftlichen Hochschulen entwickelten, andererseits die „Institute für Lehrerbildung", die die Lehrer für die Klassen 1 bis 4, also für die Unterstufe ausbildeten und die den Status von Fachschulen besaßen. Zwar erhielten an diesen Instituten die „Unterstufenlehrer" eine gute Berufsausbildung, aber mit ihrer Einrichtung wurde das Prinzip der Hochschulausbildung für alle Lehrer aufgegeben. Spätestens ab 1975 wurde wohl erneut die hochschulgemäße Ausbildung der Lehrer für untere Klassen als Aufgabe der Weiterentwicklung der Lehrerausbildung postuliert, zu ernsthaften Maßnahmen dazu ist es freilich nicht gekommen.

Der zweite Grund ist gewichtiger: Die spätestens 1950 einsetzende „Weiterentwicklung" der Schulreform, die - unter Anlehnung an das Vorbild der sowjetischen Schule - eine durch konsequente Wissenschaftlichkeit gesicherte höhere Leistungsfähigkeit der Schule anstrebte, führte in der nunmehr zehnjährigen allgemeinbildenden Schule zur Stabilisierung des aus der früheren höheren Schule übernommenen Fächerkanons, zur ausgeprägten Wissenschaftsorientiertheit und zum konsequenten Fachlehrerprinzip. Die damit verbundenen Intentionen kommen deutlich darin zum Ausdruck, daß die Schule schlichtweg in „Oberschule" umbenannt wurde, was dann auch die Wortschöpfung „Erweiterte Oberschule" notwendig machte. Für die

Lehrerausbildung bedeutete dies die strikte Orientierung auf das Studium der (traditionellen) Wissenschaften in ihrer universitären Erscheinungsform, die Übernahme der teildisziplinären Gliederung bzw. Zersplitterung der im Ausbildungsprofil versammelten Wissenschaften in Form von Lehrgebieten, die stärkere Betonung der fachwissenschaftlichen Ausbildung, die strikte Orientierung auf den **Fach**lehrer.

Dem vermochte das an den Pädagogischen Fakultäten entwickelte Modell der Lehrerausbildung, das einen höheren Stellenwert der pädagogischen und unterrichtsmethodischen Ausbildung vorsah, nicht zu entsprechen, zumal mit der Fachorientierung auch die „Abkopplung" der Ausbildung der Lehrer für die unteren Klassen gleichsam programmiert war.

Freilich - und das muß betont werden - wurden wesentliche Prinzipien, die die Ausbildung an diesen Fakultäten bestimmt hatten, beibehalten, wenn auch z.T. in modifizierter Form. Dazu gehören:

-   Das Verständnis der Lehrerausbildung als akademische Berufsausbildung, was der in der DDR anerkannten hochschulpolitischen Position entsprach, daß ein Hochschulstudium der Vorbereitung auf eine qualifizierte und akademische Bildung erfordernde berufliche Tätigkeit dient; damit wurde der Widerspruch von Wissenschaftlichkeit (Wissenschaftsorientiertheit) und Berufsbezogenheit zu einem Entwicklungsproblem der Ausbildung.

-   Der Gedanke eines eigenständigen Studienganges für künftige Lehrer, der in entsprechenden Studienplänen konzipiert und an den Pädagogischen Hochschulen, nicht immer an den Universitäten auch realisiert wurde.

-   Die im Prinzip einphasige Ausbildung, der sich zwar eine „Probezeit" anschloß, die aber zur Zuerkennung der vollen Berufsbefähigung führte.

- Die Integration von pädagogischen und Unterrichtspraktika in die Ausbildung mit der Tendenz der zeitlichen Ausdehnung dieser praktischen Ausbildungsabschnitte (schulpraktisches Semester, schulpraktisch orientiertes fünftes Studienjahr ab 1982).

- Der hohe Stellenwert der integrierend wirkenden theoretischen und praktischen unterrichtsmethodischen Ausbildung, die als wichtiger Bereich der erziehungswissenschaftlichen Ausbildung verstanden wurde.

Auf dem Gebiet der späteren Bundesrepublik knüpfte man an die Formen der Lehrerausbildung in der Weimarer Republik an. Die zweiphasige Ausbildung der Gymnasiallehrer (Universitätsstudium und Referendariat) wurde fortgeführt, in einigen Ländern blieb zunächst die seminaristische Ausbildung der Volksschullehrer erhalten, die Mehrzahl der Bundesländer bildete die Lehrer für Grund- und Hauptschulen an Pädagogischen Hochschulen, z.t. auch an Universitäten aus, wobei Erfahrungen aus der Weimarer Zeit genutzt wurden. Das dominierende dreigliedrige Schulsystem prägte wesentlich die Struktur der Lehrerausbildung.

Die in den sechziger Jahren einsetzenden Bestrebungen zu einer umfassenden Bildungsreform führten mit Notwendkeit auch zu einer Neuordnung der Lehrerausbildung. In den Bildungsreformbestrebungen trafen sich zwei Zielstellungen:

Einerseits ging es um die Erhöhung der Leistungskraft der Schule, um besser gebildete und vorbereitete Produzenten (Arbeitnehmer und Arbeitgeber), was vor allem durch ein höheres wissenschaftliches Niveau der Schule und auch durch ihren materiellen Ausbau erreicht werden sollte. Anderseits wurde eine weitergehende Demokratisierung des Bildungswesens, speziell die Überwindung der starren Dreigliedrigkeit der Schule angestrebt, z.B.durch die Gründung von Gesamtschulen.

20

Die Unterschiedlichkeit der Ziele der Bildungsreformbewegung bestimmt auch die unterschiedliche Wertung ihrer Ergebnisse. In der Reformphase der 60er und 70er Jahre fand die Einbeziehung der meisten Pädagogischen Hochschulen in Universitäten und Gesamthochschulen und damit die Durchsetzung des akademischen Charakters dieser Ausbildung statt. Auf diese Weise sollte dem Anspruch auf ein höheres wissenschaft-liches Niveau Genüge getan werden. Diese Einbeziehung bedeutetegleichzeitig den allgemeinen Übergang zur Zweiphasigkeit der Ausbildung. Damit waren die Zuerkennung des Beamtenstatus für (fast) alle Lehrer und entsprechende materielle und soziale Vergünstigungen verbunden. Die allgemeine Einführung des Vorbereitungsdienstes (Referendariat), der eine staatliche Einrichtung darstellt, kann als ein bestimmtes Gegengewicht gegen die von den Universitäten beanspruchte Autonomie und die Freiheit von Lehre und Forschung verstanden werden. Damit wurden jedoch die der frühen (zweiphasigen) Gymnasiallehrerausbildung eigenen Probleme gleichsam verallgemeinert. Trotz der Fortschritte und des höheren Aufwandes an Zeit und Geld in der Lehrerbildung der Bundesrepublik wird die Ausbildungsreform von vielen Pädagogen und Lehrerbildnern wenn schon nicht als mißlungen, so doch als nicht zu Ende geführt bewertet. Zumindest wird deutlich, daß auch das jetzige Ausbildungssystem nicht wenige Problemfelder enthält, die von den Betroffenen auch als solche erlebt und reflektiert werden.[4]

Nun vermag natürlich diese grobe Skizzierung der Entwicklung der Lehrerausbildung in den beiden deutschen Staaten noch nicht die Frage zu beantworten, inwieweit ein Vergleich beider Systeme (über die Wertungen von Lehrerstudenten) überhaupt möglich und inwieweit er sinnvoll und nützlich ist, um die Notwendigkeit weiterführender Reformen deutlich zu machen.

Deshalb muß versucht werden, neben und hinter den ins Auge fallenden Unterschieden zwischen diesen Systemen jene Gemeinsamkeiten, zunächst jene gemeinsamen Problemfelder sichtbar werden zu lassen und näher zu kennzeichnen, die einen zumindest latenten Reformbedarf andeuten.

Es geht um jene Probleme, die durch die Angleichung der Lehrerausbildung in den neuen Bundesländern, wie sie durch die Konsequenzen des Beitrittsvertrages und die Notwendigkeit der Kompatibilität der Abschlüsse erzwungen wird, nicht bewältigt oder beseitigt werden - weder in den neuen noch in den alten Bundesländern - und den Handlungsbedarf im Hinblick auf eine perspektivisch orientierte Weiterentwicklung der Ausbildung von Lehrern signalisieren.

Auf den ersten Blick bestand ein oder vielleicht der entscheidende und grundlegende Unterschied zwischen beiden Ausbildungssystemen darin, daß in der ehemaligen DDR die Lehrerausbildung straff politisch-ideologisch durchdrungen und ausgerichtet war, der Erziehung sozialistischer Lehrerpersönlichkeiten und ideologischer Kämpfer dienen und den Marxismus-Leninismus als die wissenschaftliche Weltanschauung der Arbeiterklasse vermitteln sollte, während in der Bundesrepublik weltanschaulicher und politischer Pluralismus in der Lehrerausbildung Platz hatte und eine vordergründige und einheitliche politische und weltanschauliche Ausrichtung nicht zuließ. Nun war natürlich auch in der Lehrerbildung der DDR nicht alles Ideologie, und es ist auch zu unterscheiden zwischen den Forderungen und Postulaten, die in den offiziellen und ministeriellen Orientierungen und Referaten dominierten, und der Praxis an den Einrichtungen. Freilich können diese politisch-ideologische Durchdringung und ihre Folgen auch nicht heruntergespielt und nur als Oberflächen- und Randerscheinung gesehen werden. Die Tatsache, daß die geforderte politisch-ideologische Haltung als verpflichtend für Lehrerbildner und Lehrerstudent galt, konnte nicht ohne Wirkung bleiben. Mancher mag dies sicher als nun einmal notwendige Pflichtübung betrachtet haben, die ansonsten auf seine Lehr- und Forschungstätigkeit wenig Einfluß hatte. Nicht wenige standen durchaus auf dem Boden der marxistischen Philosophie und traten für eine sozialistische Politik ein, ohne dadurch der herrschenden politischen Praxis kritiklos gegenüberzustehen. Die problematischsten Folgen hatte dieseDurchdringung und Indoktrination wohl dort, wo das Bekenntnis zum Marxismus-Leninismus und zur Politik der Partei half, beruflich voranzukommen und mangelnde wissenschaftliche Befähigung und Anstrengung zu verdecken und zu ersetzen. Leider wird die kritische Aufarbeitung und Überwindung dieser komplexen Problematik durch die Politik der „Abwicklung" ganzer Ausbildungsbereiche eher verhindert; eine schlimme Folge dieser Politik besteht wohl auch darin, daß nicht betroffene Bereiche gleichsam automatisch als „politisch unbedenklich" und wissenschaftlich leistungsfähig erklärt werden.

Die Lehrerausbildung in der DDR war zweitens durch ein hohes Maß an zentraler Reglementierung gekennzeichnet, wie dies z.B. in einheitlichen, verbindlichen und detaillierten Lehrprogrammen zum Ausdruck kam. Nun war die DDR sicher ein zentralistischer und kein Bundesstaat, der z.B. die Kulturhoheit von Bundesländern nicht kannte - wobei vielleicht zu bemerken wäre, daß die hoheitlichen Rechte der bundesrepublikanischen Länder nur sehr bedingt über den Kultursektor hinausreichen. Und sicher kann man auch von der Lehrerausbildung in der BRD nicht behaupten, daß sie nicht reglementiert sei. Nur betrifft diese Reglementierung zunächst und sogar in ausgeprägter Form die zweite Ausbildungsphase, also den Vorbereitungsdienst, in dem die Lehramtsanwärter ein genau fixiertes Ausbildungsprogramm zu absolvieren und so ihre Eignung für Beruf und Beamtenstatus nachzuweisen haben. Auf die erste Phase nimmt der Staat vor allem durch detaillierte Prüfungsordnungen Einfluß, wobei zu betonen ist, daß nicht die Hochschulen, sondern staatliche Prüfungskommissionen für die Abnahme des 1. Staatsexamens (als Abschluß der ersten Ausbildungsphase) zuständig sind. Gegen die Bemühungen der staatlichen Verwaltung, ihren Einfluß auf die Gestaltung der ersten Phase auszudehnen, gegen die sog. „staatliche

Landnahme" (vgl. z. B. BECK 1982) wehren sich viele Lehrerbildner, die die „Autonomie" der Hochschulen nicht als Freibrief betrachten, sondern für innovative Bestrebungen zur Verbesserung der Ausbildung nutzen wollen. Die bedenklichen Folgen der überzogenen Reglementierung in der Lehrerausbildung der DDR traten auch in anderen Bereichen zutage, z.B. in der Tolerierung von Mittelmäßigkeit sowohl bei Studenten wie bei Lehrkräften: Der Student konnte dank der Planung der Zulassungs- und Absolventenzahlen sicher sein, ohne ganz gröbliches Versagen, aber eben auch ohne überdurchschnittliche Anstrengungen das Studienziel zu erreichen und eine Lehrerstelle zu erhalten. Lehrkräfte konnten sicher sein, daß mit dem Abarbeiten der Lehrprogramme, die sich trotz (oder wegen) ständiger Programmarbeiten über Jahrzehnte nur unwesentlich änderten, ihre Aufgabe und Verantwortung als Lehrerbildner und Wissenschaftler als erfüllt galt. (Freilich ist zu bemerken, daß auch die Berufung auf die Freiheit von Lehre und Forschung ein solches Verhalten zu legitimieren vermag). Natürlich gab es auch in der DDR Lehrerbildner, die mit oder ohne Lehrprogramm gute und anspruchsvolle Lehrveranstaltungen durchführten; die Aufhebung, zumindest Lockerung des verbindlichen Charakters der Programme, man kann auch sagen, die Legalisierung der Praxis engagierter Lehrerbildner löste ab 1986 vor allem im erziehungswissenschaftlichen Bereich eine beachtliche Reformbewegung aus, deren Ergebnisse, so bleibt zu hoffen, auch unter den Bedingungen wirksam werden können.

Wie oben erwähnt, war in der DDR als eine Art hochschulpolitischer Grundsatz die Position anerkannt, daß das Studium als akademische Berufsausbildung zu verstehen und zu gestalten sei. Freilich geriet dieser Grundsatz theoretisch und praktisch häufig in Konflikt mit dem Prinzip der Wissenschaftlichkeit, das einerseits durch eine bestimmte Fetischisierung des Wissenschaftsbegriffes, andererseits durch eine verbreitete enge Orientierung an den einzelnen Wissenschaftsdisziplinen manche Mißdeutung erfuhr. Speziell auch in den pädagogischen Studiengängen stellte das oft als ein Gegensatz verstandene Spannungsverhältnis von Berufsbezogenheit und Wissenschafts- bzw. Disziplinorientiertheit nicht nur ein Diskussions-, sondern auch ein zentrales Gestaltungsproblem dar. Dies kann an dieser Stelle nur angedeutet, nicht ausgeführt werden (siehe auch Abschnitt 3).

In der Lehrerausbildung in der Bundesrepublik tritt diese Frage zwar in anderer Gestalt zutage, ist aber ebenfalls grundlegend, wenn es um die Bewertung von Qualität und Wirksamkeit dieser Ausbildung geht. Während die zweite Phase doch eindeutig berufsorientiert und berufsvorbereitend verstanden und gestaltet wird, wird für die erste Phase, für das Studium an der Univerität ein direkter Berufsbezug häufig und mit unterschiedlichen Argumenten abgelehnt. Nicht selten wirkt das Bildungsverständnis der früheren Philosophischen Fakultäten nach. Reformbestrebungen zielen meist auf eine Verstärkung des Berufsbezugs der universitären Ausbildung, was z.b. auch in der Forderung nach „Professionalität" zum Ausdruck kommt. Das Spannungsfeld von Berufsbezogenheit und Wissenschaftlichkeit ist im Grunde genommen auch der Kern des „Theorie-Praxis-Syndroms", das, wenn auch in differenzierten Formen und Ausprägungen, die Lehrerausbildung seit langer Zeit und eben auch in beiden deutschen Staaten bestimmte.[5] Ohne diese vielschichtige Problematik hier diskutieren zu können, ist zu betonen, daß das Verhältnis von Berufsbezug und Wissenschaftlichkeit und die Gestaltung der Theorie-Praxis-Beziehungen in der Lehrerausbildung für das Anliegen dieser Arbeit ein zentrales Problem ist; dies allein deshalb, weil die übergroße Mehrheit der Lehrerstudenten natürlich und mit Recht erwartet, durch die Ausbildung auch an diesem Kriterium mißt.

Auf weitere Unterschiede in den Lehrerausbildungssystemen beider deutscher Staaten wurde bereits verwiesen: So ist es sicher nicht unerheblich, daß in den bundesdeutschen Lehrerbildungseinrichtungen die Fachdidaktik eng an die Fachwissenschaften angebunden ist, während in der DDR die bedeutend umfänglichere unterrichtsmethodische Ausbildung als Teil des erziehungswissenschaftlichen Studienbereichs verstanden und gestaltet wurde, z.b. auch semesterbegleitende schulpraktische Übungen einbezog; auch trugen die Unterrichtsmethodiker ganz wesentlich die Verantwortung für die Gestaltung der Schulpraktika, die einen hohen Stellenwert im Ausbildungsgang besaßen.[6]

Die Frage nach Gemeinsamkeiten der Lehrerausbildung in beiden deutschen Staaten mag deplaziert oder gar abwegig erscheinen angesichts der Situation, daß sowohl in Darstellung über die Lehrerbildung im jeweils anderen Staat wie auch im gegenwärtigen Prozeß der Ausdehnung des bundesrepublikanischen Systems der Lehrerausbildung auf ganz Deutschland sehr stark die Unterschiede herausgestellt und artikuliert werden. Dies wird auch mit dem Hinweis auf die unterschiedliche gesellschaftliche und politische Ordnung in den beiden Staaten, die natürlich auch die Lehrerbildungssysteme beeinflußte, zu legitimieren gesucht. Jedoch ist die Hervorhebung und Kennzeichnung dieser Unterschiede eigentlich nur vor dem Hintergrund von Gemeinsamkeiten möglich und sinnvoll; solche Gemeinsamkeiten gibt es viele. Sie ergeben sich zunächst einmal aus Bildungstraditionen und Bildungsauffassungen in Deutschland, die in beiden deutschen Staaten, wenn auch unterschiedlich akzentuiert, wirksam waren und blieben. Sie folgen insbesondere auch aus den strukturellen Ähnlichkeiten der beiden Bildungssysteme. Und sie sind nicht zuletzt das Ergebnis von „Sachzwängen", denen Lehrerausbildung nun einmal unterliegt, wenn sie ihre Funktion erfüllen will. Sehr wesentlichen Einfluß hatte die große Ähnlichkeit des Bildungskanons und - als Ausdruck dessen - der Stundentafeln in den allgemeinbildenden Schulen beider Staaten. Es handelt sich um den modifizierten Bildungsplan und Fächerkanon der höheren Schule, wie er sich nach 1900 bis in die Weimarer Zeit hinein herausgebildet hatte. Die Forderungen nach höherer Leistungsfähigkeit der Schule und ihrer Absolventen durch wissenschaftliche Bildung führten in West und Ost nicht zu einem wirklich neuen Allgemeinbildungskonzept, sondern zur Verallgemeinerung, d.h. zur Übertragung dieses Fächerkanons der höheren Schule auf die allgemeinbildende Schule insgesamt. Zwei Beispiele sollen dies belegen: Die traditionelle Trennung von Allgemeinbildung und Berufsbildung blieb - bis auf bescheidene Ausnahmen - erhalten. Und auch bei diesen Ausnahmen (Berufsausbildung mit Abitur einerseits, Kollegschulen andererseits) scheint es sich eher um ein Neben- als um ein Miteinander von Allgemein- und Berufsbildung zu handeln. Die polytechnische Bildung - als „revolutionäres Element" sozialistischer Bildung - konnte sich in der Schule der DDR eigentlich nur in Form neuer Unterrichtsfächer, die dem überkommenen Fächerkanon additiv zugeordnet wurden, ähnlich wie der Technikunterricht in der BRD, in den Schulen behaupten; oft wurde auch die produktive Arbeit (PA) der Schüler nicht anders als ein Unterrichtsfach behandelt. Nun mag man diesen Bildungs- und Fächerkanon einfach als **die** Form moderner Allgemeinbildung verstehen und betrachten, die gar nicht hinterfragt werden kann, weil Alternativen nicht denkbar seien und sich diese Art der Allgemeinbildung schließlich doch historisch bewährt habe. Diese verbreitete Auffassung ist wahrscheinlich das größte Hindernis auf dem Wege zu einer tatsächlich zukunftsorientierten Schulbildung. Für die Lehrerbildung in ganz Deutschland hat dies natürlich Konsequenzen:

Zum ersten muß sich die Fächerstruktur der allgemeinbildenden Schule in der Lehrerausbildung fortsetzen. Die Struktur und mehr noch das Bildungsverständnis (die Bildungsideologie) der früheren Philosophischen Fakultäten dominiert deutlich das Lehrerstudium.

Damit verbunden wird zweitens der Grundsatz der Wissenschaftlichkeit der Lehrerausbildung einseitig als Wissenschafts- bzw. Disziplinorientiertheit ausgelegt und praktiziert. Das Lehrerstudium reduziert sich wesentlich auf die Aneignung von Inhalten der im Studium enthaltenen wissenschaftlichen Teildisziplinen. Die daraus resultierende Zersplitterung und Überfrachtung des Studiums wurde vor allem in der Lehrerausbildung der DDR deutlich. Die Bestrebungen zur Veränderung dieses Zustandes, z.B. die Bemühungen um integrative Lehrgänge in der DDR oder um die Einführung des Projektstudiums in der BRD blieben ohne echten und dauerhaften Erfolg.

Drittens ist mit dem Fächerkanon der Schule das Fachlehrerprinzip verbunden und immer konsequenter durchgesetzt worden. Es bestimmt auch die Lehrerbildung und führt dort zur Dominanz der fachwissenschaftlichen Ausbildung. Ein Kompromiß zwischen den Bedürfnissen der allgemeinbildenden Schule und den Bestrebungen der in der Lehrerausbildung vertretenen Fachwissenschaften ist die Ausbildung des Lehrers in zwei Fächern als dominierende Ausbildungsform. Mit der Betonung der Fachausbildung verschärft sich die Frage, wie der künftige Lehrer auf die Bewältigung der erzieherischen Aufgaben innerhalb und auch außerhalb des Unterrichts vorzubereiten sei. In der Betonung der erzieherischen Verantwortung und der über den Unterricht hinausreichenden Aufgaben des Lehrers treffen sich, wenn auch mit sehr unterschiedlichen Zielsetzungen, Bestrebungen der herrschenden Kräfte und schulreformerische Wünsche und Vorstellungen. Damit wird das Problem deutlich, wie weit und umfangreich das Aufgaben- und Verantwortungsfeld des Lehrers, wie es ihm teils vom Staat, teils aber auch von Reformbestrebungen zugewiesen wird, eigentlich sein kann. Die Tendenz, dieses Aufgabenfeld immer weiterzuspannen, hat viel zur wachsenden Belastung der Lehrer, zu ihrer beruflichen Verunsicherung und zum sinkenden Berufsprestige beigetragen. Diese Tendenz drückt sich auch im Auseinanderklaffen der Bildungs- und Erziehungsfunktion und der unterrichtlichen und außerunterrichtlichen Aufgaben des Lehrers aus. In der DDR zeigte sich dies z.B. in der Hypertrophierung der Klassenleiterfunktion (Klassenleiterplan als Erziehungsplan) und in der de facto-Verpflichtung des Lehrers als Pionierleiter.

Wie gesagt, tendieren auch schulreformerische Bestrebungen (z.B. das Modell der „offenen Schule") zu einer Ausweitung der Aufgaben und Verantwortung der Lehrer. So berechtigt und verständlich solche Bestrebungen sein mögen, ihre Verwirklichung kann nicht primär den in die Realität der heutigen fach- und wissenschaftsorientierten Schule eingebundenen Lehrern übertragen werden. Damit wird eine weitere „Gemeinsamkeit" der Lehrerbildungssysteme angesprochen: Sie dienen vorrangig der Ausbildung von Lehrern, wie die bestehende Schule sie braucht, die in sie passen, nicht aber solcher Lehrer, die Reform, Veränderung, Weiterentwicklung der Schule anstreben und auch bewirken können. In der BRD dürften Zielstellung und Gestaltung des Vorbereitungsdienstes dies deutlich machen, auch die Tatsache, daß viele Lehramtsanwärter den Übergang aus der ersten „liberaleren", aber auch unverbindlicheren in die reglementierte, „repressive" zweite Phase als „Praxisschock" erleben. In der DDR wurde diese Problematik kaum thematisiert; die pädagogische Praxis galt generell als „fortgeschritten" und progressiv, vor allem gegenüber der pädagogischen Wissenschaft und damit auch der Ausbildung, und der vielzitierte „schöpferische" Lehrer zeichnete sich durch gute Umsetzung der Vorgaben, vor allem der Lehrpläne aus.

Der Versuch, Lehrerausbildung zu bewerten und daraus Hinweise auf Notwendigkeiten und Möglichkeiten ihrer Reform, ihrer Weiterentwicklung zu gewinnen, sieht sich sofort mit der Schwierigkeit konfrontiert, Kriterien für eine solche Bewertung zu gewinnen und anzuwenden. Selbst die naheliegende These, daß die Bewährung ihrer Absolventen in der Schulpraxis der wichtigste und überdies ein zuverlässiger Maßstab für die Qualität dieser Ausbildung sei, muß hinterfragt werden. Zunächst einmal ist zu fragen, ob die Absicht, die künftigen Lehrer auf die bestehende Schulpraxis und auf die Bewältigung ihrer Anforderungen vorzubereiten, das Ziel einer guten

Lehrerbildung sein kann   (s.o.), oder ob eine solche nicht die Veränderung der Schule, ihre Progression, ihre Weiterentwicklung anstreben müsse. Der Verweis darauf, daß die Meisterung der schulischen Anforderungen durch die Lehrer zunächst einmal die Voraussetzung für Fortschritt und Innovation in der Schule sei, beantwortet diese Frage nicht. Weiterhin bliebe zu untersuchen - und das wäre sicher eine schwierige Aufgabe -, inwieweit Lehrerausbildung überhaupt die berufliche Befähigung bzw. Kompetenz der Lehrer formt und bestimmt; es dürfte außer Zweifel stehen, daß die bestehende Schulorganisation und die daraus folgende Anforderungsstruktur - der Fächerkanon, das Klassensystem, Unterrichtsstunde und Stundenplan, Lehrplan und Lehrbuch, dazu die Unterrichtshilfe, Leistungshierarchie und Beaufsichtigungsmechanismen - die Tätigkeit des Lehrers stark bestimmen und seine Entscheidungsspielräume ebenso stark einengen. Hinzu tritt die Tatsache, daß der junge Lehrer aus seiner Erfahrung des Schulbereichs als Schüler manche Verhaltensweise, auch im Sinne der Anlehnung an „Lehrervorbilder" häufig unreflektiert übernimmt. Ebenso ist bekannt, daß nicht wenige gute Lehrer dies auch mit wenig oder ohne alle Ausbildung geworden sind. Und bekannt sind auch die vielfältigen Klagen junger Lehrer, daß sie mit dem, was die Ausbildung ihnen geboten hat, in der Praxis wenig oder nichts anfangen können - was eben nicht nur in der Qualität der Ausbildung begründet sein muß. Schließlich kann mit einigem Recht, wenn auch bewußt zugespitzt, auch die Frage formuliert werden: Führt die Ausbildung primär zur Befähigung oder in erster Linie zur Berechtigung zum Ausüben des Lehrerberufs? Geht es um den Erwerb beruflicher Kompetenz oder um den Erwerb eines Zertifikats, das für die Ausübung des Berufs verlangt wird? Die vielfältigen Klagen über die mangelnde Berufsbezogenheit von Lehrerausbildung lassen diese Frage nicht völlig abwegig erscheinen.

Wir kommen auf die Frage nach den Kriterien für die Qualität der Ausbildung zurück. Es liegt natürlich nahe und es ist sicher auch unerläßlich, den

Versuch zu unternehmen, die berufliche Tätigkeit der Absolventen (aber auch der Studenten in umfänglicheren Praktika) zu untersuchen, um Rückschlüsse auf ihren Befähigungsstand, z.b. auf den Ausprägungsgrad ihres pädagogischen Könnens zu ziehen und von da aus mögliche Konsequenzen für die Gestaltung der Ausbildung sichtbar zu machen. Von den damit verbundenen untersuchungsmethodischen Fragen seien hier lediglich zwei genannt: Inwieweit korrespondiert die empirisch ermittelte Qualität der erzieherischen Tätigkeit der Absolventen tatsächlich mit Leistungen (im positiven wie im negativen Sinne) der Ausbildung; welche weiteren Faktoren (s.o.) beeinflussen diese Qualität und inwieweit diese tatsächlich vorhandene - oder fehlende - berufliche Kompetenz, z.b. den Stand des pädagogischen Könnens wider? Und: Wie kann überhaupt die Qualität der beruflichen Tätigkeit der Lehrer zuverlässig ermittelt und bewertet werden? Die häufig vertretene These, daß dies nur über die Ermittlung der Leistungs- und Verhaltensqualitäten der Schüler möglich, daß quasi „Lehrerleistung gleich Schülerleistung" sei, ist methodologisch nicht haltbar und untersuchungsmethodisch nicht überprüfbar, sofern man sich nicht auf die Erfassung von Beziehungen zwischen Lehrer- und Schülerverhalten im aktuellen pädagogischen Geschehen beschränkt. Für die umfassende und gleichzeitig differenzierte Bewertung der Tätigkeit(en) des Lehrers im Unterricht, etwa im Rahmen einer Unterrichtsstunde, reichen die vorhandenen Erhebungsinstrumentarien - auch bei Einsatz technischer Mittel - bei höheren methodischen Ansprüchen eigentlich nicht aus. Ganz zu schweigen ist vom methodischen Elend der Hospitationskriterien, der Unterrichtskontrolle und der Hospitationsauswertung in der Arbeit mit Praktikanten, Referendaren, jungen Lehrern.[7]

Wir werden in dieser Arbeit Ergebnisse der vielfältigen Untersuchungen zur Qualität der erzieherischen, speziell der unterrichtlichen Tätigkeit von Absolventen und Lehrern nur bedingt, gleichsam nur zum Zwecke der Ergänzung und „Verstärkung" verwenden. Das ist nicht nur in den angedeuteten forschungsmethodischen Fragen begründet, mehr noch in der Tatsache, daß damit der Rahmen dieser Arbeit gesprengt und ihr Anspruch überhöht würden.

Wir konzentrieren uns - wie bereits gesagt - in empirischer Hinsicht auf Bewertungen und Einschätzungen der betroffenen Lehrerstudenten zur Gestaltung, Qualität und Wirksamkeit ihrer Ausbildung. Auch dies wirft natürlich die Frage auf, inwieweit ein solches Vorgehen forschungsmethodisch legitim sei, genauer: ob die Meinungen und Äußerungen von Lehrerstudenten einen verläßlichen und gültigen Maßstab für Wertungen über die Ausbildung abgeben und damit auch Ausgangspunkte für Überlegungen zu deren Reform sein können. Die Zweifel und Einwände lassen sich in zwei Punkten zusammenfassen: Erstens handle es sich um subjektive Aussagen, die, unabhängig von den methodischen Problemen ihrer Erfassung, stark von den Erfahrungen, der Biographie, den Einstellungen und wohl auch von aktuellen Befindlichkeiten der Lehrerstudenten beeinflußt seien und somit nur ein durchaus subjektiv gefärbtes und gebrochenes Bild der „realen" Situation, der Qualität und Wirksamkeit von Lehrerausbildung liefern können. Zweitens sei zu fragen, ob die Studenten wirklich komptent und fähig seien, ihre Ausbildung und deren Wirkungen zu beurteilen. Mit diesem Argument sahen sich unsere - aber sicher nicht nur unsere - Untersuchungen von Seiten vieler Lehrerbildner und auch offizieller Stellen häufig konfrontiert. Etwas vereinfacht kann man auch sagen, daß dieses Argument meist dann betont wurde, wenn Studenten sich kritisch zu ihrer Ausbildung äußerten und anderer Meinung als ihre Ausbilder waren. Im umgekehrten Falle - und auch der trat natürlich ein - wurden der Sachverstand und die Kompetenz der Studenten als „Partner der Lehrkräfte" betont und gelobt.

Entscheidend ist wohl folgendes: Lehrerstudenten nehmen ihr Studium mit bestimmten Erwartungen und Vorstellungen auf, die in aller Regel mit der Absicht korrespondieren, sich durch dieses Studium auf den Lehrerberuf vorzubereiten. Und sie sind sicher auch in der Lage, sich nicht nur ein eigenes, sondern auch ein zutreffendes Urteil über die Qualitäten der erfahrenen Ausbildung, über die Lehrveranstaltungen, die Lehrkräfte, die Studienbedingungen zu bilden; wenn dabei auch mit Recht der Blick auf den künftigen Beruf und seine Anforderungen eine gewichtige Rolle spielt, so werden ihre Urteile und Meinungen doch auch wesentlich von den Erfahrungen bezüglich ihres Status als Student, ihrer Möglichkeiten der Einflußnahme auf die Gestaltung des Studiums, ihrer eigenen Persönlichkeitsentwicklung bestimmt. Vor allem aber: Die Positionen, Erfahrungen und Einstellungen der Studierenden sind selbst ein wesenlicher hochschulpädagogischer Faktor, der ihr Verhalten prägt und damit über Erfolg und Mißerfolg des Studiums in hohem maße entscheidet. Alle Absichten, Formen, Maßnahmen der Ausbildung können nur dann Erfolg haben, wenn sie von den Studenten angenommen und mitgetragen werden. Die einfache erzieherische Einsicht, daß letzten Endes die Tätigkeit der Edukanden selbst über den Erfolg erzieherischer Intentionen entscheidet, gilt auch für die akademische Ausbildung, und für das Studium künftiger Lehrer ist wohl sogar in besonderem Maße verbindlich.

Natürlich bedürfen die Ergebnisse solcher Erhebungen der Einordnung und Interpretation. Es ist erforderlich, das Bedingungsgefüge zu kennzeichnen, innerhalb dessen die Studentenurteile zustandegekommen sind und worauf sie gleichsam reagieren. Auf diese Weise werden diese Urteile sowohl in ihrer Aussagekraft erhöht wie auch in gewissem Sinne relativiert. So kann sich unsere Auswertung der einschlägigen empirischen Erhebungen nicht auf das Ordnen und Referieren der erhobenen Daten beschränken. Wir wollen versuchen, die wesentlichen theoretischen und praktischen Entwicklungsprobleme und Problemfelder zu kennzeichnen und zu diskutieren, um unter Betrachtung und Nutzung der Vorstellungen und Vorschläge der betroffenen Studenten Gedanken und Anstöße zu Veränderungen zu begründen.

1.2. Methodische Bemerkungen

Die für unser Vorhaben verfügbaren empirischen Untersuchungen sind außerordentlich umfangreich und praktisch unübersehbar. In beiden deutschen Staaten gab es eine Vielzahl von Studien zur Lehrerausbildung. In beiden deutschen Staaten gab es eine Vielzahl von Studien zur Lehrerausbildung, in denen Studenten zu den verschiedensten Aspekten ihres Studiums und ihres Berufs befragt wurden. In einem überraschend hohen Maße sind dabei die Fragestellungen vergleichbar. Natürlich gibt es auch Erhebungen, auf die das nicht oder nur mit großen Vorbehalten zutrifft; genannt seien etwa die recht zahlreichen Untersuchungen zur politisch-ideologischen Haltung der Lehrerstudenten in der DDR. Auch dort, wo die Fragestellungen vergleichbar sind, müssen sicher die unterschiedlichen Bedingungen (s.o.) in Rechnung gestellt und reflektiert werden, um zu einer tragfähigen Interpretation der Befunde zu kommen.

Ein wichtiger Unterschied in den einschlägigen Erhebungen in den beiden deutschen Staaten besteht in folgendem: In der Bundesrepublik wurden solche Arbeiten im allgemeinen - nicht in allen Fällen - forschungsmethodisch (unter inhaltlichen und statistischen Aspekten) sorgfältig vorbereitet, ebenso gründlich ausgewertet, wozu moderne Rechentechnik verfügbar war, und meist auch publiziert. In der DDR waren die Bedingungen weniger günstig. Der Weg zur offiziellen Genehmigung empirischer Erhebungen mit statistisch repräsentativem Anspruch war eng, langwierig und mit vielen Hindernissen bestückt. Die weitaus meisten der in dieser Arbeit ausgewerteten Untersuchungen wurden unter Umgehung des vorgeschriebenen Genehmi-

gungsverfahrens durchgeführt. Vieles entstand im Rahmen von Qualifizie-
rungsvorhaben (Dissertationen, Diplomarbeiten). Dabei waren forschungsmethodische Abstriche im Hinblick auf die Stichprobenauswahl und die
methodenkritische Prüfung der Untersuchungsistrumentarien nicht zu ver-
meiden. Bei der Auswertung mußte meist der Taschenrechner den Computer
„ersetzen“. Der Publizierung empirisch gewonnener Daten waren besonder
enge Grenzen gesetzt; wir stützen uns auf weitgehend unveröffentlichte For-
schungsberichte und -materialien.

Die von uns verwendeten empirischen Materialien, die in der DDR ent-
standen, lassen sich drei Quellen zuordnen:

- Im Mittelpunkt stehen Arbeiten der „Arbeitsstelle für Lehrerbildungsforschung“, die von 1970 bis 1985 in Potsdam bestand und dann von der
Leitung der Akademie der Pädagogischen Wissenschaften (APW) aufgelöst wurde. Hier sind auch die zahlreichen Dissertationen und Diplom-
marbeiten einzuordnen, die von den Mitarbeitern dieser Arbeitsstelle an-
geleitet wurden.
- Genutzt werden auch - in Auswahl - die Ergebnisse von Untersuchungen
an Universitäten und Hochschulen, wobei ebenfalls der Anteil an Quali-
fizierungsvorhaben hoch ist.
- Schließlich werden Ergebnisse der umfangreichen empirischen Erhebungen des ehemaligen Zentralinstituts für Jugendforschung in Leipzig
einbezogen, soweit uns diese Ergebnisse zugänglich geworden sind. Das
Institut durfte solche Ergebnisse nur in sehr beschränktem Maße publi-
zieren; wir erhielten vor allem durch die Hilfe von Herrn Dr. G.-W.
BATHKE Zugang zu weiteren Materialien.

Wir beschränken uns auf die Nutzung und Auswertung von Erhebungen,
die in den letzten zwei Jahrzehnten, also nach 1970 durchgeführt wurden.

Das ist von der Sache her sicher berechtigt, vom Umfang des verfügbaren Materials her auch notwendig.

Diese zeitliche Eingrenzung gilt auch für die in der Bundesrepublik entstandenen Arbeiten. Auch hier können wir natürlich nicht den Anspruch erheben, alle einschlägigen Studien zu erfassen und auszuwerten, zumal wir nur publizierte Ergebnisse nutzen konnten. Wir hoffen, bei dieser Auswahl keine übergroßen und schwerwiegenden Lücken gelassen zu haben.

Die angestrebte vergleichende Betrachtung und Auswertung dieser Arbeiten sieht sich sicher nicht nur jenen Schwierigkeiten gegenüber, die bereits angedeutet wurden und die bei der Bearbeitung der Problemfelder zu beachten und nach Möglichkeit zu überwinden sein werden. Es ist auch erforderlich, für die empirischen Daten selbst nach Wegen zu suchen, die ihren Vergleich, auch ihre zusammenfassung möglich machen. Sicher ist dies nur in vertretbaren Grenzen möglich, da die unterschiedlichen Formen ihres Zustandekommens, ihre Einordnung in unterschiedlich orientierte Arbeiten, ihr Zusammenhang mit jeweils verschiedenen Themenkomplexen usw. es nötig machen, hier große Vorsicht walten zu lassen. Trotzdem sind solche Vergleiche unverzichtbar. Zwei Konsequenzen dürften unerläßlich sein:

Das Ergebnis solcher Vergleiche können nur Werte sein, die Trends andeuten und auf Tendenzen hinweisen; auf keinen Fall können solche Werte als statistisch gesicherte Zahlen, als Maßzahlen o.ä. gedeutet und verstanden werden. Und: es ist nicht oder doch nur im Ausnahmefall möglich, solche Werte statistisch weiter zu verarbeiten.

Dort, wo empirische Daten in Form von relativen Häufigkeiten vorliegen oder so ausgdrückt werden können, sind Vergleich und evt. auch Zusammenfassungen erleichtert. In vielen Fällen wurden die Werte mit Hilfe von skalierten Antwortvorgaben (Schätzskalen) gewonnen, wobei die Art der Skala und die Zahl der Skalenstufen recht unterschiedlich sind. Dort, wo dies abgängig erscheint, wird eine gewisse Vergleichbarkeit der Werte

(Mittelwerte) durch ihre Transformation auf den Zahlenraum 0 bis 100 zu sicher gesucht.[8]

Schließlich ist zu betonen, daß wir ganz vorrangig solche Arbeiten berücksichtigt und einbezogen haben, deren Ergebnisse in qualifizierter Form ausgewiesen sind, auch, um die (vergleichbaren) Zahlen für sich sprechen zu lassen. Qualitative Aussagen auf empirischer Basis werden nur gelegentlich zur Unterstützung und Bekräftigung herangezogen.

2 Studienerwartungen - Studienmotive

Der Lehrerstudent nimmt das Studium mit einem bestimmten Ziel und damit verbundenen Erwartungen an den Inhalt, die Gestaltung und die Bedingungen der Ausbildung auf. Die überwiegende Mehrheit der Studienanfänger tut dies mit der relativ gefestigten und meist auch wohlüberlegten Absicht, Lehrer zu werden und sich gut auf den Lehrerberuf vorzubereiten. Das wird durch alle einschlägigen Erhebungen belegt.

Natürlich gibt es auch Studenten, die das Lehrerstudium als eine Möglichkeit, als ein „Sprungbrett" betrachten, um Zugang zu einem anderen gewünschten Beruf zu erhalten. Nicht wenige entscheiden sich für die Aufnahme eines Lehrerstudiums, weil sie hier die Möglichkeit sehen, ihren speziellen fachlichen Interessen nachzugehen, ohne ausgeprägte Neigungen zur erzieherischen Tätigkeit, zum Lehrerberuf zu haben. In der DDR traf dies z.B. für jene Studenten zu, die ihr Streben nach einem Fremdsprachen-, Sport- oder künstlerischem Studium über eine Lehrerausbildung realisieren wollten. Hinzu kamen die „umgelenkten" Studenten, die ihren ursprünglichen bzw. vorrangigen Studienwunsch aus Kapazitäts- oder/und Leistungsgründen nicht realisieren konnten.

Hier sind bestimmte Unterschiede in den Modalitäten des Studienzuganges in der DDR und in der BRD zu beachten: In der DDR existierte ein relativ straffes System der Studienlenkung, daß auf geplanten Absolventenzahlen und auf festgelegten Studienkapazitäten (Zahl der Studienplätze) aufbaute und sichern sollte, daß jeder Studienbewerber seinen - oder doch einen - Studienplatz erhielt und daß die Diskrepanzen zwischen der Zahl der Bewerber und der Studienplätze in den verschiedenen Studienrichtungen abgebaut wurden. Mit der Aufnahme des Studiums war das Ausbildungsziel, das nach einer festgelegten Studienzeit zu erreichen war, eindeutig bestimmt; ein Wechsel der Hochschule und erst recht des des Ausbildungsziels war nicht unmöglich, aber doch schwierig.[9] In der BRD wird der Hochschulzugang in liberaleren Formen über Numerus-Clausus-Regelungen gesteuert, die Aufnahme eines Studiums muß nicht mit der festen Entscheidung für einen bestimmten Beruf verbunden sein, vielmehr steht der Wechsel der Studienrichtung offen, zumindest an den Universitäten braucht in Lehramtsstudiengängen die Entscheidung für den Lehrer- oder einen anderen Beruf erst relativ spät getroffen werden.

Man mag die an den Lehrerbildungsstätten der DDR existierende Notwendigkeit, sich mit Studienbeginn für den Lehrerberuf zu entscheiden, als Reglementierung kritisieren; es ist jedoch nicht von der Hand zu weisen, daß diese Entscheidung für die Gestaltung des Studiums und für das Studienverhalten auch durchaus positive Konsequenzen hatte.

Bevor einige empirische Daten zu referieren sind, muß betont werden, daß das Vorhandensein bzw. Nichtvorhandensein des Berufswunsches „Lehrer" zu Beginn des Studiums respektive die Festigkeit der Berufsentscheidung wenig prognostische Relevanz für das Studienverhalten und speziell für den Studienerfolg haben, da die Anforderungen, die Gestaltung und die Bedingungen des Lehrerstudiums und die Art ihrer Bewältigung letztlich entscheidend sind für die Sicherheit und Festigkeit der Berufsentscheidung am Ende der Ausbildung (vgl. Abschnitte 4, 7). In diesem Zusammenhang kann auch auf Untersuchungen zur Genese der Entscheidung für den Lehrerberuf bei Schülern hingewiesen werden: Sie führten zu dem Ergebnis, daß nicht, wie oft angenommen, ein frühzeitig entstandener Wunsch, Lehrer zu werden, mit Sicherheit zu einer festen Berufs- und Studienmotivation führt, sondern daß die überlegte, bewußte Entscheidung für diesen Beruf, getroffen auch in Abwägung gegenüber anderen Berufen und Ausbildungsmöglichkeiten, die bessere Ausgangsposition für die Meisterung der Studienanforderungen und die zielstrebige Vorbereitung auf die Tätigkeit als Lehrer darstellt (GREIF 1976; KRAUSE 1977; THORMANN 1976; LUBIENSKI 1979; FLACH 1980).

Der Anteil der Studenten, die erst zum Zeitpunkt der Bewerbung oder nachdem der erste bzw. eigentliche Studienwunsch nicht realisierbar war, sich für ein Lehrerstudium entschieden, wird in verschiedenen Erhebungen relativ übereinstimmend mit 15 % angegeben. So kann davon ausgegangen werden, daß die überwiegende Mehrzahl der Fachlehrerstudenten in der DDR das Studium mit dem festen Vorsatz aufgenommen hat, sich auf den Lehrerberuf vorzubereiten. Bei den Studenten an Instituten für Lehrerbildung war die Situation noch günstiger; das ist darin begründet, daß für Absolventen der 10.Klasse Lehrerstudium und lehrerberuf als erstrebenswerte Perspektiven erschienen. Allerdings wachsen bei einem doch nicht unbeträchtlichen Teil der Lehrerstudenten im Verlauf des Studiums die Bedenken, ob sie den für sie richtigen Beruf gewählthaben. Dabei spielen ihre Erfahrungen bezüglich des Inhalts und der Gestaltung der Ausbildung eine wesentliche Rolle (s.u.).

Die weitaus meisten Lehrerstudenten beginnen ihr Studium mit der **Erwartung**, zielgerichtet und intensiv auf die Tätigkeit als Lehrer vorbereitet zu werden und jenes Wissen und jenes Können zu erwerben, daß sie befähigt, die Anforderungen des Lehrerberufs gut zu bewältigen. Sie erwarten eine eindeutig berufsbezogene, auf die Anforderungen der pädagogischen Praxis orientierte Ausbildung.[10]

In einer Studie des Zentralinstituts für Jugendforschung (BATHKE 1987) wurden Erwartungen von Studienanfängern (Matrikel 1982, n=756) in der Weise erfaßt, daß diese die Bedeutsamkeit wesentlicher Aspekte und Bereiche der Ausbildung einschätzen sollten. Die gleichen Fragen wurden dieser Population nach dem 1. Studienjahr erneut zur Bewertung vorgelegt.

Tabelle 1   **Bedeutsamkeit von Ausbildungsbereichen für die Berufsvorbereitung (Angaben in G/$\bar{x}$ - 1. Spalte und in % („starke Zustimmung") - 2. Spalte)**

	Studienbeginn (n=756)		Nach dem 1. Studienjahr (n=614)	
	G	%	G	%
Entwicklung des praktischen pädagogischen Könnens	96	81	88	56
Unterrichtsmethodische Ausbildung	94	73	88	50
Vervollkommnung der Allgemeinbildung	90	64	88	50
Theoretische Ausbildung in den Fächern der Fachkombination	86	55	86	47
Theoretische Ausbildung in den pädagogisch-psychologischen Disziplinen	86	55	74	19
Kenntnis bildungs- und schulpolitischer Positionen	78	29	74	16
Geschichte der Pädagogik	64	15	59	2
Einbeziehung in die pädagogische Forschung	56	9	42	4

Ähnliche Ergebnisse bezüglich der Erwartung der Studienanfänger, auf die praktische berufliche Tätigkeit vorbereitet zu werden, lieferte die Untersuchung von FULDE (1979).

In dieser Erwartung sehen sich nicht wenige Studenten, wie noch zu belegen sein wird, häufig enttäuscht. Sie beklagen den mangelnden „Praxisbezug" der Ausbildung, wünschen bessere und mehr Möglichkeiten eigener praktischer pädagogischer Tätigkeit und betrachten manche Ausbildungsinhalte als eigentlich überflüssig.

Daraus resultiert die Meinung, daß den Lehrerstudenten eine gewisse atheoretische Haltung eigen sei, daß sie Notwendigkeit und Wert einer gründlichen Ausbildung in den Wissenschaften unterschätzen, die Bedeutung der Theorie für die Tätigkeit des Lehrers verkennen und einseitig praxisorientiert bzw. „praktizistisch" eingestellt seien (siehe z.B. BATHKE/KASEK 1979).

Sicher ist eine solche Erklärung zu einfach, allein schon aus der pädagogischen Erwägung heraus, daß jeder Unterricht, und eben auch der Hochschulunterricht, Entwicklungsstand und Interessenlage der Lernenden berücksichtigen und sich selbst als angemessen, notwendig, dem Ausbildungsziel entsprechend legitimieren muß. Im Grunde haben wir es mit einem spezifischen Ausdruck des Grundproblems der Lehrerausbildung, nämlich dem Widerspruch und Spannungsverhältnis von Wissenschaftsrespektive, Disziplinorientiertheit und Berufsbezogenheit zu tun (vgl. Abschnitt 3).

In diesem Zusammenhang ist bemerkenswert, daß den Lehrerstudenten ein höheres Maß an Berufsverbundenheit attestiert wird als Studenten anderer Studienrichtungen (BATHKE/KASEK 1979, S. 78 f.). Damit korrespondieren, so stellen die Autoren im Ergebnis einer Faktorenanalyse fest, u.a. das Streben, die Studienforderungen im vollen Umfang zu erfüllen, eine gute Informiertheit über die Anforderungen der künftigen beruflichen Tätigkeit, eine positive Studienhaltung und auch das Streben nach guten Studienleistungen.

Für den künftigen Fachlehrer ist die Entscheidung für Lehrerstudium und -beruf verbunden mit der Entscheidung für eine bestimmte Fachkombination. In der DDR mußte diese Entscheidung bereits mit der Bewerbung getroffen werden, nicht selten jedoch war eine Korrektur erforderlich, wenn eine „Umlenkung" wegen erheblicher Diskrepanzen zwischen der Zahl der Studienplätze und der Zahl der Bewerber erfolgte oder wenn die gewünschte Kombination an der gewählten Hochschule nicht studiert werden konnte.[11] Die Wahl der Fachkombination wurde natürlich stark von den in der Schulzeit entwickelten fachlichen Interessen und den erreichten Leistungen beeinflußt; das schulische „Lieblingsfach" bestimmte sehr häufig diese Wahl. KRAUSE (1977) ermittelte bei Lehrerbewerbern folgende Gründe:

Tabelle 2   Gründe für die Wahl der Studienfächer (Angaben in %, Mehrfachnennungen)

	11. Klasse (n = 88)	12. Klasse (n = 127)
Die Fächer sind „Lieblingsfächer"	88	61
Übereinstimmung von pädagogischen und fachlichen Interessen	69	71
Gute Leistungen in diesen Fächern	49	36
Vorbild der Fachlehrer	29	28
Begabung für diese Fächer	26	21
Vorbildlicher Unterricht in diesen Fächern	19	13
Hoher Lehrerbedarf in dieser Fachkombination	16	17

Zu ähnlichen Ergebnissen kommt THORMANN bei ihrer Befragung von Lehrerstudenten (Matrikel 1972) am Ende des 1. Studienjahres:

Tabelle 3   Gründe für die Wahl der Studienfächer (Angaben in %, Mehrfachnennungen, n = 400) [12]

	Hauptfach	Nebenfach
Besonderes Interesse für diese Fächer	81	54
Erfolgserlebnisse in diesen Fächern in der Schulzeit	45	34
Vorbild der Fachlehrer	44	33
Vorbildlicher Unterricht in diesen Fächern	37	31
Einsicht in die Tatsache, daß für diese Fächer starker Lehrerbedarf besteht	22	15
Begabung für diese Fächer	14	13

Bei 80 % der Probanden war das Hauptfach das „Lieblingsfach" in der Schule, bei 66 % trifft dies auf das Nebenfach zu. Bezüglich der studierten Fachkombinationen ergaben sich in der gleichen Untersuchung weniger günstige Zahlen. Die Frage „Entspricht Ihre Fachkombination Ihren Wünschen, die Sie bei der Entscheidung für das Fachlehrerstudium hatten?" wurde so beantwortet:

Tabelle 4   **Zufriedenheit mit der Fachkombination (Angaben in %)**

	Matrikel 1972 (n = 400)	Matrikel 1973 (n = 458)
völlig	40	53
nur Hauptfach	32	18
nur Nebenfach	11	9
überhaupt nicht	7	6
ohne Antwort	10	6
andere Studienrichtung gewünscht	-	8

In der Befragung des ZIJ bei 622 Lehrerstudenten des 2.Studienjahres (1983) bekundeten 54 % feste Verbundenheit mit dem Studienfach, 63 % mit dem künftigen Beruf (nach KLEMENT 1986).

Sicher ist für die Studienmotivation, für das Engagement der Studenten nicht unwichtig, ob die Fächer, die sie studieren, ihren ursprünglichen Wünschen entsprechen oder nicht. Freilich bleibt zu fragen, inwieweit mit diesen Wünschen zutreffende Vorstellungen verbunden sind, welche Anforderungen mit einem Hochschulstudium in diesen Fächern - im Unterschied zum Schulunterricht - verbunden sind. Es ist eine wichtige hochschulpädagogische Aufgabe, unter Nutzung der insgeamt positiven Studienerwartungen und des damit verbundenen Leistungswillens der Studienanfänger deren Interesse am Studium und seinen Bestandteilen nicht nur zu stabilisieren, sondern ebenfalls weiterzuentwickeln oder gegebenenfalls erst zu wecken und in die richtigen Bahnen zu lenken. Erhebungen darüber, inwieweit die Studienerwartungen erfüllt und die Studieninteressen stabilisiert werden, ergeben meist einen Trend zur Ernüchterung insofern, als manche überhöhte Erwartung, die aus dem Willen resultieren mag, die Herausforderung des aufzunehmenden Studiums gut zu bestehen, abgebaut und relativiert wird. Für die oftmals entscheidende erste Studienphase bleibt es dennoch wichtig, in welchem Maße die Erwartungen und Vorstellungen vom Lehrerstudium sich erfüllen oder enttäuscht werden. SIEKERKÖTTER (1979) erhielt z.B. folgende Antworten:

Tabelle 5   Erfüllung der Studienerwartungen (Angaben in %, n = 113)

	ja	teils/teils	nein
Entsprechen Deine jetzigen Erfahrungen den Erwartungen vor Beginn des Studiums?			
- bezüglich der Studienbedingungen	23	34	43
- bezüglich der Studieninhalte	25	47	28
Hat der Lehrstoff einen sinnvollen Bezug zum angestrebten Beruf?	29	33	47

BATHKE (1987) befragte Studienanfänger (Matrikel 1982, n = 756) nach ihrem Interesse für die Fächer und für die beiden im ersten Studienjahr angesiedelten pädagogischen Lehrgebiete „Grundlagen der Pädagogik" und „Geschichte der Erziehung".[13]

Tabelle 6   Interesse für Ausbildungsfächer (Angaben in %)

	Studienbeginn starkes Interesse	Nach dem 1. Studienjahr Interesse ist	
		stärker	schwächer geworden
1. Fach	74	44	11
2. Fach	78	52	9
Grundlagen der Pädagogik	35	20	31
Geschichte der Erziehung	35	20	31

Die Werte zeigen eine allgemeine Tendenz, die auch in anderen Bereichen deutlich wird: Das Interesse an der fachwissenschaftlichen Ausbildung und die Zufriedenheit mit ihr wachsen zumindest in den ersten Studienjahren, während die Ausbildung im Fach Pädagogik in aller Regel eher kritisch beurteilt wird; die Studenten sehen ihre ohnehin nicht übermäßigen Erwartungen in diesem wichtigen Ausbildungsbereich nicht erfüllt. Die fachwissenschaftliche Ausbildung „profitiert" natürlich davon, daß der Fachunterricht an der Schule die Studenten bereits in diese Fächer eingeführt hat, sie dort bereits relativ stabile Interessen entwickelt haben (s.o.), daß die Fachausbildung für eine gewisse Zeit als Fortführung des Schulunterrichts in diesen Fächern erlebt werden mag. Für das Fach Pädagogik gibt es keine ähnlichen „Vorleistungen" aus der Schulzeit; die Pädagogik muß ihre Fragestellungen, ihre Struktur und Herangehensweise, ihren Erkenntnisstand erst an die Studenten heranbringen und einsichtig machen. Sie steht zudem unter dem Erwartungsdruck, in besonderem Maße auf die praktischen Anforderungen des Lehrerberufs vorzubereiten.

Die Ausbildung im Fach Pädagogik wurde nicht etwa nur in der DDR von den Lehrerstudenten kritisch bewertet; es zeigen sich deutliche Parallelen zur Situation an Lehrerbildungsstätten der Bundesrepublik. Dies wird noch ausführlicher zu dokumentieren und zu diskutieren sein.

Die Erwartungen der Lehrerstudenten hinsichtlich der Tätigkeit und „Wirksamkeit" der Lehrerbildner sind mit Studienbeginn besonders ausgeprägt, vielleicht auch überzogen insofern, als der Hochschullehrer natürlich in anderer Weise mit den Studenten arbeitet und auf sie Einfluß nimmt, als das der Lehrer mit seinen Schülern tut. Diese Erwartungen werden daher auch nicht erfüllt - allerdings ist der Unterschied zur Bewertung der tatsächlichen „Wirksamkeit" der Lehrerbildner gravierend. Folgende Zahlen[14] verdeutlichen das:

Tabelle 7   Erwartungen an die Lehrerbildner/ Erfüllung (Studentenbefragung Potsdam - Angaben in G/$\bar{x}$)

	Matrikel 1974		Matrikel 1977 (Kobert 1983)	
	1. Sem. n = 400	4. Sem. n = 291	1. Sem. n = 124	2. Sem. n = 118
Unterstützung bei der Bewältigung der Studienanforderungen	98	57	95	53
Vorbildwirkung	93	52	88	54
Rat und Hilfe bei persönlichen Fragen	68	33	-	-

46

In seiner Erhebung stellte SIEKERKÖTTER (1979) fest, daß 52 % der befragten Studenten das Verhältnis zu den Professoren als unpersönlich, nur 9 % als persönlich bewerteten.

Über die Studienerwartungen und ihre Erfüllung bei Studenten von Instituten für Lehrerbildung gibt die umfangreiche Studie von SCHUBERT (1985) Auskunft. Er befragte die Studenten viermal im Laufe ihrer Ausbildung und erhielt folgende Werte:

Tabelle 8   Studienerwartungen - IfL (Angaben in G/$\bar{x}$)

	1979 n = 145	1981 n = 144	1982 n = 126	1983 n = 122
Im Studium ist ständige Arbeit mit Kindern unentbehrlich	89	93	89	89
Für den Erfolg des Studiums ist die Einsicht in die politisch-ideologische Funktion des Lehrers unentbehrlich	88	83	80	74
Ich stelle im Studium höchste Anforderungen an mich, um später den Aufgaben als Lehrer gerecht werden zu können	83	70	66	66
Ich muß mich vor allem um gute Leistungen in Deutsch, Mathematik und im Wahlfach bemühen[15]	80	74	71	71
Die Arbeit mit Studienanleitungen ist für erfolgreiche Studienarbeit wertvoll	80	79	68	57
Für den Studienerfolg ist die enge Zusammenarbeit mit den Lehrkräften erforderlich	79	72	70	60
Ich muß mich im Studium um selbstständige und schöpferische Arbeit bemühen	76	74	64	62
Viele Studenten meinen, daß man am Institut sehr viel Überflüssiges lernen muß	40	63	62	68
Von den Lehrkräften erwarte ich . gute Vermittlung des Stoffes	97	98	96	96
. Unterstützung bei der Bewältigung der Studienanforderungen	88	91	85	83
. Vorbildwirkung	90	93	87	87
. Rat und Hilfe auch in persönlichen Fragen	75	62	53	46

Mit den Studienerwartungen sind die **Motive** für die Wahl des Lehrerstudiums eng verknüpft. Zu diesen Motiven liegen zahlreiche Untersuchungen vor, die hier nur in Auswahl referiert und diskutiert werden können.[16] Als Ausgangspunkt wählen wir die Ergebnisse der Potsdamer Studentenbefragung.

Tabelle 9 Motive für die Wahl des Lehrerstudiums (Angaben in %, Mehrfachnennungen)

Motive	Matrikel			
	1973	1974	1975	1976 (Fulde 1979)
	n = 458	n = 400	n = 393	n = 123
Interesse an der Entwicklung und Formung der Persönlichkeit der Kinder und Jugendlichen	66	69	75	85
Interesse an beiden Studienfächern	64	62	77	70
Interesse an der Vermittlung von Wissen	38	38	57	56
Einsicht in die gesellschaftliche Bedeutung des Lehrerberufs	21	22	41	36
Interesse an psychologischen Problemen und Fragestellungen	19	33	40	37
Allgemeiner Wunsch nach akademischer Bildung	14	11	12	24
Streben nach gesichertem Berufsweg	13	9	11	11
Günstige Lage der Hochschule	12	10	10	20
Berücksichtigung des Wunsches der Eltern	4	4	4	7
Realisierung des 2. Studienwunsches	6	7	11	7
Im Lehrerstudium ist ein Studienplatz leichter zu bekommen	3	3	5	11
Im Lehrerstudium ist das Studienziel leichter zu erreichen	6	7	3	1

Die Werte zeigen die auch in anderen Untersuchungen bestätigte Dominanz des pädagogischen (erzieherischen) Motivs, verbunden mit dem fachlichen Interesse, das natürlich für ein Fachlehrerstudium und den Fachlehrerberuf unerläßlich ist. Insofern ist eine durchaus positive Motivkonstellation zu Studienbeginn zu konstatieren, die eine gute Ausgangsposition für die Bewältigung der Studienanforderungen abgibt und mit den ebenso positiven Studienerwartungen korrespondiert.

Einen Vergleich zu den genannten Ergebnissen bietet die Arbeit von OESTERREICH (1987), der 1978 Absolventen (n = 257) der Pädagogischen Hochschule Berlin die Frage beantworten ließ:

Tabelle 10 Warum wollen Sie Lehrer werden? (Angaben in %, Mehrfachnennungen) [17]

Gründe für die Wahl des Berufs	%
Weil ich gern mit Kindern und Jugendlichen arbeite	77
Weil man als Lehrer eine wichtige gesellschaftliche Aufgabe hat	59
Weil die Tätigkeit als Lehrer interessant, vielseitig und abwechslungsreich ist	52
Weil ich gern Wissen in meinem Wahlfach vermitteln möchte	37
Weil ich in meiner Schulzeit schlechte Erfahrungen gemacht habe und es besser machen möchte	33
Weil ich als Lehrer gut berufliche und politische Arbeit verbinden kann	33
Weil ich als Lehrer gut berufliche und familiäre Aufgaben verbinden kann	27
Weil ich schon immer gern Lehrer werden wollte	20
Weil man in diesem Beruf relativ viel Freizeit hat	19
Weil ich sympathische Lehrer kenne und es ähnlich machen möchte	19
Weil ich als Lehrer viel Ferien habe	16
Weil man im Lehrerstudium eine vielseitige Allgemeinbildung erhält	11
Weil mich die gute Bezahlung und die Sicherheit als Beamter anziehen	9
Weil mir nichts anderes eingefallen ist	6
Weil ich mir ein anderes Studium nicht zugetraut habe	5
Weil die Ausbildung relativ kurz ist	5

Untersuchungen bei Studenten der Institute für Lehrerbildung zeigen ein ähnlich positives Bild des Motivgefüges, wobei die fachlichen Interessen entsprechend dem Berufsprofil des Lehrers für die unteren Klassen und dem Charakter der Ausbildung an den Instituten weniger ausgeprägt sind.[18]

Tendenzen der Veränderung im Motivgefüge in den 80er Jahren sind wegen der geringen Zahl der Untersuchungen und wegen der Unterschiedlichkeit der Antwortvorgaben nur schwer zu belegen. Bei den Fachlehrerstudenten in der DDR scheint die Akzeptanz von Motiven, die nicht eindeutig pädagogisch bestimmt sind, zu wachsen, während die gesellschaftliche Be-

deutung und Anerkennung des Lehrerberufs kritischer beurteilt werden (vgl.
die beiden folgenden Tabellen).

Die Erhebung des ZIJ bei Studienanfängern im Jahre 1982 (n = 767)
brachte folgendes Ergebnis:

Tabelle 11

Gründe für die Entscheidung für das Lehrerstudium	%
weil ich gern mit Kindern arbeiten möchte	92
weil auf grund meiner Interessen nur ein solches Studium in Frage kam	56
weil der Beruf gesellschaftlich hoch anerkannt ist	43
weil die Fachkombination Möglichkeiten für einen Einsatz außerhalb der Schule bietet (bei Studenten, die Fremdsprachen studieren)	29 / 46
weil gute Verdienstmöglichkeiten bestehen	21
weil mir unklar war, was ich sonst studieren sollte	14
weil ich kaum Chancen sah, in einer anderen Studienrichtung angenommen zu werden	10
weil meine Eltern mich frühzeitig auf diese Studienrichtung festlegten	5

Eine von HORST (1989) an der Pädagogischen Hochschule Halle (1.
Studienjahr) durchgeführte Erhebung (n = 38) erbrachte:

Tabelle 12

Motive für die Wahl des Lehrerstudiums	%
Interesse an den beiden Studienfächern	84
Interesse und Freude an der Arbeit mit Kindern	82
Interesse an der Entwicklung und Formung der Persönlichkeit der Kinder und Jugendlichen	53
Im Lehrerstudium ist ein Studienplatz leichter zu bekommen	42
Vorbildwirkung ehemaliger Lehrer	37
Interesse an pädagogisch-psychologischen Problemen und Fragestellungen	24
Günstige Lage der Hochschule	13
Befürchtung, in einer anderen Studienrichtung das Studienziel nicht zu erreichen	11
Studienumlenkung	10
Wunsch nach akademischer Bildung	8
Gesellschaftliche Achtung und Anerkennung des Lehrerberufs	8
Bedeutung des Lehrerberufs für den gesellschaftlichen Fortschritt	3

In einigen Untersuchungen wurden die Studienmotive von Lehrerstudenten und anderen Studenten miteinander verglichen. Das bedingte, daß die

vorgegebenen Antwortkategorien berufsunspezifisch formuliert werden mußten. Die Ergebnisse zeigen meist recht deutlich bestimmte Besonderheiten des Motivgefüges bei Lehrerstudenten. Als Beispiel seien die Ergebnisse von ANTOCH (1976) referiert, der die Motive der Studienwahl bei Gymnasiallehrern mit dem Fach Mathematik (n = 76) und „Fach-Mathematikern" (n = 99) verglich.

Tabelle 13   Studienmotive bei Mathematiklehrerstudenten und Fachmathematikern (Angaben in G/$\bar{x}$)

	Lehrerstudenten	Nicht-Lehrerstudenten
Selbstständigkeit der Berufsausübung	79	77
Sicherheit des Arbeitsplatzes	78	49
Vertrautheit mit Berufsbild	77	50
Anreiz durch Anforderungen der Berufstätigkeit	76	86
Freizeit	76	60
Alterssicherung	74	40
Künftiger Bedarf in der Berufssparte	72	62
Gute Leistungen in relevanten Schulfächern	66	83
Gesellschaftliche Auswirkungen der Berufstätigkeit	66	50
Aufstiegschancen	61	70
Einkommen	60	67
Entscheidungsbefugnisse	60	58
Gesellschaftliches Ansehen des Berufes	43	51
Zulassungsbeschränkungen	2	2
Familientradition	2	1

Es gibt eine Reihe von Versuchen, die von den Lehrerstudenten genannten Motive zu gruppieren, um das Motivgefüge genauer zu charakterisieren. HÄNDLE/NITSCH (1981, S. 99 - 100) unterscheiden ideelle und materielle Berufswahlmotive. Zu ersteren zählen sie:

- Freude am Umgang mit Kindern

- Möglichkeiten zu Kreativität und Selbstentfaltung

- Erwerb einer breiten Allgemeinbildung

- Relevanz der pädagogischen, gesellschaftlichen und politischen Aufgaben als   Lehrer

Materielle Motive sind u.a.:

- das billige Studium

- die kurze Ausbildung

- die sichere Berufsposition und der Beamtenstatus

- die Eignung als Übergangsberuf bis zur Heirat

- die Erleichterung der Doppelrolle als Eltern und Berufstätige

- die gute Bezahlung

- viel Ferien und Freizeit

- keine bessere Berufsalternative.

HORN kommt in Auswertung seiner Erhebung bei 1022 Lehrerstudenten (1959) zu folgender Gruppierung der Gründe für die Berufswahl (Rangreihe):

- auf sich selbst bezogene und zugleich berufsbedeutsame Wünsche

- materielle Motive

- sonstige Gründe

- vorwiegend auf sich selbst bezogene Motive

- Einstellung auf die späteren Berufsaufgaben

- vorhandene Begabungen und Fähigkeiten

(nach FRIEDE 1975, der S. 52-62 Ergebnisse entsprechender Untersuchungen vor 1970 referiert).

OESTERREICH (1987, S. 17 f.) führte eine Faktorenanalyse der ermittelten Berufswahlmotive durch und extrahierte fünf Faktoren, die er - in der Rangfolge ihrer Ladung bezeichnete als:

- Unspezifisch positives Berufsbild

- Angenehmes und sicheres Leben im Lehrerberuf

- Bewußte Arbeit mit Kindern und Jugendlichen

- Gesellschaftliche und politische Aufgabe des Lehrers

- Wissensvermittlung im Fach.

Im Rahmen der Erhebung der PH Potsdam wurden die pädagogisch-politischen, fachlichen und sonstigen Motive für die Wahl des Lehrerstudiums zusammengefaßt. Dabei wird die relative Stabilität der Motivkonstellation (des Motivgefüges) über die vier erfaßten Matrikel hinweg (vgl. Tabelle 9) deutlich.

Tabelle 14 Gruppierung der Studienwahlmotive im 1. Semester (Angaben in %, bezogen auf die Gesamtzahl der genannten Motive)

Motive	Matrikel			
	1973 n=1373	1974 n=1176	1975 n=1497	1976 n=508
fachliche Motive	45	43	45	42
pädagogisch-politische Motive	35	42	41	38
sonstige Motive	19	15	15	19

Es treten jedoch signifikante Unterschiede zwischen den Nennungen der Studentinnen (w) und der Studenten (m) sowohl bei den pädagogisch-politischen wie bei den sonstigen Motiven auf; damit wird die Tendenz bestätigt, daß Studentinnen stärker pädagogisch motiviert sind.

Tabelle 15 Gruppierungen der Studienwahlmotive (im 1. Semester) bei Studentinnen und Studenten (Angaben in %, bezogen auf die Gesamtzahl der genannten Motive)

Motive	Matrikel					
	1973		1974		1975	
	w n = 1101	m n = 268	w n = 874	m n = 289	w n = 1095	m n = 402
pädagogisch-politische Motive	36	32	46	34	43	34
fachliche Motive	45	44	42	44	45	45
sonstige Motive	18	24	13	22	12	21

Für die in Tabelle 14 ausgewiesenen Motivgruppen wurden neben der relativen Häufigkeit auch der Ausprägungsgrad bzw. die „Stärke" (MS) mittels einer dreistufigen Skala ermittelt. Dabei zeigte sich, daß die pädagogisch-politischen Motive (1. Gruppe) gegenüber den fachlichen (2. Gruppe) und sonstigen Motiven (3.Gruppe) stärker ausgeprägt sind, also eine größere Bedeutsamkeit für die Studenten haben. Für die 1. Befragung (Matrikel 1973) wurden die Werte 89 zu 68 zu 58 ermittelt, für die 2. Befragung (Matrikel 1974) 83 zu 65 zu 57.[19]

Von einigem Interesse dürfte auch sein, welche Faktoren und Bedingungen die Entstehung und Entwicklung der Studien- und Berufsmotive bei Studienanfängern beeinflußt haben. In den Erhebungen an der PH Potsdam wurden die folgenden Ergebnisse ermittelt; dabei erwies es sich als möglich und günstig, zwischen eigenen Aktivitäten der Bewerber und verschiedenen Formen der Einflußnahme zu unterscheiden:

Tabelle 16 Einflußfaktoren für die Wahl des Fachlehrerstudiums (Angaben in %, Mehrfachnennungen)

Einflußfaktoren	Matrikel		
	1973 n = 458	1974 n = 400	1975 n = 393
A. Eigene Aktivitäten			
Eigene Erfahrungen in der pädagogischen Arbeit (Ferienhelfer, Zirkelleiter usw.)	56	59	65
Identifikation mit dem Vorbild von Lehrern	52	48	62
Erfahrungen in der gesellschaftlichen Tätigkeit	17	19	40
Teilnahme an pädagogischen Klubs und Arbeitsgemeinschaften	17	15	15
Identifikation mit dem Vorbild der Eltern	15	14	17
B. Rat und Empfehlung			
Rat und Empfehlung der Lehrer	26	30	34
Studienberatung an der Schule	17	19	23
Rat und Empfehlung der Eltern	15	18	19
Information durch Lehrerstudenten	9	6	14
Rat von Freunden und Bekannten	9	9	11
Information durch Hochschulen	7	3	12
Information durch Medien	5	3	5

In den folgenden Jahren wuchs kontinuierlich die Zahl der Lehrerstuden-ten, die über eigene Erfahrungen in der pädagogischen Arbeit (als Helfer im Ferienlager und in der Kinderorganisation, als Zirkelleiter, Fachhelfer u.a.) verfügten. In den 80er Jahren waren es im Fachlehrerstudium über 80 % (nach BATHKE, 1987, 86 %), an den Instituten für Lehrerbildung lag der Anteil noch höher. Der positive Einfluß dieser pädagogischen Erfahrungen auf die Studien- und Berufsmotivation ist unverkennbar und wurde in einer Reihe von Untersuchungen auch auf statistischem Wege belegt. Freilich bleibt die Berufsentscheidung im Laufe der Ausbildung nicht konstant (s. o.); dies wird im folgenden dort zu diskutieren sein, wo Ergebnisse und Wirkung der Ausbildung insgesamt wie auch ihrer wichtigsten Bereiche zu untersuchen sind.

3 Lehrerausbildung im Spannungsfeld von Berufsbezogenheit und Wissenschaftsorientierung

Wenn Absolventen des Lehrerstudiums gefragt werden, wie sie ihre Ausbildung, deren Qualität und Wirksamkeit bewerten, wird durchgängig die Auffassung mehr oder weniger deutlich artikuliert, daß das Studium nicht zureichend an den Anforderungen des Lehrerberufs orientiert sei, daß die Schulpraxis nicht im erforderlichen oder gewünschten Maße Zielpunkt und wesentlicher Inhalt der Ausbildung sei. Diese erscheint nicht genügend berufsorientiert bzw. berufsbezogen.

Einige Befragungsergebnisse sollen dies belegen:

In der Erhebung der ALB (Arbeitsstelle für Theorie und Methodik der Lehrerausbildung) zur Bewährung der Absolventen in der Schulpraxis (FLACH/KIRSCH 1972) wurden den Berufsanfängern, ihren Mentoren und den Direktoren der Einsatzschulen folgende Aussagen zur Bewertung vorgelegt:

Tabelle 23 Zur Bewertung der Ausbildung (Angaben in %)

	Absolventen (n = 428)	Mentoren (n = 425)	Direktore (n = 398)
Die praktischen Ausbildungsabschnitte (Praktika, methodische Übungen in der Schule) sollten erweitert und intensiver genutzt werden	91	70	67
Die Verbindung zur pädagogischen Praxis, d.h. die praktische Arbeit mit Kindern und Jugendlichen, müßte durchgängiges, ständiges Prinzip der Ausbildung sein	93	86	86
Für die pädagogische und psychologische Ausbildung müßte mehr Zeit zur Verfügung stehen	55	56	56
Die Qualität der pädagogischen Ausbildung müßte erhöht werden	76	57	59
Für die Ausbildung im Hauptfach und im Nebenfach sollte mehr Zeit zur Verfügung stehen	24	17	11

	Absolventen (n = 428)	Mentoren (n = 425)	Direktore (n = 398)
Die Ausbildung im Haupt- und Nebenfach muß stärker auf die Anforderungen des Unterrichts orientiert werden	88	74	67
Die (unterrichts-)methodische Ausbildung muß mehr Raum innerhalb des Studiums einnehmen	67	70	69
In der methodischen Ausbildung, insbesondere im großen Schulpraktikum, muß stärker auf den gesamten Tätigkeitsbereich des Lehrers orientiert und vorbereitet werden	87	86	90
Das Studium sollte insgesamt so gestaltet werden, daß die Persönlichkeitsentwicklung des Lehrerstudenten stärker an den Anforderungen des Lehrerberufs orientiert wird	83	80	86

Zu durchaus vergleichbaren Ergebnissen führte die Untersuchung von WALTER (1974); von den befragten Junglehrern (n = 80) hielten 83 % die schulpraktische Ausbildung in der ersten Phase für nicht ausreichend. Die Frage: „Wo liegen die wichtigsten Probleme der ersten Phase?" ergab folgende Aussagen:

Tabelle 24 Probleme der ersten Ausbildungsphase (n = 74, Angaben in $G/\bar{x}$) [20]

Zu wenig Einbeziehung von Schulpraktikern in die Pädagogische Hochschule	97
Zu wenig Praktika	96
Zu wenig Diskussion spezifischer Junglehrerprobleme	91
Zu wenig fachdidaktische Ausbildung	90
Falsche Form der Praktika	89
Zuviel „theoretische" Ausbildung	87
Falsche Veranstaltungsformen (z.B. zu viel Vorlesungen, zu wenig Seminare)	87
„Unangemessene" Theorie, die durch „bessere" (andere) ersetzt werden sollte	63
Vielfalt der Studienfächer	54
Zu wenig fächerübergreifende Veranstaltungen	51

Auf die Wertungen wichtiger Ausbildungsbereiche (Fachwissenschaften, Pädagogik etc.) ist in den folgenden Kapiteln näher einzugehen. Hier soll zunächst nur der Wunsch der Absolventen nach einer stärker und entschiedener berufs- und praxisorientierten Ausbildung verdeutlicht werden. Und es ließen sich fast beliebig viele empirische Befunde anführen, die die in diesen Tabellen sichtbar werdende Tendenz bestätigen: Die Absolventen des Lehrerstudiums fühlen sich durch ihr Studium nicht ausreichend auf die beruflichen Anforderungen, auf die Tätigkeit als Lehrer vorbereitet; das gilt sowohl für die einphasige Ausbildung in der DDR wie für die zweiphasige in der BRD, wobei hier der 2. Phase, dem Referendariat, sicher mehr Praxisbezug bescheinigt wird, obwohl freilich auch dazu eine eher kritische Bewertung dominiert (vgl. Abschnitt 6).

Man mag versucht sein, die Bewertungen durch die Absolventen zu relativieren, indem man etwa das Argument ins Feld führt, sie würden dazu neigen, die bis zu einem gewissen Grade unvermeidlichen Schwierigkeiten zu Berufsbeginn einseitig der Ausbildung anzulasten. Sicher ist auch die Auffassung nicht ohne weiteres von der Hand zu weisen, daß das in der Ausbildung gelegte Fundament an Wissen und an beruflich relevanten Fähigkeiten erst nach einiger beruflicher Praxis voll zum Tragen kommen kann, nämlich dann, wenn es sich mit ausreichender beruflicher Erfahrung verbindet, die der junge Lehrer selbst und allein gewinnen muß.

Wir finden allerdings auch - reflektiert oder als selbstverständlich angenommen - die Position, daß das Studium gar nicht oder doch keinesfalls vorrangig die Aufgabe habe, auf die berufliche Praxis vorzubereiten. Sinn des Studiums sei die Beschäftigung mit der Wissenschaft - was konkret heißt: mit den in diesem oder jenem Studiengang enthaltenen und oft miteinander konkurrierenden Wissenschaften bzw. Disziplinen - und die Befähigung zu wissenschaftlicher Arbeit[21]. Dies solle vor allem für die Ausbildung der zukünftigen Gymnasiallehrer gelten. So stellte die Westdeutsche Rektorenkonferenz in ihren Leitsätzen von 1963 fest: „Für das Amt des Gymnasiallehrers bleibt die erste Voraussetzung das gründliche Studium der Fächer. Auch wenn es sich bei dem Studium der künftigen Gymnasiallehrer um einen Ausbildungsgang handelt, der auf ein klares Berufsziel gerichtet ist, muß dieses Studium doch von berufspraktischen Zwecksetzungen zunächst ganz frei bleiben." (Zitiert bei HOMFELDT, 1978, S. 142) Und ganz ähnlich argumentierte der Deutsche Ausschuß für das Erziehungs- und Bildungswesen im Jahre 1965: „Die Bereitschaft (der Gymnasiallehrerstudenten), sich der Sache um der Sache willen zuzuwenden und sich mit einem Bereich der geistigen Wirklichkeit, dem später die erzieherische Verantwortung zugeordnet wird, selbständig wissenschaftlich auseinanderzusetzen, muß bei ihnen selber von den Rücksichten auf die Art der Anwendung zunächst freibleiben." (Zitiert ebenda, S. 143)

Die vorliegenden empirischen Befunde einerseits, die umfangreichen Diskussionen der letzten Jahre um die Gestaltung, um eine Reform der Lehrerausbildung andererseits zeigen, daß wir es hier mit dem eigentlich zentralen Problem der akademischen Lehrerausbildung zu tun haben. Es geht um das Verhältnis von Berufsbezogenheit und Wissenschaftsorientiertheit dieser Ausbildung. Ausdruck dieses theoretisch und praktisch ungeklärten und unzureichend gemeisterten Verhältnisses ist vor allem die immer wieder als nicht bewältigt diskutierte Theorie-Praxis-Relation, oft als „Theorie-Praxis-Syndrom" bezeichnet, eine Folge ist der häufig konstatierte „Praxisschock" der jungen Lehrer, aber auch die beklagte mangelhafte Koordinierung im Studiengang und seine Überfrachtung (vgl. Abschnitte 5 und 6).

Da es sich hier um das Grundproblem akademischer Lehrerausbildung handelt, ist eine nähere Betrachtung angezeigt, auch deshalb, weil von hier aus Gesichtspunkte und Kriterien zu gewinnen sind, die bei einer von empirischen Befunden ausgehenden Betrachtung wesentlicher Ausbildungsbereiche und der Gestaltung des Ausbildungsprozesses hilfreich sein können.

Für die Lehrer war seit der Proklamation und der oft nur sehr allmählichen Durchsetzung der allgemeinen Schulpflicht und der Herausbildung der obligatorischen allgemeinbildenden und vom Staat getragenen Schule die Forderung nach Hochschulbildung und damit nach wissenschaftlicher, d.h.

qualifizierterer Ausbildung ein Kernpunkt aller Bestrebungen zur Reform ihrer Berufs- und Bildungssituation. Bildungs- und Berufs- bzw. Standesinteressen waren dabei eng verknüpft. In beiden deutschen Staaten wurde diese Forderung nach dem zweiten Weltkrieg in unterschiedlichen Formen erfüllt - allerdings wurde in der DDR die Ausbildung von Unterstufenlehrern (Klasse 1 bis 4) bald den Instituten für Lehrerbildung (IfL) zugewiesen, die zwar eine insgesamt gute Vorbereitung gewährleisteten, aber den Status von Fachschulen hatten (vgl. Abschnitt 1). Jedoch wird auch in der Bundesrepublik die jetzige Ausbildung aller Lehrer an Universitäten und Hochschulen nicht der alten Forderung nach einer gleichwertigen Ausbildung und nach dem gleichen sozialen Status der Lehrer aller Schultypen und Schulstufen gerecht.[22]

Ob indes der Übergang zur Hochschul- bzw. „wissenschaftlichen" Ausbildung aller Lehrer tatsächlich zu ihrer besseren Qualifikation, verstanden als Befähigung, als Kompetenz zur Meisterung der beruflichen Anforderungen geführt hat, ist durchaus umstritten; es mehren sich eher die skeptischen Stimmen, und insbesondere die unmittelbar Betroffenen, die Lehrerstudenten und Absolventen dieser Ausbildung stellen sich ganz überwiegend kritisch zu deren Gestaltung und Ergebnissen. ROEDER (1984, S. 69/70) stellt fest: „ Mit der Forderung wissenschaftsorientierten Unterrichts für alle Studenten war. . . die erste überzeugende curriculare Rechtfertigung der Übernahme der Volksschullehrerausbildung durch die Universität gegeben, die vorher im wesentlichen standespolitisch, sozialpolitisch und mit dem Argument der notwendig höheren Bildung der Persönlichkeit auch des Volksschullehrers begründet worden war. Es mutet geradezu ironisch an, daß in dem Moment, in dem die Universitätsausbildung der Grund- und Hauptschullehrer fast bundesweit zur Regelform der Lehrerbildung wird, eben diesem didaktischen Konzept (der Wissenschaftsorientierung - d. Verf.) der Boden entzogen wird." Er bezieht sich offenbar auf die wachsenden Zweifel an der gesellschaftlichen Relevanz und progressiven Potenz von Wissenschaft einerseits, auf die zunehmende Kritik an einem strikt wissenschaftsorientierten Schulunterricht andererseits. [23]

Das Ergebnis der mit dem Ziel der Verwissenschaftlichung durchgeführten Umgestaltung der Lehrerausbildung wird von HÜBNER (1988, S. 5/6) so beschrieben: „Die Verwissenschaftlichung hat dazu geführt, daß auch in den Lehramtsstudiengängen für den Primarstufenbereich und Sekundarstufenbereich außerhalb des Gymnasialbereichs die fachwissenschaftlichen Ausbildungsbestandteile beträchtlich ausgedehnt wurden, während die Verwissenschaftlichung von Didaktik und Methodik sowie die pädagogischen Qualifikationsdimensionen nur unzureichend vorangetrieben werden konnten. Gerade hier wirkt eine erfahrungsbezogene handwerkliche Tradition sowohl in der Ausbildungspraxis wie in der Unterrichtspraxis fort, die einerseits den Prozeß der Verwissenschaftlichung des beruflichen Handelns hindert, die aber andererseits durch den Verwissenschaftlichungsanspruch selbst außerordentlich verunsichert wurde . . . Mit der stärkeren Entkoppelung von erster Ausbildungsphase und schulischer Praxis gewinnen zudem Faktoren Einfluß auf das Ausbildungscurriculum der ersten Phase, die heute weniger denn je von den schulischen Anforderungen bestimmt sind als vielmehr von den forschungspolitischen Aspekten der an der Ausbildung beteiligten Fächer. Dies führt wiederum zu einer stärkeren Einflußmächtigkeit der zweiten Phase, und im Bereich der ersten Ausbildungsphase zu einer eher nichtschulischen Orientierung und Motivbildung beim Lehrpersonal wie bei den Studenten . . . Solange allerdings Adaptionsmechanismen in der zweiten Ausbildungsphase wie in der Berufseinführung immer wieder die Anforderungen eben der beruflichen Praxis zu vermitteln in der Lage sind, dürfte der Druck, der von gewissen Disfunktionalitäten in der Ausbildung ausgeht, kaum stark genug sein; diese festgefahrene Situation wieder in Bewegung zu bringen.“

Wir haben das Verhältnis von Berufsbezogenheit und Wissenschaftsorientierung als das Kernproblem der akademischen Lehrerausbildung bezeichnet (s.o.). Daß dieses Verhältnis nicht als produktiver Widerspruch, sondern eher als hemmender Gegensatz wirkt - speziell auch in der deutschen Lehrerausbildung - hat eine wesentliche Ursache in der Tradition der Gymnasiallehrerausbildung an den Philosophischen Fakultäten. In deren Verständnis, beeinflußt durch eine einseitige Interpretation des neuhumanistischen Bildungsideals, diente das Studium ausschließlich der Beschäftigung mit der Wissenschaft, jeder Bezug zur beruflichen Praxis sollte ausdrücklich ausgeschlossen sein.[23] Die fortwirkenden Konsequenzen dieser Auffassung für die Lehrerausbildung sind vielfach beschrieben worden. Wir beschränken uns auf wenige Beispiele: H. BECKER (1984, S. 20) schreibt: „ Das Ineinandergreifen praktischer und theoretischer Ausbildung ist gerade den Natur-, Geistes- und Sozialwissenschaften bisher überwiegend fern. Das, was dem Mediziner selbstverständlich ist, zumindest nach dem Physikum, findet in den Bildungsgängen für Lehrer nicht statt, und es bedarf einer tiefgreifenden Umstellung des universitären Ausbildungsprozesses, es bedarf auch einer tiefgreifenden Änderung der Einstellung zum Junglehrer (und Lehrerstudenten) in den Schulen, wenn dieses Ineinandergreifen einmal funktionieren soll."[24]

Nach dem Ende der Reformperiode, als deutlich wurde, daß die unter dem Anspruch der höheren Wissenschaftlichkeit („Verwissenschaftlichung") vollzogene Eingliederung aller Lehramtsstudiengänge in die Universitäten die Probleme der Lehrerausbildung durchaus nicht befriedigend gelöst und manche sogar verschärft hat, stellte SÜSSMUTH (1984, S. 6) fest: „Es geht um die Frage, welcher Stellenwert der Universität als berufsbezogener Studien- und Ausbildungsinstitution zukommt. Die Frage ist, ob sich Geistes- und Sozialwissenschaften auf ein eher traditionelles Wissenschaftsverständnis ohne expliziten Berufsbezug zurückziehen und die Struktur der einzelnen

Disziplinen mit den ihr eigenen Fragestellungen und Methoden in den Vordergrund rücken oder eher in Analogie zur Jurisprudenz oder Medizin eine stärker integrierte theoretische und berufspraktische Qualifizierung anstreben. Letzteres würde ... eine systematische Erfassung der... Berufsfelder für Hochschulabsolventen... erfordern, da nur auf dieser Grundlage eine Professionalisierung... sowie eine tätigkeitsfeldbezogene Studienplanung erfolgen kann."

An dieser Stelle sei angemerkt, daß wir in diesem Rahmen die Problematik und die umfangreiche Diskussion zur Professionalisierung des Lehrerberufs nicht im einzelnen darstellen können; wir verweisen dazu z.B. auf SCHWÄNKE (1988). Wir gehen auch nicht näher auf das Konzept der Deprofessionalisierung („Polyvalenz") der Ausbildung ein, das als Reaktion auf die drastisch sinkenden Berufschancen der Absolventen der Lehramtsstudiengänge entstand und seine Irrelevanz auch insofern nachgewiesen hat, als die traditionelle universitäre Lehrerausbildung mangels Berufsbezogenheit bereits ein hohes Maß an unverbindlicher „Polyvalenz" besitzt.

Die unzureichende Bewältigung des Verhältnisses von Berufsbezogenheit und Wissenschaftsorientiertheit in der Lehrerausbildung in der Bundesrepublik wird allerdings durch die Zweiphasigkeit dieser Ausbildung verdeckt und z.T. entschärft. Die wissenschafts- bzw. theorieorientierte erste Phase an der Universität soll durch eine praxisorientierte zweite Phase (das Referendariat) ergänzt werden; daß auf diese Weise das alte Problem universitärer Lehrerausbildung, die fehlende Verbindung von Theorie und Praxis, nicht gelöst, bestenfalls verlagert wird, wird in einer Unzahl von Veröffentlichungen thematisiert.

Die mangelnde Berufsbezogenheit der universitären Lehrerausbildung rief sehr zeitig den Staat auf den Plan, der für die von ihm getragenen Schulen, zunächst für die Gymnasien als Ausbildungsstätten der politisch herrschenden Kreise, bereits 1810 die **staatliche** Prüfung für das Gymnasiallehramt einführte und damit den Universitäten das Recht entzog, über die Berufsfähigkeit der künftigen Lehrer selbst zu entscheiden. Der nächste Schritt war die Einführung des Referendariats (1890), das nicht nur die fehlende praxisorientierte Ausbildung nachholen, sondern auch die Eignung der Lehrer als Beamte, als Staatsdiener sichern und feststellen sollte und soll. Indessen ist diese Gewaltenteilung zwischen erster und zweiter Phase, zwischen der Universität, ihrer „Autonomie" und „Freiheit von Forschung und Lehre" und dem Staat, der geeignete Lehrer - Beamte braucht, nur scheinbar; über Prüfungsordnungen und Prüfungsanforderungen nimmt der Staat auch auf die Gestaltung der ersten Ausbildungsphase recht massiv Einfluß. Das führt dazu, daß das hier zur Diskussion stehende Verhältnis (die Diskrepanz) von Berufsbezogenheit und Wissenschaftsorientierung für die erste Phase noch relevanter wird.

In der DDR war die hochschulpolitische Position, daß das Studium an einer Universität oder wissenschaftlichen Hochschule und speziell das Lehrerstudium den Charakter einer akademischen Berufsausbildung habe und haben müsse, zwar kaum umstritten, in der Ausbildungsgestaltung und auch in der hochschulpädagogischen Reflexion und Diskussion blieb das Verhältnis von Berufsbezogenheit und Wissenschaftsorientierung ein unzureichend bewältigtes Spannungsverhältnis. Allerdings bedingte und förderte die Einphasigkeit der Lehrerausbildung die recht umfassende Einbeziehung von schulpraktischen Ausbildungsphasen und -formen. Dazu zählten die schulpraktischen Übungen in Pädagogik und Psychologie und in den Unterrichtsmethodiken, das Praktikum in der Feriengestaltung und insbesondere die Schulpraktika, die in der Fachlehrerausbildung zuletzt 27 Wochen im 5. Studienjahr umfaßten. Die Orientierung auf die künftige Berufstätigkeit, auf den Lehrerberuf war in der Organisation des Studienganges und im Bewußtsein der meisten Lehrkräfte und erst recht der Studenten doch deutlich ausgeprägt. Dazu trug die Konzipierung eines eigenen Studienganges (mit eigenen Lehrprogrammen) für künftige Lehrer auch im fachwissenschaftlichen Bereich bei, obwohl im Inhalt und bei der Erarbeitung dieser Programme durch die Hochschullehrer (Fachkommissionen) das hier zur Diskussion stehende Verhältnis nur unzureichend bewältigt wurde.

Die theoretische und praktische Meisterung dieses Verhältnisses wurde durch bildungspolitische und bildungspraktische Postulate und Prämissen erschwert bzw. blockiert: Zunächst durch die Hypertrophierung des Begriffs der sozialistischen Persönlichkeit als Ziel aller Ausbildung und Erziehung; alle Inhalte und Formen der Ausbildung hatten der Entwicklung und Herausbildung der sozialistischen Lehrerpersönlichkeit zu dienen und waren dadurch legitimiert. Nun ist die Aussage bzw. Behauptung, daß eine beliebige pädagogische Maßnahme der Persönlichkeitsentwicklung dient natürlich ebenso unbestreitbar wie nichtssagend; sie versperrt aber den Weg zu Überlegungen, worin denn wirklich der Beitrag oder der Wert dieser oder jener Maßnahme zur Entwicklung bestimmter Eigenschaften oder Kompetenzen des künftigen Lehrers besteht.

Eine ähnliche Hypertrophierung erfuhr der Begriff der Wissenschaftlichkeit. „Wissenschaftlich" war gleichbedeutend mit nicht zu bezweifelnder Richtigkeit, Wahrheit, Qualität, Fortschrittlichkeit. Solche Termini wie „wissenschaftliche Schulpolitik der SED" oder „wissenschaftliche sozialistische Pädagogik" belegen dies. Jedoch wurde - besonders in den hier interessierenden Zusammenhängen - der Begriff Wissenschaftlichkeit stark auf „Wissenschaftsorientiertheit" eingeengt. Daraus resultierte z.B. in der Lehrerausbildung die Anlehnung an die tradierte und etablierte disziplinäre Gliederung und Spezialisierung der in den Ausbildungsgang einbezogenen Wissenschaften. Der Begriff Wissenschaftlichkeit wurde auch deformiert durch das Postulat, daß nur dem Marxismus-Leninismus als Philosophie, Weltanschauung und Gesellschaftslehre das Prädikat „wissenschaftlich" zukomme. Demzufolge war die „marxistisch-leninistische Durchdringung" der gesamten Lehrerausbildung notwendig, um deren Wissenschaftlichkeit zu sichern. So stellte MÜLLER (1981, S. 271) fest: „Das gründliche Studium der Theorie, der Weltanschauung und Methodologie des Marxismus-Leninismus ist die wichtigste Basis, um die für den Lehrerberuf unerläßliche Fähigkeit zu erlangen, die materialistische Dialektik als Methode der Erkenntnisgewinnung anwenden zu können. Diesen Anspruch im marxistisch-leninistischen Grundlagenstudium wie in der fachlichen und erziehungswissenschaftlichen Ausbildung immanent in hoher Qualität zu verwirklichen, ist eine Kernfrage des höheren Niveaus wissenschaftlicher Bildung des Lehrers." Damit wurde zugleich der besondere Stellenwert, der theoretisch und praktisch dem marxistisch-leninistischen Grundstudium - nicht nur in der Lehrerausbildung zugeschrieben wurde, begründet.[25]

Um das Verhältnis von Berufsbezogenheit und Wissenschaftsorientiertheit in der Lehrerausbildung produktiv zu gestalten und als Bedingung für eine höhere Qualität und Wirksamkeit dieser Ausbildung wirksam zu machen, bedarf es auf theoretischer Ebene und als Voraussetzung für praktische Fortschritte der Diskussion und Klärung zumindest folgender Probleme: Zunächst sind begrifflich-terminologische Verständigungen erforderlich. Es geht darum, die beiden Kategorien (Begriffe) nicht als Gegensatz, sondern als Ausdruck eines notwendigen und produktiven Widerspruchs zu verstehen, in diesem Sinne die Einheit beider Aspekte deutlich zu machen.

Berufsbezogenheit meint nicht eine praktizistische, atheoretische, auf Fertigkeitsentwicklung und Einübung orientierte Ausbildung der künftigen Lehrer; es geht vielmehr darum, Wissenschaft fruchtbar zu machen für die Entwicklung der beruflichen Kompetenz des Lehrers, die oft beklagte Kluft zwischen Theorie und Praxis zu überbrücken, die wissenschaftliche Fundierung der Tätigkeit des Lehrers besser zu gewährleisten. Bezugspunkt freilich ist die Lehrertätigkeit, ihre Spezifik und ihr eigener Bezug zur Wissenschaft. Dieser Bezug läßt sich kurz so charakterisieren:

Der Lehrer **vermittelt** Wissenschaft in dem Sinne, daß der Inhalt (Stoff), der im Unterricht bearbeitet wird, im allgemeinen und weitgehend dem Kriterium der Wissenschaftlichkeit entspricht.

Der Lehrer **wendet** Wissenschaft **an**, indem er der Gestaltung seiner Arbeit wissenschaftliche Erkenntnisse, einschlägige Theorien, wissenschaftlich begründete Methoden zugrundelegt.

Der Lehrer ist schließlich auch selbst **wissenschaftlich tätig**, produziert Wissenschaft, insofern er seine eigenen Erfahrungen und in seiner Arbeit gewonnene Erkenntnis soweit verallgemeinert, d.h. in theoretische Zusammenhänge einordnet, daß sie übertragbar werden und von anderen genutzt werden können.

Berufsbezogenheit zielt auf die Befähigung der Lehrer, in dieser Weise, in diesen Bezügen mit Wissenschaft umgehen zu können. Damit wird deutlich, daß der enge, traditionelle Begriff von Wissenschaft und wissenschaftlicher Tätigkeit (als Inhalt und Ziel des Studiums) der Erweiterung bedarf.

Wissenschaftlichkeit - hier verstanden als notwendige Qualität der akademischen Lehrerausbildung - ist nicht identisch mit Wissenschaftsorientierung. Wissenschaftlichkeit bezeichnet zunächst eine bestimmte Qualität der Ausbildungsinhalte und meint hier vor allem ihre Richtigkeit und Wahrheit, ihre logische Schlüssigkeit und Systematik. Wissenschaftlichkeit muß aber auch die hochschulpädagogische Gestaltung des Ausbildungs- bzw. Studienprozesses charakterisieren und bestimmen. Aus einer solchen Sicht ist es z.B. nicht gerechtfertigt, der Ausbildung von Pädagogen an Fachschulen (z.B. an Instituten für Lehrerbildung) oder selbst an den früheren Lehrerseminaren **prinzipiell** fehlende Wissenschaftlichkeit vorzuwerfen; Wissenschaftlichkeit ist kein Privileg der Universität.

Natürlich ist wissenschaftliche Lehrerbildung orientiert am gegenwärtigen Entwicklungsstand und bis zu einem bestimmten Grad an der Arbeitsweise der einschlägigen Wissenschaften bzw. Wissenschaftsdisziplinen, ist gleichsam darauf angewiesen. Dabei spielen drei Aspekte, unter denen Wissenschaft betrachtet werden kann und muß, eine Rolle:

- Als Erkenntnissystem („Produktaspekt") liefert die Wissenschaft, d.h. die einschlägigen Disziplinen, in Gestalt von Aussagensystemen (Theorie) und Methoden gleichsam das „Material" für die wissenschaftliche Ausbildung der künftigen Lehrer (in Gestalt des Lehrinhalts - s.u.).

- Als Tätigkeitssystem („Prozeßaspekt") ist Wissenschaft vor allem charakterisiert durch ihre Arbeitsweise, die primär der Gewinnung neuer Erkenntnisse auf dem Wege der empirischen und theoretischen Forschung dient. Diese im engeren und strengen Sinne wissenschaftliche Tätigkeit ist natürlich anderer Natur als die Tätigkeit des Lehrers, der nicht forschend tätig ist, sondern wissenschaftliche Erkenntnisse anwendet und vermittelt (s.o.). Die Einbeziehung der Lehrerstudenten in die wissenschaftliche und damit fach- bzw. disziplingebundene Forschung - soweit sie in der Ausbildung wirklich stattfindet und nicht bloßes Postulat bleibt - ist insofern nicht von vornherein von hohem Wert für die Berufsvorbereitung.

- Wissenschaft als soziales System, als „Gemeinschaft" von Wissenschaftlern schließlich ist für die Gestaltung der Ausbildung insofern relevant, als in dieser Gemeinschaft (oft beeinflußt von Standesinteressen) bestimmte Auffassungen und Konventionen über den Wert der jeweiligen Wissenschaft und die Art ihres Betreibens gepflegt, tradiert und verfestigt werden, die häufig den Blick auf die Bedürfnisse eines berufsorientierten Ausbildungsprozesses verstellen.

Ein wesentlicher Aspekt der Vermittlung von Wissenschaftlichkeit und Berufsbezogenheit ist das Verhältnis von Wissenschaftsdisziplin und Lehrgebiet. Die mehr oder weniger artikulierte Auffassung, daß beide identisch seien und daß gerade darin der Ausdruck und die Garantie für eine wissenschaftliche Ausbildung zu sehen sei, dominiert im Selbstverständnis vieler Hochschullehrer und auch in hochschulpolitischen Positionierungen. Die alltägliche Ausbildungspraxis widerlegt freilich diese Auffassung ständig, allein die hochschulpädagogische Reflexion dieses Verständnisses ist - trotz entsprechender hochschuldidaktischer Bemühungen - schwach entwickelt, woraus, wie zu zeigen sein wird, insbesondere im Bereich der Lehrerausbildung folgenreiche Konsequenzen erwachsen.

Wissenschaftsdisziplin und Lehrgebiet sind nicht identisch. Das ergibt sich zunächst und primär aus ihrer Funktion. Die Disziplin dient vorrangig der Erkenntnisgewinnung und Theoriebildung auf dem Wege der Forschung. Das Lehrgebiet dient ganz überwiegend der Ausbildung von akademisch gebildeten Fachleuten für einen bestimmten Tätigkeits- bzw. Praxisbereich (Ärzte, Ingenieure, Lehrer etc.), wobei die sich aus diesem Bereich ergebenden Anforderungen an Wissen und Können (Kompetenzen) der Absolventen solcher Studiengänge im allgemeinen ziemlich klar bestimmt werden können.

Die Wissenschaftsdisziplin soll Wissenschaft produzieren, das Lehrgebiet soll einen je spezifischen Beitrag zur beruflichen Qualifikation akademisch gebildeter Kader leisten.[26] Der Übergang von der Disziplin zum Lehrgebiet stellt zunächst einen Auswahlprozeß dar; aus dem Erkenntnisbestand (Aussagen, Theorien, Methoden) der Disziplin werden - mehr oder weniger reflektiert - jene Inhalte ausgewählt, die dem Ziel bzw. der Funktion des Lehrgebietes angemessen erscheinen. (Daß ausgewählt wird, ergibt sich freilich allein schon aus dem begrenzten Zeitlimit für das Lehrgebiet). Diese Inhalte bedürfen einer bestimmten Anordnung und Strukturierung, für die nicht nur fachliche (sachlogische) Gesichtspunkte bestimmend sind. Zu betonen sind solche stofflichen Schwerpunkte, die für die Zielsetzung des Lehrgebiets besonders wichtig sind (Akzentuierung), zu berücksichtigen sind der Kenntnis- und Entwicklungsstand der Studierenden, die Beziehungen zu anderen Lehrgebieten wie auch zu praktischen Ausbildungsformen. Dieser so skizzierte Transformationsprozeß wird wohl eher nur im Ausnahmefall bewußt gestaltet; die Gleichsetzung von Lehrgebiet und Disziplin führt vielmehr zu Schwierigkeiten in der Gestaltung der Lehrerausbildung, die seit langem moniert werden und für die Lehrerbildungssysteme in beiden deutschen Staaten zutreffen: Die den Wissenschaften innewohnende und dort wohl auch notwendige Tendenz der Spezialisierung, der Entstehung immer neuer Teil- und Spezialdisziplinen, wird auf die Lehrerausbildung übertragen und führt zur Erhöhung der Zahl der Lehrgebiete und gleichzeitig zur Reduzierung ihres Umfangs (des Stundenlimits), so daß nicht wenige dieser Lehrgebiete kaum noch Ansprüche auf Ausbildungswirksamkeit erheben können. So wächst die Zersplitterung des Lehrerstudiums in eine Vielzahl gesonderter und isolierter Lehrgebiete, wodurch die Effektivität des Studiums sicher eher gemindert als erhöht wird. Dabei ist es sekundär, ob diese Lehrgebiete - wie in der DDR - in einem verbindlichen Studienplan erscheinen oder - wie in der BRD - aus einem freieren Studienangebot ausgewählt werden, wobei freilich Prüfungsordnungen diese Wahl einigermaßen regulieren. Hinzuzufügen bleibt, daß alle diese Lehrgebiete bzw. ihre Vertreter sich auch dadurch zu legitimieren suchen, daß sie eine Prüfung - gleich in welcher Form auch immer - durchzusetzen versuchen.

Die Gleichsetzung von Disziplin und Lehrgebiet führt zweitens zur oft beklagten Stofffülle, da versucht wird, möglichst viel des Erkenntnisbestandes der Disziplin in das Lehrgebiet zu übernehmen. Die in der DDR gültigen Lehrprogramme sind ein deutlicher Beleg dafür. Damit wird der Hochschulunterricht weitgehend zur bloßen Stoffvermittlung, den Studenten werden ganz überwiegend rezeptive und reproduktive Leistungen abverlangt. Und schließlich behindert diese Gleichsetzung die Abstimmung zwischen den Lehrgebieten, die Koordinierung der inhaltlichen und zeitlichen Anforderungen an die Studenten. In der Lehrerbildung der DDR wurde über Jahrzehnte hinweg eine bessere Koordinierung zwischen den Lehrgebieten und Ausbildungsbestandteilen nicht nur offiziell gefordert, sondern auch von den Stu-

denten verlangt und von den Lehrerbildnern versucht, ohne daß die vielfältigen Bemühungen wirklich greifbare Erfolge zeigten. Natürlich ist es
schwierig, nachträglich zu koordinieren, was vorher per teildisziplinärer
Aufsplitterung voneinander getrennt wurde. Die mit dieser Aufsplitterung
verbundene „Spezialisierung", besser vielleicht Vereinseitigung der Lehrkräfte, erwies sich zunehmend als zusätzliches ernstes Hindernis.

Die genannten Konsequenzen wirkten und wirken sich in der ohnehin
„vielfächrigen" Lehrerausbildung natürlich besonders bedenklich aus.

Der Widerspruch zwischen Wissenschaftsorientiertheit und Berufsbezogenheit bewirkt auch die „Doppelfunktion" des Lehrerbildners. Er ist einerseits Vertreter seiner Wissenschaftsdisziplin, ist in ihr wissenschaftlich
(forschend) tätig, gehört der sozialen Institution Wissenschaft (in seinem
Fachgebiet) an und ist ihren Konventionen unterworfen, versteht sich häufig
primär oder ausschließlich als Wissenschaftler, als Fachvertreter, als Spe-
zialist in dieser oder jener Disziplin. Er ist aber gleichzeitig Hochschullehrer,
der die Aufgabe hat, zur Ausbildung künftiger Lehrer, zu deren Vorbereitung auf ihren Beruf beizutragen und dabei die von ihm vertretene Wissenschaft als **Mittel** zu diesem Zweck zu nutzen und sinnvoll einzusetzen. Beide Aufgaben bzw. Funktionen sind deutlich zu unterscheiden und bedürfen
der produktiven Vermittlung, was zunächst einmal die Reflexion und die
Akzeptierung dieser Doppelfunktion voraussetzt. Es steht außer Zweifel,
daß viele Lehrerbildner sich ganz vorrangig als Wissenschaftler, als Vertreter ihres Fachgebietes verstehen, zumal ihr Ansehen, ihre Reputation auch
offiziell primär an ihre wissenschaftliche, ihre Forschungstätigkeit gebunden
ist; dies um so mehr, je weniger diese Forschung mit Lehrerbildung zu tun
hat und auch ziemlich unabhängig davon, wie effizient diese Forschungstätigkeit in den lehrerbildenden Fachrichtungen tatsächlich ist.[27] Das Problem
zeigt sich auch dort, wo Lehrerstudenten in den Fachwissenschaften partiell
die gleiche Ausbildung erhalten wie Diplom- bzw. Magisterstudenten; wie

wohl letztere in den entsprechenden Studiengängen meist in der Minderzahl sind, ist in der Regel die Lehre auf ihr Ausbildungsziel und ihre Bedürfnisse ausgerichtet. Es zeigen sich sogar Tendenzen, beide Funktionen insofern zu trennen, als die berufsorientierte Ausbildung einseitig dem akademischen „Mittelbau", den Lektoren und Assistenten oder auch den Lehrkräften in der zweiten Ausbildungsphase zugewiesen wird.[28] Schlimmstenfalls vertraut man darauf, daß der Lehrerabsolvent sich seine berufliche Kompetenz in der beruflichen Tätigkeit notgedrungen selbst erwerben wird.

Eine weiterreichende Reform der Lehrerausbildung ist sicher an bildungspolitische Rahmenbedingungen und an strukturelle Veränderungen gebunden. Jedoch gilt , daß ihre tatsächliche Verbesserung nur über und mit den Lehrerbildnern möglich ist. Hochschulpädagogische Erkenntnisse, progressive Reformbestrebungen, studienorganisatorische Maßnahmen können nur dann wirksam werden, wenn sie in der und über die Tätigkeit des Lehrerbildners realisiert und mit Leben erfüllt werden. Je weniger die Ausbildung reglementiert ist, je ausgeprägter die wohlverstandene „Autonomie" der Hochschulen ist, umso größer ist die Verantwortung der Lehrerbildner, eine Ausbildung zu gestalten, die Wissenschafts- und Berufsbezug sinnvoll und produktiv miteinander verbindet.

Die Verbindung beider Grundsätze führt auch zu der Frage nach der spezifischen Funktion der Fächer im Ausbildungsprofil der jeweiligen Studienrichtung.Diese Frage ist wenig thematisiert und noch weniger theoretisch und praktisch gelöst. Aus der traditionellen Sicht, daß der Student die im Studiengang versammelten Wissenschaften „als solche" und ohne Berücksichtigung der Art ihrer Anwendung in der späteren beruflichen Tätigkeit zu studieren hat, existiert diese Frage zunächst überhaupt nicht. Wenn aber zwischen Wissenschaftsdisziplin und Lehrgebiet unterschieden (s.o.) und letzteres als eine (hochschul)pädagogische Größe verstanden und behandelt wird, wird es notwendig, nach dessen spezifischer Funktion und Zielstellung im berufsorientierten Ausbildungsgang zu fragen, weil davon seine inhaltliche und prozessuale Gestaltung beinflußt wird.

Für das Lehrerstudium gilt - aus der Sicht der Anforderungen des Lehrerberufs - , daß z.b. die fachwissenschaftliche Ausbildung entscheidend die Befähigung des künftigen Lehrers zur **Vermittlung** von Wissen etc. im jeweils entsprechenden Unterrichtsfach der allgemeinbildenden Schule gewährleisten müßte. Wir lassen hier außer Betracht, daß zwischen Erkenntnisbestand und Methodik einer Wissenschaft und dem Inhalt des entsprechenden Unterrichtsfaches durchaus keine lineare Beziehung besteht (siehe auch Abschnit 4.1); es geht zunächst um das Problem, ob und inwieweit in der fachwissenschaftlichen Ausbildung diese Fähigkeit zur Vermittlung von wissenschaftlichen Erkenntnissen als Ziel akzeptiert und bewußt angestrebt wird.

Die erziehungswissenschaftliche Ausbildung hat - wiederum aus der Sicht der beruflichen Anforderungen und der Lehrertätigkeit - vor allem, allerdings nicht ausschließlich, die Aufgabe, die künftigen Lehrer zur **Anwendung** von Pädagogik in der erzieherischen Tätigkeit zu befähigen. Die damit verbundenen Fragen sind durch die Bemühungen um die Entwicklung der pädagogischen Kompetenz (des pädagogischen Könnens) der Studenten, durch die Einbeziehung pädagogisch-praktischer Ausbildungsbestandteile seit längerem Gegenstand von Überlegungen und Thema der Theorie-Praxis-Diskussion in der Pädagogik.

In den Lehramtsstudiengängen wird das Problem freilich vorrangig auf eine andere Weise zu lösen versucht: Einerseits durch die Verweisung der berufsorientierten Ausbildung in die zweite Phase, andererseits durch die Installierung von Lehrgebieten, die die Aufgabe haben, die Lehrerstudenten zur berufs- und schulbezogenen Umsetzung und Anwendung anzuleiten. Der Fachwissenschaft wird daher die Fachdidaktik zu- oder nachgeordnet, in den Erziehungswissenschaften hat die Unterscheidung von Erziehungswissenschaft und Erziehungslehre, von theoretischer und praktischer Pädagogik u.ä. den gleichen Grund und den gleichen Effekt. Es bedarf eigentlich nicht des Hinweises, daß auch in der Lehrerausbildung ganz in der Traditionslinie der philosophischen Fakultäten die „reinen" gegenüber den „angewandten" Wissenschaften einen höheren Stellenwert, ein höheres Ansehen beanspruchen.[29]

Berufsbezogenheit der Lehrerausbildung macht natürlich nicht nur Überlegungen zur Funktion der Fächer (Lehrgebiete) im Ausbildungsgang und zur Bestimmung und Profilierung ihres Inhalts erforderlich. Notwendig ist ebenso die Einbeziehung beruflicher Tätigkeiten und Handlungsfelder in die Ausbildung, wie dies in anderen Studienrichtungen, z.B. in der Ausbildung von Ärzten („klinisches Semester"), seit langem selbstverständlich ist. Sicher sind pädagogische Praktika in unterschiedlichen Formen (Hospitationspraktika, schulpraktische Übungen, Unterrichtspraktika) Bestandteil der Ausbildung, wenngleich die Diskussionen um ihren Stellenwert, ihren Umfang und ihre Gestaltung immer neu entflammen.[30] Wohl ist die Einbeziehung praktischer Abschnitte in eine berufsbezogenen Ausbildung unerläßlich, jedoch die Tatsache allein, daß die Lehrerstudenten praktische pädagogische Tätigkeit erleben (bei Hospitationen u.a.) und auch selbst ausüben, sichert noch nicht, daß sie dabei und dadurch jene pädagogische Befähigung (Kompetenz) erwerben, die eine berufsbezogene Ausbildung anstrebt. Pädagogische Tätigkeit an sich erzeugt noch keine pädagogische Kompetenz, kein pädagogisches Können.[31] Entscheidend ist vielmehr, wie und in welchem Maße die Studenten lernen, in dieser Tätigkeit Wissenschaft bzw. Theorie **anzuwenden**, und zwar sowohl bei der Planung (Projektierung, Modellierung) wie bei der Bewertung (Reflexion) ihres pädagogischen Handelns. Anders gesagt: Es kommt darauf an, die Verbindung von Theorie und Praxis **in der Tätigkeit der künftigen Lehrer** herzustellen und zu sichern, die Vermittlung zwischen der „Logik" der Theorie und der

„Logik" der pädagogischen Praxis im Handeln zu erreichen. Nur dann und dort gewinnt die widersprüchliche „Einheit" von Theorie und Praxis in der Lehrerausbildung reale Gestalt.

Damit ist das Feld gekennzeichnet, wo deutlich wird, daß Berufsbezogenheit und Wissenschaftsorientierung der Lehrerausbildung keine unüberbrückbaren Gegensätze sind, sondern über notwendige Vermittlungen einander bedingen und ergänzen.

Wie schon gesagt, ist das wohl entscheidende Vermittlungsglied die Tätigkeit der Lehrerbildner. Ihnen obliegt es, den künftigen Lehrer unmittelbar, direkt und nicht über grundlegende oder „vorbereitende" Theorievermittlung zu dieser Verbindung von Theorie und Praxis zu führen, sie dabei anzuleiten, sie dazu zu befähigen. Hier realisiert sich eigentlich erst die oben erwähnte „Doppelfunktion" der Lehrkräfte in der Lehrerausbildung.

Sicher kann es bei der Wahrnehmung dieser Funktion nicht ohne ein vernünftiges Maß an Arbeitsteilung abgehen. Gegenwärtig ist jedoch diese Arbeitsteilung relativ starr und sowohl personell wie institutionell und sogar „wissenschaftstheoretisch" festgeschrieben. In der BRD wirkt die Zweiphasigkeit der Ausbildung natürlich begünstigend für eine deutliche Funktionstrennung, in der Lehrerausbildung der DDR war mit Ausnahme der schulpraktischen Übungen in den Methodiken die praktisch-pädagogische Arbeit mit den Studenten weitgehend den Mentoren im Schulpraktikum und wissenschaftlichen Mitarbeitern (Assistenten, Lektoren) in den anderen praktischen Ausbildungsformen überlassen.

Die Überwindung traditioneller Funktionsmuster im Bewußtsein und in der Tätigkeit der Lehrerbildner ist Voraussetzung, um die notwendige Vermittlung von Berufsbezogenheit und Wissenschaftsorientierung eben in dieser Tätigkeit zu erreichen.

4 Ausbildungsbereiche

Der Versuch, die Meinungen, Bewertungen, Einschätzungen der Lehrerstudenten zu den wesentlichen Bereichen ihrer Ausbildung zu erfassen und zu vergleichen, stößt wegen der Unterschiede in den Lehrerbildungssystemen in beiden deutschen Staaten auf einige Schwierigkeiten. Die größte ergibt sich aus der Einphasigkeit der Ausbildung in der DDR und ihrer Zweiphasigkeit in der BRD. Die damit verbundene „Gewaltenteilung" verursacht nicht nur mancherlei Klagen über mangelnde Abstimmung und Koordinierung zwischen beiden Phasen, sie wirkt sich natürlich auch auf die Inhalte und Gestaltung der verschiedenen Bereiche in der ersten Phase aus; das gilt nicht nur für Umfang, Zielstellung und Gestaltung der praktischen Ausbildungsformen, sondern ebenso für Inhalte und Absichten der erziehungswissenschaftlichen Studien.

Trotzdem ist es, wie zu zeigen sein wird, möglich und sinnvoll, die wesentlichen Ausbildungsbereiche (für die Bundesrepublik bezogen auf die erste Phase) aus der Sicht der Studenten zu vergleichen und jene Fragestellungen und Problemfelder deutlich zu machen, die für Bemühungen um eine zukunftsorientierte Reform der Lehrerausbildung wichtig sind.

4.1. Die fachwissenschaftliche Ausbildung

Die Ausbildung in den Fachwissenschaften[32] gilt als das unumstrittene Kernstück der universitären Lehrerbildung und als Ausweis und Garant ihres wissenschaftlichen Charakters. Diese Auffassung, die von allen Beteiligten, natürlich von den Vertretern der Fachwissenschaften selbst, aber auch von

Bildungspolitikern einerseits, von den Lehrerstudenten und (künftigen) Fachlehrern andererseits mehr oder weniger unreflektiert vertreten wird, entstammt der Tradition der Gymnasiallehrerausbildung an den philosophischen Fakultäten - im einzelnen z.B. untersucht von ZEIHER (1973) - und hat durch die Schul- und Hochschulreformen, die unter dem Ziel der „Verwissenschaftlichung", der konsequenteren Wissenschaftsorientierung der Schule wie der Lehrerausbildung durchgeführt wurden, verstärkten Auftrieb und neue Bestätigung erhalten. Der Übergang zur strikten Wissenschaftsorientierung der Fächer der allgemeinbildenden Schule, nicht nur in ihren hochschulvorbereitenden Stufen und Formen, und die Durchsetzung des Fachlehrerprinzips mußten sich in der Lehrerausbildung auswirken und führten gleichsam zur Verallgemeinerung der traditionellen Formen der Ausbildung der Lehrer für die höhere Schule. Dies wird - in der BRD - auch an der Übernahme der Zweiphasigkeit dieser Ausbildung deutlich; selbst die dieser Tradition entstammende Kennzeichnung der erziehungswissenschaftlichen Ausbildung als „Begleitstudium" setzt sich zunehmend durch.

Eine nach Zielsetzung und Folgen vergleichbare Reform der Lehrerausbildung hatte in der DDR bereits in den 50er Jahren eingesetzt. Der Aufbau der zehnklassigen allgemeinbildenden Schule, die am Fächerkanon des früheren Realgymnasiums orientiert war - inwieweit das bewußt geschah, sei dahingestellt - folgte den Postulaten der höheren Wissenschaftlichkeit und dadurch Leistungsfähigkeit, betonte strikt den Fachunterricht ab der 5. Klasse und das Fachlehrerprinzip und führte zu entsprechenden Konsequenzen im System der Lehrerausbildung (Betonung der fachwissenschaftlichen Ausbildung, Aufbau pädagogischer Hochschulen als wissenschaftliche Einrichtungen, organisatorische Zuordnung der Unterrichtsmethodik (Fachdidaktik) zu den fachwissenschaftlichen Instituten u.a.). Allerdings wurde in den 60er Jahren ein spezieller und relativ eigenständiger fachwissenschaftlicher Studiengang für künftige Lehrer geschaffen, der durch einheitliche und ausführliche Lehrprogramme geregelt und festgelegt war. Diese Programme wurden in Kommissionsarbeit von den Fachvertretern selbst erarbeitet. Der Studienplan von 1982 für die Ausbildung von Fachlehrern für Mathematik und Physik sah z.B. folgende Stundenzahlen vor:

Mathematik	
Grundkurs	645
Darstellende Geometrie	60
Numerische Mathematik und Informationsverarbeitung	120
Wahrscheinlichkeitsrechnung und mathematische Statistik	75
Geschichte der Mathematik	30
Physik	
Grundkurs allgemeine Physik	615
(davon Laborpraxis)	(195)
Theoretische Physik	225
Geschichte der Physik	30

Dazu kamen für ca. 70 % der Studenten 180 Stunden für die wahlweise obligatorische Ausbildung in einem der beiden Fächer (vgl. Abschnitt 5). Damit standen (unter Einschluß der wahlweise-obligatorischen Ausbildung) für die Fachwissenschaften ca. 132 Semesterwochenstunden zur Verfügung (zum Vergleich: für das Fach Pädagogik 8 Semesterwochenstunden plus anteilig 25 Stunden für schulpraktische Übungen). Ferner sollte ein Fachpraktikum von 3 Wochen die Studenten mit der Bedeutung und Anwendung ihrer Fachwissenschaft in der gesellschaftlichen Praxis vertraut machen und zur Entwicklung fachwissenschaftlicher Fähigkeiten und Fertigkeiten beitragen.

Zu erwähnen ist in diesem Zusammenhang, daß einige Fächer in ihrem Studienplan Veranstaltungen vorsahen, die der Vorbereitung auf fachspezifische Formen der Tätigkeit des Lehrers dienten; als Beispiel seien Übungen zu biologischen, chemischen und physikalischen Schülerexperimenten genannt. Die Fachausbildung künftiger Mathematiklehrer begann mit einem Kurs „Schulmathematik" (die damit aber auch von der „eigentlichen" Mathematik abgesetzt wurde!).

Sicher hat ein solcher eigenständiger fachwissenschaftlicher Studiengang Vorteile. Inwieweit damit dem Ausbildungsziel und den Anforderungen des Lehrerberufs im realen Studiengang wirklich besser entsprochen wurde, ist schwer zu entscheiden. Und es dürfte auch hier das Urteil von GIESECKE (1980, S. 123) gelten, daß die Studienpläne und -programme nicht nur Ergebnis hochschuldidaktischer Bemühungen, sondern eher quantitative Kompromisse der beteiligten Fachvertreter darstellen. Die offiziellen Orientierungen leisteten wenig zur stärker beruflichen Orientierung der fachwissenschaftlichen Ausbildung. In dem als grundlegend geltenden Politbürobeschluß von 1980 findet sich die vielerlei Ausdeutungen fähige Formulierung: In der „Ausbildung von Diplomlehrern ... kommt es besonders darauf an, in allen Studienfächern zu sichern, daß die Studenten solide, anwendungsbereite Kenntnisse in den Grundlagen der Wissenschaften erwerben und ein hohes Niveau der Ausbildung in der Fachkombination erreicht wird." (Beschluß ... , 1980, S. 128)[33]

Natürlich braucht der Fachlehrer eine gute fachliche (fachwissenschaftliche) Ausbildung. Freilich ist damit noch wenig darüber gesagt, wie diese Ausbildung beschaffen sein müßte, damit er seinen Aufgaben als **Fachlehrer** gut gerecht werden kann. Die überkommene Auffassung, daß er zunächst ein guter Fachwissenschaftler sein müsse und daß pädagogische Qualifikation nur eine, wenn auch nützliche und wünschenswerte Zutat sei, ist natürlich nicht mehr haltbar und wird offiziell kaum noch vertreten. Dennoch ist nicht zu übersehen, daß die unreflektierte Wissenschaftsorientierung der allgemeinbildenden Schule faktisch durchaus ähnlichen Positionen Vorschub geleistet und die Dominanz der fachwissenschaftlichen Ausbildung in den Lehramtsstudiengängen befördert, dabei die Frage in den Hintergrund gedrängt hat, wie denn eine an den Anforderungen des Lehrerberufs orientierte, also eine berufsbezogene Fachausbildung zu gestalten sei. Diese Frage ist nicht nur berechtigt, sondern aus mehreren Gründen auch dringlich:

Im Selbstverständnis der Fachwissenschaften an den Universitäten und der weitaus meisten ihrer Vertreter hat die Forschung die Priorität; der Grundsatz der „Einheit von Lehre und Forschung" wird de facto meist so interpretiert, daß die Lehre als nachgängig und vor allem der Vermittlung von Forschungsergebnissen dienlich erscheint.[34] Zumindest hat ein solches Verständnis das Nachdenken über die Lehre als Hochschulunterricht mit eigenständigen Zielsetzungen und Grundsätzen nicht wenig behindert; entsprechende hochschuldidaktische Bemühungen und Erkenntnisse sind bislang nur wenig wirksam geworden. Die Orientierung auf die Forschung hat eine weitere Konsequenz: Für sie ist notwendigerweise die Tendenz zur Spezialisierung kennzeichnend, was sich als wesentlicher Antrieb für die Etablierung von Teil- und Spezialdisziplinen erweist, die sämtlich einen Platz im Lehrangebot beanspruchen. Das führt dazu, daß eigentlich keine der von künftigen Lehrerstudenten zu studierenden Fachwissenschaften als eine einheitliche, in sich homogene Wissenschaft erscheint, vielmehr als eine oft recht heterogene Menge von Einzeldisziplinen. Deren wachsende Zahl - auch in Form von Lehrgebieten - führt notwendigerweise zu wachsender Stoffülle und zur Zersplitterung innerhalb der Studiengänge. Gravierender noch ist die Frage, in welchem Verhältnis - inhaltlich, strukturell, methodologisch - die Fachwissenschaften zu den entsprechenden Schulfächern stehen.

(Wobei wir von der Tatsache absehen, daß es Fächer gibt, denen keine etablierte Wissenschaftsdisziplin direkt entspricht.) KLAFKI (1988, S. 32) stellt dazu fest:

„1. Es gibt in Wahrheit keine lineare Beziehung zwische einzelnen, hochdifferenzierten Wissenschaften auf ihrem heutigen Entwicklungsstand und den Fächern des Schulunterrichts, zumal dieses Fächerprinzip z.T. umstritten ist.

2. Schulunterricht ist, auch wenn er „wissenschaftsorientiert" gehalten wird, nicht primär eine Vorschule der Wissenschaften. Pädagogisch gesehen muß

die Blickrichtung umgekehrt werden: . . . Was können Wissenschaften für die Entwicklung des Wirklichkeits- und des Selbstverständnisses der Lernenden bedeuten, für die Entwicklung ihrer Urteils- und Handlungsfähigkeit? **Das** ist das zentrale Kriterium, das an die Wissenschaften angelegt werden muß, wenn es um ihre Berücksichtigung im Unterricht der Schule geht. 3. Wenn man dies ernst nimmt, wird deutlich, daß die Wissenschaften, sofern sie für Erziehung und Unterricht in der Schule bedeutsam werden, nicht in **der** Form eine Rolle spielen können, in der sie im Bereich der Forschung und der Lehre an den Universitäten und Hochschulen erscheinen. Wo Wissenschaften auf die Lebenswirklichkeit der Menschen Einfluß nehmen, da treten sie in den Zusammenhang von ökonomischen, technischen, gesellschaftlich-politischen, individuellen Zwecksetzungen und Interessen ein. Und nur dann, wenn diese Zusammenhänge als Voraussetzungen und Folgewirkungen durchschaut werden, kann wissenschaftlich orientiertes Lernen in der Schule aufklärend wirken, Hilfe zur Urteils- und Handlungsfähigkeit der heranwachsenden Generation werden. Andernfalls fördert sogenannter wissenschaftsorientierter Unterricht blinde Wissenschaftsabhängigkeit und das Denken in isolierten Fachperspektiven."

Damit wird die Frage betont (wenn auch nicht beantwortet), wie der Beitrag der fachwissenschaftlichen Ausbildung zur beruflichen Befähigung, zur Herausbildung beruflicher Kompetenzen zu bestimmen sei. Weder die Aussage, daß sie eigentlich die wissenschaftliche Bildung des Lehrers gewährleistet, noch die Meinung, daß der Lehrer befähigt und motiviert sein müsse, in seiner Freizeit selbst „wissenschaftlich", d.h. als Forscher tätig zu sein (etwa im Rahmen der Heimatforschung), beantwortet diese Frage. Naheliegend ist die Antwort, daß der Lehrer zur souveränen Beherrschung des Schulstoffes zu führen sei. Abgesehen davon, daß gerade dies nicht so recht erreicht zu werden scheint (s.u.), bedürfte dieses Ziel sicher einer näheren Bestimmung und Interpretation. Schließlich ist auch das Postulat, daß der künftige Lehrer in den fachwissenschaftlichen Studien notwendige wissenschaftliche Arbeitsweisen und Methoden erwerbe, kritisch zu hinterfragen, da die spezifischen, d.h. die Forschungsmethoden dieser oder jener Wissenschaft für die pädagogische Tätigkeit wohl kaum bedeutsam sind. Richtig jedoch ist die Forderung, daß der Fachlehrer in der Lage sein soll, Fortschritte und neue Erkenntnisse der Fachwissenschaft, soweit sie für den Schulunterricht relevant sind, zu erfassen und angemessen zu verarbeiten.

In empirischen Untersuchungen wird der Frage nach dem Stellenwert, dem Inhalt und der Wirksamkeit der fachwissenschaftlichen Ausbildung keine übermäßige Aufmerksamkeit geschenkt. Es mag sein, daß bei den Untersuchenden und bei den Befragten, den Studenten und Lehrern, entsprechendes Problembewußtsein relativ gering entwickelt ist. Das ist in gewisser Hinsicht verständlich:

Der an den Fachwissenschaften orientierte Fachunterricht, speziell in den zur Hochschulzugangsberechtigung führenden Schulen, ist die von Schülern erlebte und von Lehrern, Bildungspolitikern und der Öffentlichkeit als normale und als nicht zu hinterfragen verstandene Form von Unterricht. Für das Erteilen dieses Unterrichts ist eine fachliche Ausbildung unerläßlich. Der Schüler entwickelt seine fachlichen Interessen und eventuellen Wünsche, ein Lehrerstudium aufzunehmen, im Rahmen des schulischen Fächerangebots.[35] Das Studium der entsprechenden Fächer im Rahmen der Lehrerausbildung scheint ihm Kernstück und Hauptbereich seiner Berufsvorbereitung zu sein; das im allgemeinen recht hohe Anforderungsniveau[36] der Fachausbildung mag die Auffassung verstärken, daß hier das eigentlich wissenschaftliche Studium stattfindet. Als ausgebildeter Fachlehrer erteilt er wiederum Fachunterricht auch für künftige Interessenten für den Lehrerberuf. So entsteht ein Kreislauf: Schüler im Fachunterricht - fachwissenschaftliches Studium - Fachlehrer, so daß eine unkritische Haltung zur fachwissenschaftlichen Ausbildung immer wieder reproduziert wird.[37]

In empirischen Studien wird zunächst recht übereinstimmend die Meinung von Studenten und Absolventen deutlich, daß die fachwissenschaftliche Ausbildung vom Umfang her ausreichend sei und keine Erweiterung notwendig ist (vgl. Abschnitt 3, Tabelle 23). Ebenso deutlich wird für eine stärker schul- und berufsbezogene Fachausbildung plädiert (ebenda). Gleichzeitig wird ihr attestiert, daß sie eine durchaus ausreichende und tragfähige Grundlage für die (fachliche) Arbeit des Fachlehrers schaffe. Dem widerspricht in gewisser Weise die Erfahrung, die z. B. in Untersuchungen zur Arbeit von Absolventen bestätigt wird, daß diese unverhältnismäßig viel Zeit für die fachliche Vorbereitung ihres Unterrichts aufwenden müssen, daß sie offenbar Schwierigkeiten bezüglich der Beherrschung des Unterrichtsstoffes haben. Andererseits gibt es nicht wenige Stimmen, die mancherlei Inhalte der Fachausbildung - bezogen auf die tägliche pädagogische Praxis - als überflüssig betrachten. Solche durchaus widersprüchlich erscheinenden Befunde seien durch einige Beispiele belegt:

In den empirischen Untersuchungen von ROSENBUSCH/SACHER/ SCHENK (1988), in die Absolventen bayerischer Lehrerausbildungsinstitute einbezogen waren, bestätigten diese, daß diese Ausbildung zufriedenstellend (und besser) war, daß sie gelernt hätten, wissenschaftlich zu arbeiten, daß sie das Studium der Fachwissenschaften als persönliche Bereicherung empfanden; jedoch wird kritisch vermerkt, daß dieses Studium zu wenig auf die Bedürfnisse der Praxis zugeschnitten sei und daß im praktischen Berufsalltag fachliche Wissensdefizite trotz umfangreichen Studiums spürbar werden.

In der Untersuchung von FRECH (1976, S. 76) werten 876 Referendare die Verwendbarkeit des in der fachwissenschaftlichen Ausbildung erworbenen Wissens in der beruflichen Tätigkeit:

Tabelle 27 Verwendbarkeit fachlichen Wissens in der Schulpraxis

Verwendbar ist	
für 14 % der Referendare	ein Viertel
für 38 % „	die Hälfte
für 38 % „	drei Viertel
für 11 % „	fast alles
Nicht verwendbar ist	
für 53 % der Referendare	ein Viertel
für 39 % „	die Hälfte
für 8 % „	drei Viertel
für 1 % „	fast alles

Es treten verständlicherweise auch Unterschiede zwischen den Lehrern der verschiedenen Schularten auf. In der Erhebung von SUSTECK (1975, S. 54) wird die fachliche Ausbildung als zufriedenstellend bewertet von 61 % der Gesamtschullehrer, 66 % der Hauptschullehrer und 87 % der Gymnasiallehrer, wobei es nicht gerechtfertigt ist, dies vor allem auf verschiedene Ausbildungsformen (Universitäten - Pädagogische Hochschulen) zurückzuführen. TIETZE (1988) referiert Untersuchungen an der Universität für Bildungswissenschaften Klagenfurt, in die von 1975 bis 1983 471 Absolventen einbezogen waren:

Etwa die Hälfte betont allgemein die große Bedeutsamkeit der fachlichen Ausbildung für die Lehrertätigkeit, aber nur jeder dritte Student meint, daß ihn die fachliche Ausbildung zumindest in indirekter Weise zur Bewältigung der beruflichen Anforderungen befähigt hat; nur 15 % sind der Auffassung, daß diese Ausbildung die für die Berufspraxis notwendigen Kenntnisse und Inhalte vermittelt habe, während für 38 % diese Zielsetzung der fachwissenschaftlichen Ausbildung verfehlt wurde. In der Erhebung von BEHRENS (1979) stimmen Absolventen (n = 198) der Aussage „Die Ausbildung im Hauptfach hat gesichert, daß ich den Lehrplanstoff umfassend und sicher beherrsche" mit $G/\bar{x} = 75$ nur mit einiger Einschränkung zu. Für das Nebenfach ergab sich mit $G/\bar{x} = 68$ ein noch niedrigerer Wert. Die betreuenden Mentoren und Direktoren (n = 276) kommen zu ähnlichen Einschätzungen (G/$\bar{x}$ = 67 bzw. 60).

In verschiedenen Untersuchungen wurden Lehrerstudenten und Lehramtsanwärter veranlaßt, die Wichtigkeit der verschiedenen Ausbildungsbereiche für die Bewältigung der beruflichen Anforderungen einzuschätzen. OESTERREICH befragte 1982 247 junge Lehrer (1987, S. 98).

Tabelle 28 Wichtigkeit von Ausbildungsbereichen für die Arbeit des Lehrers (Angaben in G/$\bar{x}$)

- Praktika und andere Unterrichtserfahrungen	91
- didaktische Lehrveranstaltungen	70
- Grundwissenschaften	59
- Fachstudium	56
- Erfahrungen in der Lebenssituation als Student	44
- Beispiele von Hochschullehrern	22

In der Studentenbefragung Potsdam war durchgängig ein Fragenkomplex enthalten, über den die Meinungen der Studenten zur Qualität und Wirksamkeit wesentlicher Ausbildungsbereiche sowohl bezüglich der Meisterung der Anforderung des Lehrerstudiums wie auch bezüglich ihrer Persönlichkeitsentwicklung erfaßt werden sollten. Die Frage lautete: „Beurteilen Sie bitte auf der Grundlage ihrer Erfahrungen und im Hinblick auf die Anforderungen der pädagogischen Praxis die Wirksamkeit der folgenden Faktoren für
- die Realisierung der fachlichen Zielsetzung des Lehrerstudiums
- ihre persönliche Entwicklung (Charaktereigenschaften, menschliche Reife, Selbstverantwortung, Realisierung Ihres Lehrplanes)."

Wir konzentrieren uns auf die Ergebnisse der (8.) Befragung (1974), die Studenten im achten Semester (nach dem Großen Schulpraktikum) erfaßte (n = 266) und in die Studenten der Pädagogischen Hochschulen Dresden (n = 265) und Erfurt (n = 315) der gleichen Matrikel einbezogen wurden. In die folgende Tabelle werden zu Vergleichszwecken Werte für einige andere Ausbildungsbereiche aufgenommen:

Tabelle 29 Qualität und Wirksamkeit wesentlicher Ausbildungsbereiche für

- **die Meisterung der fachlichen Anforderungen (1. Zeile)**
- **die persönliche Entwicklung (2. Zeile) (Angaben in G/$\bar{x}$)** [38]

Bereich	PH Potsdam n = 266	PH Dresden n = 265	PH Erfurt n = 315	Gesamt n = 846
- Großes Schulpraktikum	92	95	91	93
	88	93	87	90
- Schulpraktische Übungen (SPÜ)	65	70	52	65
	62	70	62	63
- Hauptfach	60	63	60	61
	45	67	57	58
- Nebenfach	56	61	58	58
	52	62	55	55
- Methodik	56	61	49	55
	48	58	49	51
- Pädagogik	39	34	37	37
	47	43	45	45

In der Erhebung des ZIJ bei Absolventen der fünfjährigen Ausbildung (1987, n=378) wurde nach Wichtigkeit und Qualität der Ausbildungsbereiche im Hinblick auf die Anforderungen der Lehrertätigkeit gefragt:

Tabelle 30 Wichtigkeit und Qualität von Ausbildungsbereichen (Angaben in G/$\bar{x}$) [39]

	Wichtigkeit	Qualität
- schulpraktische Ausbildung im 5. Studienjahr	94	88
- Fachwissenschaftliche Ausbildung	93	85
- Unterrichtsmethodik	93	76
- Psychologie	83	76
- Didaktik	73	65
- Geschichte der Erziehung	32	51

Untersuchungen zu einzelnen Fächern, in denen für unser Anliegen relevante Fragestellungen behandelt werden, liegen nur in begrenzter Zahl vor. In der Diplomarbeit von KOPITZKI/MUCH (1975) bewerteten Studierende

3. Studienjahr (n = 58) die literaturwissenschaftliche Ausbildung. 78 % wünschten eine stärkere Berücksichtigung des im Lehrplan der Schule geforderten Stoffes; 40 % meinten, daß diese Ausbildung das Interesse an der Vermittlung von Wissen fördert, 48 % sahen die Einsicht in die gesellschaftliche Verantwortung des Lehrers vertieft. Bei 72 % dieser Studenten hatte die Beschäftigung mit Literatur die Entscheidung für das Lehrerstudium wesentlich beeinflußt. DAHL (1980) befragte Studenten der Fachkombination Mathematik/Physik im 8. Semester nach der Wirksamkeit verschiedener Lehrgebiete für die Entwicklung berufsrelevanter Einstellungen.

Tabelle 31 Lehrgebiete und Einstellungsentwicklung (n = 62, Angaben in G/$\bar{x}$)

- Schulpraktische Übungen	80
- Schulpraktikum	79
- physikalische Schulexperimente	77
- Physikmethodik	72
- Mathematikmethodik	66
- Grundkurs Mathematik	65
- Didaktik	61
- Geometrie	58
- Laborpraxis	56
- Grundkurs Physik	54
- Mikrophysik	46

Der Beitrag der Fächer zur Berufs**befähigung** wurde jedoch so bewertet (Angaben in %, positive Wertungen):

- Mathematik einschließlich Methodik	81
- Physik einschließlich Methodik	66
- Pädagogik	28

Die empirischen Ergebnisse weisen bei aller Unterschiedlichkeit der Fragestellungen und des Bereichs, auf den sie sich beziehen, doch die gemeinsame Tendenz auf, daß die Berufsbezogenheit der fachwissenschaftlichen Ausbildung als nicht ausreichend erlebt wird, wobei deren dominierende Position im Ausbildungsbetrieb in Rechnung zu stellen ist. Gerade deshalb ist die Frage nach der berufsvorbereitenden Funktion und Wirksamkeit dieses zentralen Ausbildungsbereiches sicher legitim. Auch wenn zu berücksichtigen ist, daß einerseits die fachwissenschaftliche Ausbildung in ihrer grundlagenschaffenden Funktion schwerlich am Maßstab der Berufsbezogenheit direkt zu messen ist, und daß andererseits zu vordergründiges Fragen nach dem direkten, linear aufweisbaren Nutzen für die Lehrertätigkeit dem Wesen einer akademischen Ausbildung nur bedingt gerecht wird, bleibt die Feststellung, daß eine Reform der Lehrerbildung unter dem Zielaspekt vertiefter beruflicher Kompetenz nicht zuletzt die Gestaltung der fachwissenschaftlichen Ausbildung ins Kalkül ziehen muß. Die Aussichten sind freilich schlecht: Das traditionell verfestigte Verständnis dieser Ausbildung, ihre überkommenen Formen und Vorgehensweisen, mehr noch das Fehlen von schlüssigen, theoretisch begründeten und praktisch handhabbaren Lösungen dürften gegenwärtig den Erfolg entsprechender Bemühungen fraglich machen.

4.2. Die erziehungswissenschaftliche Ausbildung

In beiden deutschen Staaten stand dieser Bereich des Lehrerstudiums, insbesondere die Ausbildung im Fach Pädagogik, im Zentrum der Kritik und der Reformvorstellungen und -bemühungen, sowohl von Seiten der Studenten und Absolventen wie auch von Seiten reformorientierter Wissenschaftler und Bildungspolitiker. Der Widerspruch zwischen Ansprüchen bzw. Erwartungen und Ergebnis bzw. Wirksamkeit tritt in diesem Ausbildungsbereich besonders deutlich zutage.

Freilich wies die Gestaltung dieses Bereichs in beiden Lehrerbildungssystemen wesentliche Unterschiede auf:

In der DDR wurden unter dem Begriff der erziehungswissenschaftlichen Ausbildung die Fächer Pädagogik und Psychologie (mit ihren verschiedenen

Lehrgebieten) und die unterrichtsmethodische Ausbildung in zwei Fächern zusammengefaßt. Für diesen Ausbildungsbereich, für den besonders ausführliche Lehrprogramme existierten, standen zur Verfügung: Für Pädagogik und Psychologie je 8 SWS, dazu zusammen 50 (Zeit-) Stunden schulpraktische Übungen, für die beiden Unterrichtsmethodiken je 5 SWS und je 4 SWS schulpraktische Übungen. In der Ausbildung der Unterstufenlehrer war der zeitliche Umfang der erziehungswissenschaftlichen Ausbildung absolut wie auch relativ zur Gesamtstundenzahl etwas größer.

In der Bundesrepublik schließt der Begriff der erziehungswissenschaftlichen Ausbildung neben dem Fach Pädagogik die meist wahlobligatorischen Fächer Psychologie, Soziologie, Politologie, Philosophie und andere sozialwissenschaftliche Bereiche, nicht aber die Fachdidaktik ein. Das für diese Ausbildung vorgesehene bzw. vorgeschriebene Zeitvolumen ist nach Bundesländern und nach Lehrämtern recht unterschiedlich und schwankt (nach KLAFKI, 1988) zwischen 6 und 40 SWS. Die Fortführung der erziehungswissenschaftlichen Ausbildung in der zweiten Phase in einer stark praxisorientierten, auf schulpädagogische und unterrichtsmethodische Themen konzentrierten Form (vgl. Abschnitt 6) ist auch dadurch bedingt, daß in der ersten Phase allgemeine erziehungswissenschaftliche Angebote dominieren und schulpädagogische Aspekte meist zurücktreten, daß mangelnde Systematik, eine gewisse Unverbindlichkeit und fehlender Berufsbezug diese Ausbildung charakterisieren.[40]

Wir konzentrieren uns im folgenden auf die Ausbildung im Fach Pädagogik. Trotz der Unterschiede im Inhalt, in den Organisationsformen und in der hochschulmethodischen Gestaltung, im Grad der Verbindlichkeit dieser Inhalte und der Studienorganisation ist die Übereinstimmung in den Urteilen der Studenten über die Qualität dieser Ausbildung und über ihren Beitrag zur Berufsbefähigung überaus groß und insofern eindrucksvoll, als sie die mit Abstand kritischste Bewertung erfährt. Diese Haltung der Befragten resultiert vorrangig aus ihrem Erleben, daß diese Ausbildung für die Vorbereitung auf die Lehrertätigkeit wenig leistet und insofern ihren Anspruch, für die berufliche Qualifizierung der künftigen Lehrer in besonderem Maße kompetent und relevant zu sein (als „Berufswissenschaft" o.ä.), nicht einzulösen vermag.

Im Hinblick auf die Bedeutsamkeit und Wirksamkeit für die Berufsvorbereitung rangiert die Pädagogikausbildung im Urteil der Studenten und Absolventen deutlich hinter der unterrichtspraktischen, fachdidaktischen und fachwissenschaftlichen Ausbildung. Das wurde am Beispiel der Erhebung der ZIJ von 1987 bereits deutlich (vgl. Tabellen 6 und 32). Es zeigt sich, daß die Befragten dabei durchaus nicht pauschal urteilen, sondern offenbar sehr wohl in der Lage sind, den Ertrag der Ausbildung in den verschiedenen Lehrgebieten differenziert einzuschätzen. In der genannten Erhebung stellte sich das so dar:

Tabelle 36 Relevanz und Qualität von Lehrgebieten bezüglich der beruflichen Tätigkeit (Angaben in G/$\bar{x}$ und in Rangplätzen bei 16 vorgegebenen Lehrgebieten bzw. Fächern; n = 378)

	Relevanz		Qualität	
	G	Rangplatz	G	Rangplatz
Psychologie	84	4	76	4
Didaktik	73	9	66	9
Erziehungstheorie	58	12	56	12
Grundlagen der Pädagogik	56	13	54	13
Geschichte der Erziehung	32	16	51	16

In einer Erhebung an der Universität Jena (SCHMIDT, J., 1984) wurden Lehrerstudenten im 3. (n = 347) und erneut im 4. Studienjahr (n = 310) nach der Bedeutsamkeit der Pädagogikausbildung befragt:

Tabelle 37 Bedeutsamkeit der Pädagogikausbildung (Angaben in %) [41]

	deutliche Zustimmung	
	3. Stj.	4. Stj.
- Die Ausbildung in . Pädagogik . Psychologie ist bedeutsam für die berufliche Befähigung	51 81	48 72
- Ich erkenne die Notwendigkeit, im Fach Pädagogik gründlich zu studieren	33	41
- Gesicherte Kenntnisse in Pädagogik und Psychologie haben für mich die gleiche Bedeutung wie Kenntnisse in den Fächern, in denen ich unterrichten werde	56	55

Untersuchungen in der Bundesrepublik führten zu weitgehend vergleichbaren Ergebnissen. [42]

EITZMANN/WAGNER (1984, S. 76) befragten 65 Lehrerstudenten und 69 Lehramtsanwärtern in Hildesheim:

Tabelle 38 Bedeutsamkeit von Studienbereichen für die Berufspraxis (Wertung „sehr wichtig", Angaben in %)

	Studenten n = 65	Anwärter n = 69
- Schulpraktika	92	81
- Schulpädagogik	66	61
- Fachwissenschaft/Fachdidaktik	41	55
- Sozialpraktikum	13	20
- Allgemeine Pädagogik	13	10
- Sozialpädagogik/Sozialarbeit	8	21
- Medienpädagogik	2	16

Die gleiche Tendenz zeigte sich, wie bereits in der Tabelle 34 ausgewiesen wurde, auch sehr deutlich in der Studentenbefragung Potsdam. FRECH (1976) befragte Referendare (n = 678) nach der Verwendbarkeit des im erziehungswissenschaftlichen Begleitstudium erworbenen Wissens in der pädagogischen Tätigkeit:

Tabelle 39 Verwendbarkeit des Wissens in der pädagogischen Tätigkeit (Angaben in %)

- nichts verwendbar	34
- ein Viertel verwendbar	36
- die Hälfte verwendbar	20
- fast alles verwendbar	10

WALTER (1974) ließ 80 bayrische Junglehrer (Absolventen Pädagogischer Hochschulen) die Bedeutsamkeit erziehungswissenschaftlicher Fächer für die schulische Arbeit bewerten:

Tabelle 40 Erziehungswissenschaften und schulische Arbeit (Angaben in %)

	positiv	negativ
- Pädagogik	14	72
- Psychologie	79	5
- Schulpädagogik	41	25
- Philosophie	11	73

Ferner hielten nur 17 seiner Probanden die Schulpraktische Ausbildung in der ersten Phase für ausreichend; 85 % plädierten für mehr Fachdidaktik zu Lasten der Grundwissenschaften (Erziehungswissenschaften). BAUER (1977) befragte Studierende (n = 272) der Pädagogischen Hochschule Ruhr zu Qualität und Wirksamkeit des erziehungswissenschaftlichen Grundstudiums unter dem Aspekt des Praxisbezugs und der Berufsvorbereitung. Die Befunde bestätigen die Ergebnisse anderer Untersuchungen:

Tabelle 41 Erziehungswissenschaftliches Grundstudium und Berufs-vorbereitung (Angaben in G/$\bar{x}$)

- Wie gut glauben Sie, in Ihrem erziehungswissenschaftlichen Grundstudium auf die Aufgaben des Lehrerberufs vorbereitet worden zu sein?	47
- Meiner Meinung nach kommen schulpraktische Veranstaltungen im Studium zu kurz.	78
- Im Studium kommt die Vorbereitung auf die konkrete Tätigkeit des Lehrers zu kurz.	77
- Die Schwierigkeiten, denen man als Lehrer gegenübersteht, werden im Studium nicht klar genug angesprochen	74
- Als ich das Studium begann, hatte ich erwartet, intensiver und systematischer auf die Berufstätigkeit des Lehrers vorbereitet zu werden.	73
- Das Studium ist viel zu theoretisch ausgerichtet	71
- Das Studium ist überladen mit Inhalten, die für den Lehrerberuf gar nicht benötigt werden.	59
- Im grundwissenschaftlichen Studium wird im Großen und Ganzen vermittelt, was ein Lehrer braucht.	43
- Ich traue mir aufgrund meiner Ausbildung zu, auch mit schwierigen Kindern umgehen zu können.	38

In einigen Arbeiten wurde versucht, differenzierter zu erfassen, wie sich Absolventen durch ihre Ausbildung, speziell durch deren erziehungswissenschaftlichen Bereich, auf die Meisterung bestimmter Anforderungen und Aufgaben der Lehrertätigkeit vorbereitet fühlen. Dies mag sicher untersuchungsmethodische Fragen aufwerfen, allein die dabei deutlich werdenden Tendenzen unterstreichen, daß in den erziehungswissenschaftlichen Studien die Befähigung (Kompetenz) der künftigen Lehrer für die Bewältigung beruflicher Aufgaben nur unzureichend fundiert und angebahnt wird. MELCHERT (1985) befragte Lehramtsanwärter und Referendare und verglich seine Ergebnisse mit den von SUSTECK (1975) bei Absolventen erhobenen Daten (wir führen nur den Prozentsatz der Befragten an, die die entsprechende Ausbildung als zufriedenstellend werten):

Tabelle 42 Zufriedenstellende Vorbereitung auf Lehreraufgaben

(Angaben in %) [43]

	SUSTECK	MELCHERT	
	Lehrer bis zum 5. Dienstjahr (n = 193)	Lehramtsanwärter (n = 75)	Referendare (n = 166)
- Planung von Lehreinheiten	10	47	9
- Lehrmethoden	27	31	6
- Auswertung von Lernergebnissen	10	21	8
- Testanalyse	12	19	9
- Umgang mit Unterrichtsmitteln	18	32	10
- Familiale und schulische Sozialisation	20	58	33
- Gruppendynamische Prozesse	15	23	15
- Elternberatung	4	4	3

Die empirischen Befunde verdeutlichen, daß in beiden Lehrerbildungssystemen die erziehungswissenschaftliche Ausbildung, insbesondere das
Fach Pädagogik, den Erwartungen und Wünschen der Studierenden nicht
gerecht wird und in diesem Sinne als besonders problematischer Studienbereich und als dringend reformbedürftig gilt. Bei der Suche nach den Ursachen werden von den Vertretern dieses Bereichs gern folgende Argumente
angeführt:

Zunächst wird darauf verwiesen, daß das verfügbare Stundenvolumen
entschieden zu gering sei. Nun ist es natürlich verständlich, wenn von den
Erziehungswissenschaftlern und ihren Verbänden, z.B. von der Deutschen
Gesellschaft für Erziehungswissenschaften (1981, 1990) mehr Semesterwochenstunden gefordert werden. Aber abgesehen davon, daß der Kampf der
in der Ausbildung vertretenen Disziplinen um höhere Stundenanteile bislang
wohl kaum zur wirklichen Verbesserung der Lehrerausbildung geführt oder
wenigstens beigetragen hat, ist speziell für die erziehungswissenschaftlichen
Studien ernsthaft zu bezweifeln, ob mehr Zeit zu höherer Qualität und Wirksamkeit führt. Vielmehr ist zu fragen, inwieweit die Erziehungswissenschaft in ihrer gegenwärtigen Verfaßtheit in der Lage ist, ihrem Anspruch

und ihren Aufgaben bei der beruflichen Ausbildung von Lehrern gerecht zu werden (s.u.).

Zum anderen wird den Lehrerstudenten zum Vorwurf gemacht, sie würden ganz vorrangig Rezepte für pädagogisches Handeln erwarten und verlangen, die aber von der pädagogischen Wissenschaft nicht geliefert werden können und auch gar nicht geliefert werden sollen. Das ist zunächst einmal richtig, aber neben der Frage, ob dieser Vorwurf gerechtfertigt ist, ob die Studenten also wirklich „Rezepte" erwarten, bleibt doch festzustellen, daß die Lehre der Pädagogik im Lehrerstudium den Studierenden Hilfen für die praktische pädagogische Tätigkeit bereitstellen und anbieten muß; Hilfen, die zur theoretischen Fundierung und ebenso zur theoretischen Reflexion pädagogischen Handelns notwendig und hilfreich sind. Genau dies erfolgt offenbar aber zu wenig; die Ursachen dafür dürften wohl weit mehr in der Qualität als in der Quantität des Lehrangebots begründet sein.

Im Zusammenhang mit diesem Problem finden wir durchaus noch die Auffassung, daß ein wissenschaftliches Studium der Pädagogik gar nicht die Aufgabe hat, mehr oder weniger direkt zu praktischem Handeln zu befähigen. Die Forderung nach Praxisbezogenheit widerspräche den Prinzipien wissenschaftlicher Bildung und berge die Gefahr, daß die „Lehrerausbildung . . . auf diese Weise wieder auf das Niveau von Fachschulen zurückgedrängt (wird)" (GIESECKE, 1980, S. 125).[44]

Schließlich finden wir auch die Klage, die nicht ganz unberechtigt ist, daß die erziehungswissenschaftlichen Disziplinen bei den Studenten so ein schlechtes Rufbild haben, d.h. sich erworben haben, daß sie von vorneherein unterbewertet und als unwichtig und wenig nützlich abgetan werden. Indes gibt es recht überzeugende Belege, daß eine bessere inhaltliche und methodische Gestaltung pädagogischer Lehre solche Vorurteile sehr wohl abbauen kann (z.B. NEUMANN/SIEGMUND/WELLENREUTHER,1983; HUMMEL,1977).

Im Hinblick auf die Gestaltung der erziehungswissenschaftlichen Ausbildung konzentrieren sich die kritischen Bemerkungen und Wertungen auf drei Aspekte:

- auf die mangelnden Praxisbezüge,

- auf das niedrige Anforderungsniveau,

- auf die mangelnde Koordinierung und Integration.

Die Forderung nach einem praxisnahen Pädagogikstudium findet sich in allen einschlägigen empirischen Erhebungen. MELCHERT (1985) verweist auf 9 Arbeiten, in denen zwischen 50 und 93 % der befragten Studenten diese Forderung nachdrücklich artikulierten und in den Vordergrund stellten. Dabei werden mit dem Begriff der Praxisnähe meist zwei Aspekte angesprochen: Einmal geht es um die Praxisrelevanz der vermittelten Inhalte; damit ist der Stellenwert und die Art der Behandlung der pädagogischen Praxis in der Erziehungswissenschaft, d.h. in ihren verschiedenen Disziplinen und theoretischen Ansätzen und Positionen angesprochen.Darauf ist noch einzugehen. Zum anderen geht es um die sinnvolle Einbeziehung und Einordnung von Kontakten zur pädagogischen Praxis in die erziehungswissenschaftlichen Studien. Die verschiedenen Formen wie semesterbegleitende Hospitationen und schulpraktische Übungen werden von den Studierenden dann positiv erlebt und bewertet, wenn sie wirklich in diese Studien integriert sind, entsprechend vorbereitet und ausgewertet und - um dies zu sichern - von Lehrkräften geleitet oder doch begleitet werden. Die schulpraktischen Übungen in Pädagogik und Psychologie, die so gestaltet ab 1982 in der Diplomlehrerausbildung der DDR durchgeführt, allerdings 1990 wieder aufgegeben wurden, fanden bei den Studierenden eine durchaus positive Bewertung.

In der Erhebung des ZIJ von 1987 wurden die Wichtigkeit dieser Übungen mit $G/\bar{x} = 74$ und ihre Qualität mit $G/\bar{x} = 69$ recht hoch bewertet, wesentlich höher jedenfalls als die theoretischen Lehrveranstaltungen im Fach

Pädagogik (vgl. Tabelle 36). Ob solche „Lehrveranstaltungen in der Praxis" in der erziehungswissenschaftlichen Ausbildung eine Perspektive haben, ist freilich mehr als fraglich. Neben personellen Restriktionen und der Neigung, derlei Aufgaben und Formen an die zweite Phase zu verweisen, dürfte dies auch wesentlich davon abhängen, ob und inwieweit die im erziehungswissenschaftlichen Bereich tätigen Hochschullehrer die an die Integration theoretischer und praktischer Ausbildungsformen gebundene Herausbildung pädagogischer Kompetenz (pädagogischen Könnens) als ihre Aufgabe anerkennen.

Das Anspruchsniveau der erziehungswissenschaftlichen, speziell der pädagogischen Ausbildung wird übereinstimmend von den befragten Studenten als niedriger als das der fachwissenschaftlichen Ausbildung eingeschätzt; es leuchtet ein, daß zwischen diesem Niveau und dem Grad an studentischem Engagement und Leistungswille ein Zusammenhang besteht.

Die Erhebung des ZIJ 1987 erbrachte folgende Werte:

Tabelle 43 Anforderungsniveau in Pädagogik und Psychologie (Angaben in G/$\bar{x}$, n = 378)

- Psychologie	50
- Didaktik	48
- Erziehungstheorie	46
- Grundlagen der Pädagogik	43
- Geschichte der Erziehung	43

Diese Bewertungen werden konkretisiert und wohl auch begründet durch Untersuchungen, die die inhaltlich-methodische Gestaltung pädagogischer Lehrgebiete differenzierter erfaßten. BATHKE (1987) ließ die Lehrgebiete „Grundlagen der Pädagogik" und „Geschichte der Erziehung" bewerten:

Tabelle 44 Qualitäten pädagogischer Lehrgebiete (n = 614, Angaben in % für „deutliche Zustimmung") [45]

Die Veranstaltung war	Grundlagen der Pädagogik		Geschichte der Erziehung	
	Seminar	Vorlesung	Seminar	Vorlesung
verständlich	70	63	74	70
berufsbezogen	61	56	48	46
wichtig für den späteren Beruf	51	51	33	36
problemorientiert	52	46	49	48
praxisbezogen	49	42	39	31
allgemeinbildend	44	47	63	58
pädagogisch-methodisch niveauvoll	44	42	46	47
weltanschaulich bildend	37	43	38	41
wichtig für das weitere Studium	39	37	27	25
wissenschaftlich niveauvoll	29	37	27	25
inhaltlich interessant	37	26	39	36
begeisternd für den späteren Beruf	24	21	25	23
anregend für das Selbststudium	18	13	20	17
faktenüberladen	14	19	16	18

Auch die Befragungsergebnisse von BAUER (1977) machen sichtbar, daß das Anforderungsniveau im Erziehungswissenschaftlichen Grundstudium eher niedrig ist; ebenso erscheint die didaktisch -methodische Beispiel- und Vorbildwirkung , die solche Veranstaltungen für künftige Lehrer durchaus haben können, wenig ausgeprägt:

Tabelle 45 Erziehungswissenschaftliche Lehrveranstaltungen (Angaben in G/$\bar{x}$, n =272)

- Vom didaktischen Verhalten der Dozenten kann ich für meine spätere Tätigkeit als Lehrer einiges übernehmen	34
- Den Studienanfängern wird bei den Anfangsschwierigkeiten geholfen	31
- Die Dozenten überlegen sich in der Regel, ob die Studieninhalte für den Lehrerberuf relevant sind	47
- Die meisten Lehrveranstaltungen, die ich besucht habe, haben mich weitergebracht	48
- Die Lehrveranstaltungen sagen mir im allgemeinen inhaltlich und didaktisch zu	52
- Meine Bereitschaft, mich hier an der Hochschule anzustrengen, hat im Laufe des Studiums eher abgenommen	45
- Ich habe bald herausgefunden, auf welche Fächer ich mich konzentrieren sollte	61

Es wird verständlich, daß im Selbststudium der Lehrerstudenten die pädagogischen Disziplinen keinen Schwerpunkt darstellen, vielmehr als eher nebensächlich und randständig behandelt werden. In der Erhebung von QUELLE (1985) sagen 77 % der Befragten, daß sie sich im Selbststudium auf die Fachwissenschaften, nur 3 %, daß sie sich auf Psychologie konzentrieren. Keiner nennt das Fach Pädagogik. Die Untersuchung von MAASSDORF (1982) ergab folgende Daten:

Tabelle 46 Motive für das Studium der Pädagogik (Angaben in % für Zustimmung)

Ich studiere Pädagogik	1. Studienjahr n = 37	2. Studjenjahr n = 28
- weil ich davon überzeugt bin, daß das Studium der unmittelbaren Vorbereitung auf den Lehrerberuf dient.	32	33
- weil ich an neuen Erkenntnissen interessiert bin und pädagogische Wissenschaft immer besser kennen-lernen will	8	11
- weil ich die Inhalte interessant finde und mir die Beschäftigung damit Vergnügen bereitet	5	4

Die Forderung nach einer besseren Abstimmung und Koordinierung der erziehungswissenschaftlichen Lehrgebiete wurde in der DDR nicht nur von den Lehrerstudenten immer wieder artikuliert, sie war auch in offiziellen Orientierungen enthalten, die auf eine effektive Gestaltung der Lehrerausbildung zielten. Freilich war entsprechenden Bestrebungen wenig Erfolg beschieden. Die strikte und durch Lehrprogramme verfestigte Trennung in Lehrgebiete, die überdies zu einer zunehmend engeren Spezialisierung der Lehrkräfte führte, setzte Bemühungen um inhaltliche Abstimmung enge Grenzen (dies gilt auch für das Verhältnis von Pädagogik und Unterrichtsmethodiken). Die 8 SWS für das Fach Pädagogik teilten sich die Lehrgebiete Grundlagen der Pädagogik, Geschichte der Erziehung, Erziehungstheorie und Didaktik, die ihre Legitimation auch darin suchten, daß sie sich zunehmend als eigenständige Wissenschaftsdisziplinen verstanden und ausgaben. Ein ähnliches Bild bot das Fach Psychologie mit (zuletzt) fünf Lehrgebieten. Erste erfolgversprechende Fortschritte bahnten sich erst 1987 an, als die Lehrprogramme offiziell zu Rahmenprogrammen erklärt und die Hochschulen aufgefordert wurden, besser koordinierte bzw. integrierte erziehungswissenschaftliche Lehrgänge zu entwickeln und zu erproben. Es geht „darum, die Pädagogikausbildung als ein Ganzes zu sehen und sie so die Studenten erleben zu lassen. Das bedeutet, die isolierte Sicht auf einzelne Lehrgebiete, ja Themenkomplexe zu überwinden. So wie in anderen Wissenschaften auch sind integrative und komplexe Darstellungsmethoden mit deutlichem Trend zur Erhöhung des interdisziplinären Denkens verstärkt durchzusetzen ... Deshalb ist die lehrgebietsübergreifende Verständigung zur Ziel- und Stoffstrukturierung, zur Herausarbeitung einer prozeßorientierten inhaltlichen Linienführung . . . zu verstärken. Dabei muß den Anforderungen an die Fachlehrertätigkeit besondere Beachtung geschenkt werden. Damit werden . . . Erwartungen nach einer stärker tätigkeitsbezogenen Ausbildung erfüllt, andererseits würde damit auch die Vorlauffunktion der Pädagogikausbildung für die sich anschließende fachmethodische Lehre weiter ausgeprägt." (FUCHS, 1987, S. 671-672)

Die an verschiedenen Hochschulen mehr oder weniger konsequent eingeleiteten Bemühungen und Versuche blieben freilich in den Anfängen stecken.[46]

Auch in der Bundesrepublik blieben zahlreiche vergleichbare Bestrebungen nach stärker integrierten und interdisziplinär orientierten Lehrveranstaltungen und Studienabschnitten ohne dauerhaften und durchgreifenden Erfolg; als Beispiel genannt seien das Experiment einer „fächerintgrierten Eingangsphase" an der Universität Göttingen (NEUMANN/SIEGMUND/ WELLENREUTHER, 1983) und die Bemühungen um die Durchsetzung von projektorientierten Studien an vielen Einrichtungen. Daß die Lehrerstudenten eine stärkere Koordinierung der Studienbestandteile und -anforderungen wünschen, machen die Untersuchungen von BAYER (1978) deutlich:

Tabelle 47 Koordinierung in der Lehrerausbildung (Angaben in %, n = 460)

- Für die Koordinierung fachdidaktischer und erziehungswissenschaftlicher Studien;	73
- für die inhaltliche Abstimmung erziehungswissenschaftlicher und berufspraktischer Studien	77
- für eine Verzahnung der fachwissenschaftlichen und erziehungswissenschaftlichen Studien;	77
- für eine grundsätzlich berufsbezogene erziehungswissenschaftliche Ausbildung;	64
- für die inhaltliche Abstimmung erziehungswissenschaftlicher und berufspraktischer Studien;	66

Bei aller Notwendigkeit der effektiveren hochschulmethodischen Gestaltung der erziehungswissenschaftlichen, speziell der pädagogischen Ausbildung dürfte aber das größte Hindernis für deren durchgreifende Verbesserung im Entwicklungsstand und in der inhaltlichen und strukturellen Verfaßtheit der Pädagogik als Wissenschaft und im damit verbundenen Selbstverständnis ihrer Vertreter, soweit sie in der Lehrerausbildung tätig sind, liegen.

In der DDR stand die pädagogische Wissenschaft und speziell das Fach Pädagogik in der Lehrerbildung zwar seit langem unter Kritik, ohne daß freilich eine intensive Diskussion um die Ursache für diesen Zustand und um eine grundsätzliche theoretische Weiterentwicklung zustande kommen konnte. In der Bundesrepublik hat sich seit dem Ende der Bildungs- und Lehrerausbildungsreform eine kritische Bestandsaufnahme zum Stand und zur Wirksamkeit der Erziehungswissenschaft, speziell im Lehrerstudium, verstärkt entwickelt. Wir führen einige Stellungnahmen an, die die Problemlage verdeutlichen: BLANKERTZ (1978, S. 14) konstatiert, daß die Erziehungswissenschaft die in sie gesetzten Erwartungen nicht zu erfüllen vermochte: „Die durch die Reformperspektive erzeugte Nachfrage nach pädagogischem Sachverstand und die daraus folgende Expansion der Erziehungswissenschaft waren nur möglich in der Erwartung einer Handlungsrelevanz, die die von der Erziehungswissenschaft bisher erbrachten Leistungen erheblich überstieg. Denn das bis zu diesem Zeitpunkt überwiegend maßgeblich gewesene geisteswissenschaftliche Verständnis pädagogischer Theorie war ein gegenüber der Praxis nachgängiges. Den in der Erziehungswirklichkeit aus eigenem Recht und eigener Kraft wirksamen Impulsen hatte die Wissenschaft im Nachhinein den übergreifenden Zusammenhang zu stiften und damit eben auch Relevanz für Fortschritt und Bewährung von Praxis zu erlangen. Die in solchen Verfahren angewandte Hermeneutik konnte zum Konsens divergierender Interessen an der Erziehung beitragen, nicht aber zum konstruktiven Vorentwurf des wissenschaftlich verbürgt Besseren nebst regreßfähiger Anweisung, wie eben dieses zu erlangen sei. Letzteres war aber die öffentliche Erwartung, auf die die Erziehungswissenschaft einen Vorschußkredit entgegennahm und in die eigene Expan-sion investierte."

Die mit der „realistischen Wende" verstärkt einsetzende Herausbildung verschiedener pädagogischer Strömungen und Schulen hat die Praxisrelevanz und die Akzeptanz der Erziehungswissenschaft in der Lehrerausbildung nicht spürbar verbessern können.[47] Die entstandene Situation beschreibt BREZINKA (1988, S. 247) so: „In der Pädagogik herrscht heutzutage mehr Verwirrung der Begriffe, Gedanken und Theorien als je zuvor. Sie ist kein übersichtlich geordnetes Fach mit einem unbestrittenen Grundbestand an bewährtem Wissen und allgemein anerkannten Qualitätsmaßstäben für die Forschung, sondern ein Gemenge verschiedener Denkansätze, Richtungen, Schulen, Sekten, die inhaltlich wie methodologisch wenig miteinander gemeinsam haben. Ihr derzeitiges Erscheinungsbild ist durch Zersplitterung, thematische Verschwommenheit und Sprachverwilderung gekennzeichnet. Es besteht ein peinliches Mißverhältnis zwischen einem Übermaß an pädagogischen Schriften und ihrer Armut an bedeutsamen Erkenntnissen. Das hat bei den Erziehungspraktikern zu einem Vertrauensschwund gegenüber allem geführt, was „Pädagogik" oder „Erziehungswissenschaft" heißt. Auch unter Wissenschaftlern und Politikern hat das Fach an Ansehen verloren."[48]

Auf Konsequenzen für die Situation der Erziehungswissenschaft an den Universitäten weist PASCHEN (1981, S. 21/22) hin: "Es gibt offensichtlich nicht nur **die** Pädagogik nicht, sondern auch **die** Erziehungswissenschaft als Systematik unseres pädagogischen Wissens nicht, und so sind an Wissenschaftlichen Hochschulen die Untergliederungen sehr unterschiedlich, die Kompetenzen für bestimmte Wissensgebiete unklar, Lehrstuhlbezeichnungen beliebig, ausdifferenzierte Spezialisierungen ungleichgewichtig. Für manche Institutionen darf gefragt werden, ob sie überhaupt Erziehungswissenschaft hinreichend vollständig und differenziert repräsentieren ...

Sofern die Erziehungswissenschaft **praktische** Wissenschaft ist und Einfluß auf das pädagogische Handeln beansprucht, und sofern sie theoretische Wissenschaft ist, die das pädagogische Handeln zum Gegenstand hat, muß sie wissen, ob und wie dies pädagogische Handeln systematischen Charakter hat und dies in ihrer Systematik abbilden. Diese Frage rührt aber nicht nur an ihr wissenschaftliches Selbstverständnis, sondern die Art und Weise, wie pädagogisches Wissen repräsentiert (kodiert) wird, beinhaltet tiefgreifende praktische Konsequenzen für die soziale (Karriere, Arbeitsklima, Zugang zu Ressourcen, Identität) und didaktische (Lernbegriff, Inhalte, Ziele) Organisation von Lehre und Forschung in der Erziehungswissenschaft."[49]

Schließlich macht A. FLITNER sicher mit Recht darauf aufmerksam, daß die Praxisrelevanz der Pädagogik und damit ihr Ansehen und ihre Wirksamkeit in der Lehrerausbildung wesentlich davon abhängen, ob und inwieweit sie sich als Handlungswissenschaft nicht nur versteht, sondern sich auch als solche konstituiert: „ Die Erziehungswissenschaft hat deshalb ihre Handlungsrelevanz immer wieder verfehlt, weil sie sich in der wissenschaftlichen Durcharbeitung ihrer Probleme zu leicht und zu schnell solchen Wissenschaften und deren Begriffen und Konstrukten ausgeliefert hat, die selber keine handlungsorientierten Wissenschaften sind und sein wollen oder die ein ganz anderes Verhältnis zum Handeln haben, indem sie sich etwa an dem Modell „Grundlagenforschung und Anwendung" oder an dem Modell „Diagnose und Therapie" orientieren ...

Mit dem Anspruch der Erziehungswissenschaft, eine Handlungswissenschaft zu werden und diese Aufgabe zu ihrer traditionellen Aufgabe der philosophisch-hermeneutischen Analyse hinzuzugewinnen, hat ihre wirkliche Entwicklung nicht Schritt gehalten. Die Besorgung ihrer eigenen Themen, die Entwicklung ihrer eigenen Methoden hat bei diesem Zurückbleiben sehr gelitten ... In dem Maße, wie sie diese ... Aufgabe nicht wahrgenommen hat, ist sie irrelevant geblieben." (FLITNER 1978, S. 187)

Es sollte verdeutlicht werden, daß die so notwendige Verbesserung der Ausbildung der Lehrerstudenten im Fach Pädagogik nicht nur gebunden ist an das Selbstverständnis, das Engagement und an inhaltliche und methodische Bemühungen der als Lehrerbildner tätigen pädagogischen Wissenschaftler, sondern ebenso an methodologische Fortschritte und inhaltlichen Erkenntnisgewinn der Erziehungswissenschaft. Auch aus dieser Sicht erweist sich die Pädagogikausbildung als ein vorrangiges Problemfeld jeder Lehrerbildungsreform.[50]

4.3. Fachdidaktik und Unterrichtsmethodik

Die fachdidaktische (BRD) bzw. unterrichtsmethodische (DDR) Ausbildung wird von den Lehrerstudenten im Vergleich zu anderen erziehungswissenschaftlichen Disziplinen positiv bewertet und als wichtig und hilfreich für die Berufsvorbereitung und für die Herausbildung pädagogischer Kompetenzen erlebt. Dies ist für die Ausbildung von Fachlehrern völlig verständlich, da dieser Studienbereich die inhaltliche und methodische Spezifik des Unterrichts in den verschiedenen Fächern im Auge hat und damit gegenüber den pädagogischen Lehrgebieten für den Studenten ein höheres Maß an Konkretheit, Praxisbezug und Anwendbarkeit aufweist und gewährleistet, andererseits in gewissem Sinne die Brücke schlägt zwischen der fachwissenschaftlichen Ausbildung und dem Unterricht in der allgemeinbildenden Schule. Die positive Bewertung verstärkt sich in dem Maße, wie in diese Ausbildung schulpraktische Übungen unmittelbar einbezogen sind (wie in der unterrichtsmethodischen Ausbildung in der DDR) und wie die Vertreter dieses Bereichs sich für die praktische methodische Befähigung der künftigen Lehrer verantwortlich fühlen.

Der Übergang zum konsequenten Fachunterrichts- und Fachlehrerprinzip auf der Grundlage eines Allgemeinbildungskonzepts, das durch stärkere Wissenschaftsorientiertheit eine höhere Leistungsfähigkeit der Schule anstrebte (ohne deren Aufgaben auf Wissenschaftspropädeutik zu beschränken), mußte die Bedeutung und den Stellenwert der unterrichtsmethodischen/fachdidaktischen Ausbildung objektiv erhöhen und ihre relative Eigenständigkeit als Studienbereich, aber auch als Wissenschaftsdisziplin stärken. Als solche hat die Fachdidaktik/Unterrichtsmethodik in den letzten Jahrzehnten zweifellos eine beachtliche Entwicklung durchlaufen, wozu die Bemühungen um die Klärung ihres Verhältnisses zur Fachwissenschaft einerseits, zur Pädagogik, speziell zur allgemeinen Didaktik andererseits und um die Bestimmung des eigenen Gegenstandes wesentlich beigetragen haben, wenngleich die Diskussionen dazu durchaus noch nicht als abgeschlossen gelten können.

Die Situation in der BRD wird von HEURSEN (1984, S. 2) so charakterisiert: „Die unterschiedlichen Sichtweisen und Selbstverständnisse von Fachdidaktik (haben) sich mittlerweile verfestigt: die erziehungswissenschaftlich-pädagogische und die fachwissenschaftliche Orientierung von Fachdidaktik sind theoretisch wie praktisch elaboriert worden. Die Fachdidaktiken haben sich von der allgemeinen Didaktik emanzipiert in dem Sinne, daß sie nicht mehr fraglos ein Anwendungsverhältnis annehmen. Einige Vertreter der Fachdidaktik haben sich noch mehr den Fachwissenschaften zugewandt, um etwa im Zuge der Integration Pädagogischer Hochschulen eine ihrem Selbstverständnis adäquate Institutionalisierungsform zu erreichen. Daß sich hieraus ein neues, nun aber oft bedingungsloses Anwendungsverhältnis ergab, wurde freilich übersehen. Darüber hinaus bescherte die Bildungsreform in den 70er Jahren mit ihrem Postulat des wissenschaftsorientierten Unterrichts der Fachdidaktik einen Boom. Dieser führte zu weiteren Spezialisierungs- und Ausdifferenzierungsprozessen. Diese Spezialisierungsprozesse hatten notwendigerweise Abgrenzungsbestrebungen zur Folge ... Daß derart gemeinsame Wurzeln verloren gehen, die z.B. im gemeinsamen Interesse an den vielfältigen Prozessen didaktischen Handelns liegen, kann kaum mehr verwundern."

Die Betonung der Eigenständigkeit der Fachdidaktik/Unterrichtsmethodik ist oft verbunden mit dem Bemühen, die synthetisierende und integrative Funktion dieser Wissenschaftsdisziplin zwischen der Fachwissenschaft und den erziehungswissenschaftlichen Disziplinen im Hinblick auf die Anforderungen der (Fach-)Lehrertätigkeit herauszuarbeiten und in der Ausbildung zum Tragen zu bringen.

Die Entwicklung der Unterrichtsmethodik/Fachdidaktik als Ausbildungsbereich und als Wissenschaftsdisziplin weist in den beiden Lehrerbildungssystemen Unterschiede auf, woraus sich auch die verschiedenen Bezeichnungen erklären dürften. In der DDR waren die Unterrichtsmethodiken an den ehemaligen Pädagogischen Fakultäten in Instituten für Praktische Pädagogik o.ä. organisatorisch zusammengefaßt, bis sie dann den fachwissenschaftlichen Struktureinheiten (Institute, Sektionen) zugeordnet wurden. In der unterrichtsmethodischen Ausbildung und im Selbstverständnis ihrer Vertreter wirkten Traditionen der Volksschullehrerausbildung in der Weimarer Zeit zunächst deutlich nach, z.B. in der inhaltlichen Nähe dieser Fächer zur allgemeinen Didaktik. Da in der DDR die Einphasigkeit der Ausbildung erhalten blieb, waren die Unterrichtsmethoden relativ stark auf die unterrichtspraktische Ausbildung orientiert, was z.b. sehr deutlich in den schulpraktischen Übungen als ständiges und von den Studenten geschätztes Element dieser Ausbildung und in der weitgehenden Verantwortung der „Methodiker" für die Unterrichtspraktika zum Ausdruck kam.

An den pädagogischen Hochschulen der BRD waren die fachdidaktische und die fachwissenschaftliche Ausbildung - wohl auch in der Tradition der Pädagogischen Akademien - eng miteinander verbunden, häufig im Sinne einer „Personalunion" von Fachwissenschaftler und Fachdidaktiker. In der universitären Ausbildung der Gymnasiallehrer hingegen spielten die fachdidaktischen als Anhängsel der fachwissenschaftlichen Studien eine sehr marginale Rolle. Mit der weitgehenden Eingliederung der Lehrerausbildung in Universitäten und Gesamthochschulen erhöhten sich der Stellenwert und mehr oder weniger auch das Stundenvolumen der Fachdidaktik (bei erheblichen Unterschieden zwischen den Lehrämtern), gleichzeitig legte die Zweiphasigkeit der Ausbildung eine „Arbeitsteilung" zwischen fachdidaktischer Ausbildung und unterrichtspraktischer Einarbeitung und Anleitung nahe.

Insgesamt hat die Fachdidaktik als Ausbildungsfach und als Wissenschaftsdisziplin eine positive Entwicklung genommen; das zeigt sich auch in den Bestrebungen, Formen der Zusammenfassung und Zusammenarbeit der Fachdidaktiken zu entwickeln (z.B. das Zentralinstitut für Unterrichtswissenschaften und Curriculumentwicklung an der Freien Universität Berlin - siehe dazu z. B. STRIEBECK, 1987).[51] Freilich ist die Gefahr, daß die Fachdidaktik institutionell und inhaltlich wieder zum Anhängsel der Fachwissenschaft wird, insgesamt wohl eher größer als geringer geworden; andererseits wird ihre Stellung im Ausbildungsgang gestärkt, insoweit sie die Verantwortung für Schulpraktische Studienabschnitte übernimmt.

Die Lehrerstudenten in der DDR bewerteten die theoretische und praktische Ausbildung in den Unterrichtsmethodiken im Vergleich zu anderen Fächern durchaus positiv (vgl. dazu die Tabellen 1, 22, 25 u.a.), wenngleich dabei Unterschiede zwischen Fächern und Einrichtungen sichtbar werden. Insbesondere wird der Beitrag der schulpraktischen Übungen zur Bewältigung der Anforderungen im Hinblick auf das Ausbildungs- und Berufsziel anerkannt. In der Studentenbefragung Potsdam ergaben sich folgende Werte:

Tabelle 52 Beitrag der schulpraktischen Übungen zur Bewältigung der Studienanforderungen (Angaben in G/$\bar{x}$)

	Martrikel '73		Martikel '74		Martikel '75	
	7. Sem. n = 243	8. Sem. n = 262	7. Sem. n = 256	8. Sem. n = 266	7. Sem. n = 192	8. Sem. n = 197
- Schulpraktische Übungen in Methodik	75	71	65	65	76	80
- Ferienlagerpraktikum	60	66	56	66	65	75
- Großes Schulpraktikum	-	98	-	91	-	95

Für die Matrikel '74, 8. Semester liegen auch entsprechende Werte für die Pädagogischen Hochschulen Dresden und Erfurt vor:

	PH Dresden n = 208	PH Erfurt n = 315
- Schulpraktische Übungen Methodik	71	51
- Ferienlagerpraktikum	73	68
- Großes Schulpraktikum	95	90

In der Erhebung von KNAUER (1973, n = 470) bekundeten 88 % der befragten Lehrerstudenten, daß die schulpraktischen Übungen ihre Einstellung zur Lehrertätigkeit positiv beeinflußt haben. Als sehr zufriedenstellend wird die Qualität der Methodikausbildung bei HORN/KALINER (1973, n = 107) von 64 %, in der Erhebung des ZIJ von 1987 (n = 378) von 66 % der Lehrerstudenten bewertet. Damit wird allerdings auch angedeutet, daß gegenüber den schulpraktischen Übungen (siehe Tabelle 52) die Qualität und Wirksamkeit der theoretischen Ausbildung in den Unterrichtsmethodiken kritischer gesehen werden. Die vergleichbaren Werte aus der Studentenbefragung Potsdam lauten:

Tabelle 53 Wirksamkeit der unterrichtsmethodischen Ausbildung für die Bewältigung der Studienanforderungen (Angaben in $G/\bar{x}$)

	7. Sem. n = 243	8. Sem. n = 262	7. Sem. n = 256	8. Sem. n = 266	7. Sem. n = 192	8. Sem. n = 197
-Methodik Hauptfach	61	65	49	60	63	66
- Methodik Nebenfach	60	69	46	61	60	65

Die Werte für die Pädagogischen Hochschulen Dresden und Erfurt (Matrikel '74, 8. Semester) sind hier:

	PH Dresden n = 208	PH Erfurt n = 315
- Methodik Hauptfach	63	49
- Methodik Nebenfach	59	49

Aus der Sicht des großen Schulpraktikums bewerteten 432 Studenten der Technischen Hochschule Karl-Marx-Stadt (Chemnitz) die Hilfe der Methodikvorlesungen und Seminare für die Unterrichtstätigkeit im Praktikum (OESER, 1980):

Tabelle 54 Wert der Veranstaltungen in Methodik für die Tätigkeit im großen Schulpraktikum (Angaben in %)

Bereiche		große Hilfe	geringe Hilfe	keine Hilfe
Mathematikmethodik	Vorlesung	44	50	6
	Seminar	45	53	1
Physikmethodik	Vorlesung	39	41	20
	Seminar	35	54	12

PREUSS (1978) und LITZBARSKI (1979) erfaßten die Motive der Studenten für das Studium der Unterrichtsmethodik; es wurden 2 Methodiken an vier Pädagogischen Hochschulen einbezogen:

Tabelle 55 Studienmotive in den Unterrichtsmethodiken (Angaben in $G/\bar{x}$)

Motive	Geschichtsmethodik Päd. Hochschule		Biologiemethodik Päd. Hochschule		
Ich studiere Methodik, weil	Potsdam n = 81	Leipzig n = 45	Güstrow n = 34	Potsdam n = 55	Köthen n = 38
- das Studium in diesem Bereich unmittelbar der Vorbereitung auf die berufliche Tätigkeit dient	86	80	61	70	69
- theoretische Kenntnisse in diesem Bereich Voraussetzung für erfolgreiche praktische Unterrichtstätigkeit sind	82	78	55	73	63
- die vermittelten theoretischen Kenntnisse mich sehr interessieren und ich tiefer in die Theorie eindringen möchte	42	39	15	28	33
- mir das Studium in diesem Bereich Vergnügen bereitet	32	24	7	23	15
- ich eine gute Abschlußnote anstrebe	20	30	20	30	16
- ich durch Anforderungen und Kontrolle dazu angehalten werde	39	37	43	36	26
- die Lehrkräfte die Lehrveranstaltungen interessant gestalten und pädagogisches Vorbild sind	60	26	20	48	26

In der Bundesrepublik wird von den Lehramtsstudenten häufig beklagt, daß die fachdidaktische Ausbildung ein zu geringes Gewicht im Studiengang habe; auch werden die Inhalte dieser Ausbildung als unzureichend berufsrelevant bewertet (z.B. bei ROSENBUSCH/SACHER/SCHENK, 1988, und bei TIETZE, 1988). Auf die Bewältigung von unterrichtlichen Aufgaben im

Schulpraktikum fühlen sich viele Lehrerstudenten unzureichend vorbereitet. Als Beispiel sei auf Untersuchungen an der Universität Göttingen im Rahmen eines Ausbildungsversuchs („Integrierte Eingangsphase" - NEUMANN/SIEGMUND/WELLENREUTHER, 1983) verwiesen:

Tabelle 56 Vorbereitung auf das Schulpraktikum (1. Zeile: Studenten mit integrierter Eingangsphase, n = 52; 2. Zeile: Studenten im traditionellen Ausbildungsgang, n = 44)

Es fühlten sich schlecht vorbereitet für (Angaben in %):

- Unterrichtsstunden vorbereiten	62
	68
- Eine Sachanalyse ausarbeiten	78
	75
- Eine Klassenarbeit ausarbeiten und bewerten	94
	100
- Die Selbstständigkeit der Schüler fördern	56
	60
- Verschiedene Arbeitsformen durchführen	48
	50
- Schüler ihren Möglichkeiten entsprechend fördern	68
	73
- Angemessen auf Unterrichtsstörungen reagieren	60
	78
- Mit Problemschülern umgehen	70
	77

SUSTECK (1975) ließ seine Probanden (n = 679) einschätzen, wie sie in den beiden Phasen der Ausbildung auf die Bewältigung beruflicher Aufgaben vorbereitet wurden. Wir wählen jene Bereiche aus, für die die fachdidaktische Ausbildung relevant ist und weisen neben den Gesamtergebnissen die Werte für die befragten Gymnasiallehrer (n=183) und für die Lehrer in den ersten vier Dienstjahren (n = 193) gesondert aus (vgl. auch Tabelle 42).

Tabelle 57 Vorbereitung auf die Lehrertätigkeit in beiden Ausbildungsphasen (Angaben %, 1. Zeile: 1. Phase; 2. Zeile: 2. Phase)

	Gesamtheit n = 679	Gymnasiallehrer n = 183	Lehrer mit 0 - 4 Dienstjahren n = 193
- Fachwissenschaftliche Ausbildung	70 39	87 67	69 36
- Planung von Lehreinheiten	19 46	6 54	10 38
- Lehrmethoden	36 59	8 76	27 47
- Auswertung und Beurteilung von Lernergebnissen	12 31	5 40	10 21
- Testanalyse	10 7	1 4	12 7
- Sachgerechter Umgang mit Unterrichtsmitteln	19 40	7 49	18 35
- Gruppendynamische Prozesse	11 8	2 6	15 8

Die Fachdidaktik als Wissenschaftsdisziplin und als Bestandteil der theoretischen Ausbildung künftiger Lehrer steht im Hinblick auf ihre Funktion, ihre Potenz und ihre Wirksamkeit im Lehrerstudium vor ähnlichen Problemen wie die Allgemeine Didaktik im Rahmen der erziehungswissenschaftlichen Studien, auch wenn die Lehrerstudenten als künftige Fachlehrer die fachdidaktische Lehre als weniger praxisfern und als beruflich relevanter erleben als die pädagogischen Disziplinen. Darauf macht HEURSEN (1984, S. 88) aufmerksam: „Fachdidaktik wie auch Allgemeine Didaktik haben ihr ungeklärtes Verhältnis von Theorie und Praxis gemeinsam ... Das gilt in besonderem Maße, da beide Disziplinen vorgeben, auch handlungsorientierende und handlungsrelevante Ergebnisse zu produzieren. Wobei beide Disziplinen freilich nur allzu gerne unterschlagen, daß Theorie und Praxis nicht strukturidentisch sind, daß also Praxis nicht unmittelbar aus einer Theorie folgt ... Beide Disziplinen haben das Evidenzerlebnis ihres Scheiterns vor dem Anspruch, im schulischen Alltag durchgreifend und langfristig etwas zu verändern, gemeinsam. Trotz aller theoretischen Anstrengungen, trotz aller materiellen Maßnahmen in der Vergangenheit haben beide den Unterricht kaum erreicht, geschweige denn viel verändert."

Der Autor verdeutlicht, inwiefern und unter welchen Bedingungen der Anspruch der Fachdidaktik, „Berufswissenschaft" des Lehrers zu sein oder zu werden, gerechtfertigt ist. Seinen Gedanken kann wohl grundsätzlich zugestimmt werden: „(Fach-)Didaktik ist in diesem Verständnis die Wissenschaft des Lehrers, des Lehrerhandelns, von der Lehrer-Schüler-Interaktion, von den Bedingungen des Unterrichts und nicht zuletzt von den Inhalten des Unterrichts, mit denen der Lehrer umgehen muß. (Fach-)Didaktik als „Berufswissenschaft des Lehrers" klärt dessen Qualifikationsprobleme auf, erhellt seine Interaktions- und Kommunikationsbezüge, gibt Aufklärung über die institutionellen Bedingungen und Einbindungen seines Handelns; schlicht: macht den Lehrer zum Mittelpunkt ihrer Überlegungen. Dabei gerät der Schüler nicht ins Abseits, sondern gewinnt besondere Bedeutung als Handlungspartner des Lehrers ...

Allgemeine Didaktik befaßt sich mit den allgemeinen Qualifikationen und Kompetenzen, die der Lehrerberuf erfordert, während Fachdidaktik sich mit den speziellen Qualifikationen, also jenen, die mit ganz bestimmten Inhalten verknüpft sind, befaßt ... Beide Disziplinen klären über die verschiedenen Ebenen didaktischen Handelns als Berufshandeln des Lehrers auf. Sie reichen von der didaktischen Handlung als Entwicklung eines institutionellen Rahmens für den Bildungs- und Lernprozeß auf der Makroebene bis hin zum praktischen Handeln als Unterrichtsdurchführung, also dem Verhalten in der Lehr- und Lernsituation." (ebenda, S. 90/91)

4.4. Praktika

In der Lehrerausbildung sowohl in der DDR wie in der BRD lassen sich zwei Formen pädagogischer Praktika unterscheiden.[53]

- das Hospitationspraktikum, das in der Regel mit der erziehungswissenschaftlichen Ausbildung verbunden ist und dem Kennenlernen pädagogischer Einrichtungen, schulischer (unterrichtlicher und außerunterrichtli-
cher) Arbeitsfelder, der Tätigkeit und des Verhaltens von Schülern und
Schülergruppen dient und in dem die Lehrerstudenten bestimmte Beob-
achtungs- und analytische Aufgaben erfüllen; z.T. sollen auch erste Erfahrungen in pädagogischen Tätigkeiten (z.B. als Helfer des Klassenleiters)
gesammelt werden. In der DDR diente diesem Zweck das pädagogisch-
psychologische Praktikum (3 Wochen), das in der Regel an der
„Heimatschule" absolviert wurde und für das die Studenten entsprechende Aufträge erhielten und Berichte anfertigen mußten. Ab 1982 wurde
dieses Praktikum in die schulpraktischen Übungen in Pädagogik und Psychologie (vgl. Abschnitt 4.2.) umgewandelt, um eine unmittelbare Anleitung durch Lehrkräfte und eine engere Beziehung zu den theoretischen
Lehrveranstaltungen zu erreichen. In der BRD stellt dieses Praktikum in
der Regel eine semesterbegleitende Veranstaltung dar; es wird manchmal
als „Schnupperpraktikum" bezeichnet.

- das Schulpraktikum, in dem Studenten praktisch pädagogisch tätig sind,
unter Anleitung Unterrichtsstunden halten und mehr oder weniger in das
pädagogische Leben an der Praktikumsschule einbezogen sind. Zielstellung und Gestaltung des Schulpraktikums unterscheiden sich allerdings in
beiden Lehrerbildungssystemen erheblich: Die Zweiphasigkeit der Ausbildung in der BRD bedingt, daß in den schulpraktischen Studien (meist
Blockpraktika in lehrveranstaltungsfreien Zeiten) in der ersten Phase die
Praxis vorrangig als Studienfeld, nicht als Handlungsfeld (vgl. HÄNDLE
1972) betrachtet und gestaltet wird; die unterrichtspraktische Ausbildung
ist Aufgabe der zweiten Phase. In den vorzeitg aufgehobenen Modellver-
suchen einer einphasigen Ausbildung (Oldenburg, Osnabrück), aber auch
in den schulpraktischen Studienformen einiger anderer Universitäten (z.B.

Bremen, Münster) wurde die unmittelbar berufsvorbereitende Ausbildungsfunktion der Schulpraktika betont und effektiver zu gestalten versucht. Dabei erwiesen sich verständlicherweise die Gewinnung und die Arbeit von geeigneten Mentoren (Ausbildungslehrer) und die Zusammenarbeit mit ihnen als eine entscheidende Bedingung für den Erfolg dieser Praktika.

In der Fachlehrerausbildung in der DDR erfolgte die schulpraktische Ausbildung im Großen Schulpraktikum (GSP) im 8. Semester (13 Wochen). Ab 1986 standen für diese Ausbildung insgesamt 27 Wochen im fünften (schulpraktischen) Studienjahr zur Verfügung. Im Studium der Unterstufenlehrer waren ein kleines (5 Wochen) und ein großes (8 Wochen) Schulpraktikum im 5. bzw. 8. Semester vorgesehen. In beiden Ausbildungsformen wurde die Ausbildung der Studenten im Praktikum durch die schulpraktischen Übungen in Methodik (vgl. Abschnitt 4.3.) auch dadurch vorbereitet, daß jeder Student im Rahmen dieser Übungen 8 bis 12 Unterrichtsstunden unter Anleitung der Unterrichtsmethodiker gestaltete. Für das Schulpraktikum stand ein Stamm von Mentoren zur Verfügung, die diese Tätigkeit meist über Jahre hinweg ausübten und mit den Methodikbereichen eng zusammenarbeiteten.

Im Lehrerbildungssystem der DDR existierten zwei weitere Praktikumsformen, in denen die Studenten praktisch pädagogisch tätig waren:

Das Praktikum in der Sommerferiengestaltung (Ferienlagerpraktikum - FLP) fand nach dem ersten Studienjahr statt. Nach einer Vorbereitungswoche arbeiteten die Studenten drei Wochen als Gruppen- oder Arbeitsgemeinschafts- bzw. Zirkelleiter in zentralen oder betrieblichen Ferienlagern, aber auch im Rahmen der örtlichen (schulischen) Feriengestaltung. Die Anleitung der Praktikanten durch die Hochschulen (Bereich Pädagogik/Psychologie) war unterschiedlich intensiv.

Die politisch-pädagogische Tätigkeit (PPT) fand bis Mitte der 80er Jahre als semesterbegleitende Veranstaltung (meist vierzehntägig) im ersten, an einigen Einrichtungen auch im zweiten Studienjahr statt. Die Studenten sollten als Helfer in der Arbeit der Pionierorganisation, z.T. auch in technischen, kulturellen, sportlichen Arbeitsgemeinschaften und Zirkeln erste Erfahrungen in der außerunterrichtlichen Arbeit sammeln. Die Verantwortung für Organisation und Gestaltung der PPT war zunächst dem Jugendverband übertragen, der sich aber als weitgehend unfähig erwies, diese Aufgabe zu bewältigen; sie wurde dann von Pädagogik-Lehrkräften übernommen. Probleme der inhaltlichen Gestaltung, vielfältige organisatorische Schwierigkeiten, ein unangemessen hoher Zeitaufwand, mangelndes Interesse der Schulen, z.T. auch der Hochschulen führten zu unzureichender Gestaltung und geringem Erfolg der PPT, was auch in der Wertschätzung und in den Meinungen der Studenten seinen Niederschlag findet.

Die Lehrerstudenten begegnen ihrer praktisch-pädagogischen Ausbildung mit hohen Erwartungen; das entspricht und entspringt ihrem Wunsch und Ziel, durch das Studium gut auf ihre Tätigkeit als Lehrer vorbereitet zu werden (vgl. Abschnitt 2). Sie wünschen eine Ausweitung und Intensivierung der praktischen Ausbildungsabschnitte und votieren dafür, daß praktische pädagogische Tätigkeit durchgängiges Ausbildungsprinzip sein soll (vgl. Tabellen 8, 21 u.a.). Sicher spielt dabei eine Rolle, daß die Mehrzahl der Studenten bereits vor Studienaufnahme erste Erfahrungen in pädagogischen Tätigkeiten gesammelt haben. Auch dadurch wird verständlich, daß sie jene praktischen Studienformen besonders positiv erleben, in denen sie selbst sinnvoll und eigenverantwortlich praktisch-pädagogisch arbeiten können; daraus resultiert, daß sie die verschiedenen Praktikumsformen und ihre Gestaltung durchaus differenziert und kritisch beurteilen [54].

Die folgende Tabelle weist Ergebnisse der Studentenbefragung Potsdam aus. Die Probanden wurden gebeten, die Wirksamkeit der Praktika im Hinblick auf die Meisterung der Studienanforderungen und im Hinblick auf ihre Persönlichkeitsentwicklung einzuschätzen:

Tabelle 60 Wirksamkeit der Praktika für die fachliche Qualifizierung (1. Zeile) und die Persönlichkeitsentwicklung (2. Zeile), Angaben in G/ x̄ (Vgl. auch Tabelle 52) [55]

Praktikum	7. Sem. n = 243	8. Sem. n = 262	7. Sem. n = 254	8. Sem. n = 266	7. Sem. n = 192	8. Sem. n = 197
PPT	38	50	40	51	41	53
	46	51	45	58	50	58
FLP	60	66	56	66	65	75
	61	69	59	70	65	73
PPP	-	52	-	53	-	-
	48	53	41	53	50	55
(SPÜ)	75	71	65	65	76	80
	70	68	61	61	71	70
GSP	-	98	-	91	-	95
	-	90	-	89	-	91

Es ist auffällig, daß bei der Bewertung der Wirksamkeit der Praktika die Urteile der weiblichen und männlichen Studenten recht weit auseinandergehen. Dies sei am Beispiel des 7. Semesters der Matrikel 1973 der PH Potsdam verdeutlicht:

Tabelle 61 Wirksamkeit der Praktika für die fachliche Qualifizierung (1. Zeile) und Persönlichkeitsentwicklung (2. Zeile), Angaben in G/ x̄

	weiblich n = 207	männlich n = 36
PPT	40	22
	50	23
FLP	62	53
	63	57
PPP	48	32
	48	27
(SPÜ)	77	65
	72	67

Die Wertschätzung praktischer Ausbildungsformen in den ersten Studienjahren kommt nicht zuletzt darin zum Ausdruck, daß ihr Einfluß auf die Festigung der Studien- und Berufseinstellung überwiegend positiv, wenn auch unterschiedlich für die verschiedenen Formen erlebt wird. PREUSS (1979) führte eine Erhebung an den Pädagogischen Hochschulen Potsdam, Leipzig und Güstrow durch:

Tabelle 62 Einfluß praktischer Ausbildungsformen auf die Einstellungsentwicklung (1. Zeile: Studieneinstellung, 2. Zeile: Berufseinstellung - Angaben in G/$\bar{x}$) [56]

	Gesamt	Potsdam	Leipzig	Güstrow
PPT	n = 845	n = 395	n = 206	n = 244
	53	51	52	56
	51	49	46	58
FLP	n = 550	n = 200	n = 173	n = 177
	63	70	61	64
	74	78	68	76
PPP	n = 672	n = 272	n = 218	n = 182
	61	62	58	63
	71	65	75	72

In dieser Erhebung wurden auch die Vorstellungen der Studenten zur besseren Gestaltung dieser praktischen Ausbildungsformen erfaßt. Für das pädagogisch-psychologische Praktikum wünschten die Studenten:

- Erhöhung des Übungsanteils in den Lehrveranstaltungen vor

  dem Praktikum   79 %);

- Erweiterung des theoretischen Vorlaufs   (64 %);

- wahlweise-obligatorische Aufgabenstellung   (60 %);

- stärkeres Zusammenwirken der pädagogischen und psycho-

  logischenLehrveranstaltungen   (58 %);

- Erhöhung der Anwendungsfähigkeit der notwendigen theore-

  tischen Kenntnisse   (53 %);

- Erhöhung der Relevanz der Praktikumsaufgaben für den

künftigen Beruf (51 %);

- bessere organisatorische Gestaltung des Praktikums (46 %);

- intensiveres Selbststudium in Pädagogik und Psychologie

vor dem Praktikum (24 %).

In diesen und ähnlichen studentischen Stellungnahmen wird das Grundproblem der effektiven Gestaltung praktischer Ausbildungsformen zumindest
sichtbar, nämlich die Frage, wie es gelingt, die Beziehungen und Wechsel-
wirkungen von Theorie und Praxis in der Tätigkeit der Studenten anzubah-
nen und zum Tragen zu bringen.

Für die Lehrerstudenten ist zunächst entscheidend, inwieweit sie in
Schulpraktika unmittelbar tätig sein, Unterricht erteilen können, und dies
möglichst selbständig und eigenverantwortlich - was nicht ausschließt, daß
sie sachgemäße Anleitung und Unterstützung schätzen und wünschen. Für
sie schafft das Praktikum Möglichkeiten der Selbsterprobung und Selbstbe-
stätigung und bietet direkten und aktiven Kontakt zum beruflichen Tätig-
keitsfeld. Da jedoch praktische pädagogische Tätigkeit an sich noch nicht
die Entwicklung jener beruflichen Kompetenzen, jenes pädagogischen Könnens garantiert, die den **guten** Lehrer kennzeichnen, ist es für den Effekt der
schulpraktischen Ausbildung wichtig, inwieweit eine qualifizierte, d.h. theoretisch orientierte und fundierte Anleitung der Praktikanten durch Lehrerbildner (Mentoren und Lehrkräfte) gesichert wird. Andernfalls liegt die Gefahr nahe, daß traditionelle und durch Vorbildlernen erworbene unterrichtliche Praktiken und Verhaltensweisen eingeübt und verfestigt werden, die den
Anforderungen an eine anspruchsvolle Unterrichtsarbeit nicht entsprechen.

Die „Arbeitsteilung" in der zweiphasigen Ausbildung in der BRD wird
von ROSENBUSCH/SACHER/SCHENK (1988, S. 279) so zum Ausdruck
gebracht: „Den Studierenden muß deutlich werden, daß die unmittelbare
praktische Ertüchtigung erst Ausbildunsziel des Vorbereitungsdienstes ist
und nur ein Nebeneffekt der während des Studiums abzuleistenden Praktika

sein kann." Da so im Schulpraktikum die Lehrerstudenten häufig wenig Gelegenheit haben, selbständig unterrichtlich tätig zu werden, wird eine solche Gestaltung schulpraktischer Studien häufig als unbefriedigend erlebt und entsprechend kritisch bewertet. So z.B. von den von FRECH (1976, S. 87) befragten Referendaren (n = 846), die folgende Gründe für ihre überwiegend negative Bewertung anführen:

- fehlende Möglichkeiten, selbst zu unterrichten und dementsprechend Verantwortung für die Klasse zu übernehmen   36 %
- das Ausbleiben eines konkreten Einblicks in die Arbeiten und die Schwierigkeiten der Lehrer   28 %
- fehlende Vorbereitung und Anleitung des Praktikums   22 %
- fehlende Auswertung und Nacharbeit in Bezug auf das Praktikum   14 %
- mangelnder Kontakt zu den Lehrern   13 %

Insgesamt richtet sich die Kritik auf

1. fehlende ausreichende Kontakte zu den Lehrern als einer wesentlichen Voraussetzung dafür, einen konkreten Einblick in die Arbeit, in die Schwierigkeiten und Probleme der Lehrer zu erhalten;

2. die Tatsache, daß das Beobachten allein nicht zur realistischen Erfassung schulischer Probleme führt, sondern erst das eigene Handeln die wirklichen Komplikationen und Widerstände erkennbar werden läßt, zugleich aber auch die positiven Erfahrungen des Schulalltags vermittelt;

3. das Fehlen von Vorbereitung, Anleitung und Nachbereitung des Praktikums.

Ganz ähnliche Ergebnisse ermittelten TIETZE (1988) und ROSENBUSCH/SACHER/SCHENK (1988). Letztere sehen die Gründe für die Unzufriedenheit der Studenten mit den schulpraktischen Studien und für ihre kritischen Wertungen so:

Die schulpraktische Ausbildung sei gegenwärtig in keiner Weise Ausbildungselement, welches die Bezugswissenschaften und die Berufswissenschaften in ausgewählten Feldern der Schulwirklichkeit untereinander vermittelt. Das Gegenteil sei der Fall. Es sei erschreckend, wie beziehungslos beide nebeneinander herlaufen und abgehoben von der Schulwirklichkeit sind. Es sei eine deutliche Ausrichtung der Praktika an der ihnen zugedachten Funktion notwendig, wissenschaftliche Studien in Situationen der Schulwirklichkeit zu vermitteln. Dazu sei eine Umorientierung bei allen Beteiligten, Theoretikern und Praktikern notwendig; sie müßten wechselseitig ihre Zuständigkeiten und Kompetenzen für dieses Ausbildungselement anerkennen und intensiver miteinander kooperieren. Die Betreuung der Praktika durch Schule und Hochschule bedarf der Verbesserung: So seien professionelle Kompetenzen der Ausbilder zu vermehren; die Praktikumslehrer seien besser auszubilden, die schulpraktischen Studien seien gründlicher hochschuldidaktisch aufzuarbeiten (vgl. S. 277 und 279).

Daß eine andere Gestaltung des Praktikums, d.h. stärkerer Praxisbezug und mehr praktische pädagogische Tätigkeit der Studenten, zu einem entschieden positiveren Erleben und Bewerten führt, zeigen Bemühungen an der Universität Münster, über die WERRES/WITTENBRUCH (1986) berichten. Von den 280 befragten Studenten waren mit dem fünfwöchigen Praktikum 44 % sehr zufrieden, 44 % ziemlich zufrieden, nur 11% wenig oder nicht zufrieden. Die Autoren fassen die Meinungen der Studenten so zusammen (S. 14):

„ - Im Schulpraktikum wird der „Theorie-Praxis-Bezug" hergestellt, der für die Lehrerbildung als konstitutiv angesehen wird. Jedoch beschreiben die Studenten nicht klar, was sie unter „Theorie" oder was sie unter „Praxis" verstehen. Offensichtlich gilt das, was in Vorlesungen und Seminaren der Hochschule geboten wird, als „Theorie". Die im Praktikum erlebte Schulwirklichkeit wird mit „Praxis" gleichgesetzt.

- Das Schulpraktikum wird als „Test" durchgestanden, in dem sich der Student gegenüber Schülern durchsetzen muß. Schulpraktikum bekommt den Rang einer Bewährungsprobe, in der man sich als Belehrender im Unterricht „erprobt". Diese Zuschreibungen widersprechen weitgehend den Vorstellungen, die in einschlägigen Veröffentlichungen und Erlassen zu den schulpraktischen Studien geäußert werden.

- Immer wieder wird die Bedeutung der persönlichen Begegnung im Schulpraktikum hervorgehoben. Schulpraktikum wird zu einer „persönlichen Parzelle", auf der man mit Schülern und Mentoren verkehrt. Der Dozent von der Hochschule hat offensichtlich nur ein umstrittenes „Gastrecht".

- Das Praktikum als „Ernstfall der Theorie" führt anscheinend bei sehr vielen Studenten zu einer Veränderung ihres Berufsbildes und zu einer neuen Einstellung gegenüber ihrem Studium.

- Eindeutig ist die Stellungnahme der befragten Studenten für die Beibehaltung des Schulpraktikums."[57]

Die Studenten machten folgende Vorschläge zur Verbesserung des Praktikums:

- Gezieltere Vorbesprechungen zur unterrichtlichen Arbeit
- speziellere praktikumsvorbereitende Seminarangebote
- sorgfältige Dozenten- und Mentorenwahl bzw. Mentorenschulungen vor Beginn des Praktikums
- mehr zeitliches Engagement und konkrete Hilfen von Seiten des Dozenten und Mentors bei der Durchführung des Praktikums
- praktikumsbegleitende Seminarangebote bzw. studentische Arbeitsgemeinschaften zum Erfahrungsaustausch
- gemeinsame Besprechungen von Studenten, Mentoren und Dozenten bei der Auswertung des Praktikums in nachbereitenden Veranstaltungen.

Auch die experimentellen Untersuchungen an der Universität Göttingen (NEUMANN/ SIEGMUND/WELLENREUTHER, 1983) bestätigen, daß die Studenten ein gut organisiertes Praktikum, das ihnen die Möglichkeit zu eigenständiger unterrichtlicher Tätigkeit gibt, hoch bewerten. In der folgenden Tabelle wird zusammengefaßt, wie die Probanden (n = 96) den Lernerfolg im Praktikum bezüglich wesentlicher Bereiche der Lehrertätigkeit einschätzen und wie sie die Vorbereitung auf die Bewältigung dieser Bereiche im vorhergehenden Studium bewerten.

Tabelle 63 Lernerfolg im Praktikum und Vorbereitung durch das Studium (Angaben in %)

	großer Lernerfolg	gute Vorbereitung
- Unterrichtsplanung im Unterricht verwirklichen	74	-
- verschiedene Arbeitsformen durchführen	73	27
- Unterrichtsstunden vorbereiten	65	15
- eine Unterrichtsstunde improvisieren	42	-
- eine Sachanalyse ausarbeiten	40	12
- angemessen auf Unterrichtsstörungen reagieren	38	11
- die Selbstständigkeit der Schüler fördern	36	19
- mit Problemschülern umgehen	31	12
- eine Klassenarbeit ausarbeiten	22	1
- Schüler ihren Möglichkeiten entsprechend fördern	22	10

(Bemerkung: Die Werte für „gute Vorbereitung" wurden für zwei etwa gleich große Studentengruppen gemittelt.)

Das große Schulpraktikum (GSP) in der Fachlehrerausbildung der DDR wurde von den Studierenden durchgängig positiv bewertet und unter dem Aspekt der Berufsvorbereitung als wichtigster Ausbildungsbereich betrachtet. Die Möglichkeit zu selbständiger und eigenverantwortlicher Unterrichtsführung und zur Bewährung in der pädagogischen Praxis, aber auch die insgesamt gute Betreuung durch engagierte Mentoren, z.T. auch durch Methodiker dürften dabei ausschlaggebende Faktoren gewesen sein.

Nicht nur im Hinblick auf die Entwicklung der Berufseinstellung und die allgemeine Vorbereitung auf den Lehrerberuf, auch bezüglich der Fähigkeitsentwicklung für bestimmte Aspekte und Bereiche der unterrichtlichen Tätigkeit wird der Erfolg des Schulpraktikums hoch bewertet. Als Beispiel sei auf die Untersuchung von PARSON (1978) verwiesen:

Tabelle 64 Unterrichtliche Befähigung durch das Praktikum (Angaben in G/$\bar{x}$)

	Praktikanten n = 50	Mentoren n = 50
- Logik und Systematik im Aufbau des Unterrichts	83	77
- Aktivierung der Schüler	75	67
- Meisterung der Ziel-Inhalt-Methode-Beziehungen	80	73
- Problemhafte Unterrichtsgestaltung	70	63
- Befähigung der Schüler zur Anwendung des Wissens	72	65
- Einsatz von Unterrichtsmitteln	82	73
- Sicherung von Ordnung und Disziplin	75	75
- Nutzung von Erziehungsmöglichkeiten	71	65
- Wirksamkeit als Lehrerpersönlichkeit	82	-

Ähnliche Ergebnisse erbrachte die experimentelle Untersuchung von PREUSS (1981), in der Möglichkeiten der effektiveren Entwicklung des pädagogischen Könnens im Schulpraktikum erprobt wurden. Als Bewertungseinheiten und -kriterien wurden hier didaktische Prinzipien (in Anlehnung an KLINGBERG) verwendet:

Tabelle 65 Bewertung der unterrichtlichen Tätigkeit im Praktikum (Angaben in G/$\bar{x}$) [58]

	Praktikanten	Mentoren
- Prinzip der Lebensverbundenheit des Unterrichts	82	70
- Prinzip der Planmäßigkeit und Systematik	73	72
- Prinzip der fachübergreifenden Koordinierung	65	50
- Prinzip der führenden Rolle des Lehrers und der Selbsttätigkeit der Schüler	75	75
- Prinzip der Faßlichkeit	78	73
- Prinzip des individuellen Eingehens	72	68
- Prinzip der Anschaulichkeit	73	73
- Prinzip der ständigen Ergebnissicherung	72	70
- Prinzip der Aktivierung der Schüler	75	65

Auch die 1986 eingeführte schulpraktische Ausbildung im 5. Studienjahr wird von den Studenten verständlicherweise gut bewertet. Die Erhebungen des ZIJ 1987 ergaben:

Tabelle 66 Bedeutsamkeit und Qualität von Praktika (Angaben in G/$\bar{x}$; n=378)

	Bedeutsamkeit	Qualität
Schulpraktische Ausbildung im 5. Studienjahr zum Vergleich:	94	88
Ferienlagerpraktikum	76	73
Schulpraktische Übungen in Pädagogik und Psychologie	74	69

Diese Bewertung gilt auch für die Bedingungen für die Tätigkeit der Praktikanten:

Tabelle 67 Bedingungen für die schulpraktische Ausbildung (Angaben in G/$\bar{x}$, n = 378)

Ich war an der Praktikumsaufgabe interessiert	88
Ich habe weitgehend selbstständig gearbeitet	86
Im Praktikum wurden mir anspruchsvolle berufsspezifische Aufgaben übertragen	85
Die Betreuung durch die Schule war gut	83
Die bisher im Studium erworbenen Kenntnisse konnte ich gut nutzen	72
Ich lernte die fortgeschrittene Praxis auf meinem Fachgebiet kennen	68
Die Betreuung durch die Hochschule war gut	67
Die Praktikumserfahrungen bestärkten mein Interesse an theoretischen Fragen	67
Die Ausbildung an der Hochschule insgesamt hat mich gut auf das Praktikum vorbereitet	65

Praktika und schulpraktische Studien gelten bei den Studierenden und bei vielen Lehrerbildnern als Höhepunkt und als das eigentliche Feld der Realisierung der Theorie-Praxis-Beziehungen und der Entwicklung praktischer pädagogischer Kompetenzen in der Ausbildung. Diese Auffassung, so verständlich sie erscheint, bedarf jedoch einer kritischen Relativierung:

- Praktika können nicht die anderen Ausbildungsformen und -bereiche von der Aufgabe freisprechen, die ihnen möglichen und angemessenen Theorie-Praxis-Bezüge anzustreben; Praktika sind kein Alibi für den Verzicht auf diese Bezüge.

- Praktika sind bzw. bieten nicht die einzig möglichen Praxisfelder im Studium; neben der Arbeit mit Praxisausschnitten und -abbildern (Microteaching bis Unterrichtsvideo) ist der Ausbildungsprozeß selbst eine spezifische Form pädagogischer Praxis und sollte als solche hochschulmethodisch genutzt werden.

- Schließlich sichert praktisch pädagogische Tätigkeit an sich noch nicht die Vermittlung von Theorie und Praxis. Dazu ist vielmehr die qualifizierte Anleitung der Studenten zur theoretischen Fundierung und Reflexion dieser Tätigkeit durch Lehrerbildner notwendig; insofern ist das Hauptziel der Praktika nicht, Agieren in pädagogischen Tätigkeitsfeldern zu üben, sondern das Anbahnen der Befähigung, dies theoretisch bewußt zu tun, also Theorie für die Begründung, Fundierung und Bewertung (Reflexion) pädagogischen Handelns anwenden zu lernen.

5 Zum wissenschaftlichen Anspruchsniveau des Lehrerstudims

Eine wissenschaftliche Ausbildung der Lehrerstudenten erfordert, sofern dieser Anspruch ernstgenommen werden soll, auch wissenschaftliche Tätigkeit der Studierenden als integratives Moment ihres Studiums. Dieser Anspruch ist noch nicht dadurch erfüllt, daß sie sich wissenschaftliche Kenntnisse aneignen und in diesem eingeschränkten Sinne Wissenschaft(en) studieren. Auch eine „Einführung in Methoden und Techniken der wissenschaftlichen Arbeit", wie sie längere Zeit in der Lehrerausbildung der DDR gefordert und in Gestalt spezieller Kurse auch an einigen Einrichtungen praktiziert wurde, vermag die Forderung nach eigener wissenschaftlicher Tätigkeit der Lehrerstudenten - verstanden als notwendiges Prinzip ihrer Ausbildung - wohl zu unterstützen, aber nicht zu verwirklichen. Ähnliches dürfte gelten für die im Gefolge der „empirischen Wende" in der Pädagogik forcierte Aufnahme von Kursen zu empirischen Forschungsmethoden (einschließlich Testtheorie und Statistik) in die erziehungswissenschaftliche Ausbildung in der BRD.

Andererseits kann dieser Grundsatz nicht auf die Forderung bzw. das Bemühen reduziert werden, die Studenten unmittelbar und aktiv in die Forschungsarbeit (als wissenschaftliche Tätigkeit im engen, aber auch eigentlichen Sinne) einzubinden. Dies ist sicher anzustreben und wohl auch insgesamt sinnvoll, wenngleich die notwendige Beschränkung auf eines der Ausbildungsfächer, der meist hohe Spezialisierungsgrad der Forschung und die damit gegebenen Grenzen der produktiven Mitarbeit der Studenten - über Hilfsarbeit hinaus - gebieten, Effekt und Wirksamkeit dieser Einbeziehung nicht zu überschätzen.

Es ist offensichtlich notwendig, über eine propädeutische Einführung in wissenschaftliche Methoden einerseits, über die unmittelbare Einbeziehung in die Forschung andererseits hinaus, weitere Möglichkeiten und Formen zu erschließen und hochschulpädagogisch zu gestalten, die dem Lehrerstudenten eigenständige wissenschaftliche Tätigkeiten produktiver Art gestatten und abverlangen. Es zeigen sich im wesentlichen zwei Felder, die durchaus sinnvoll verbunden werden können:

- die Teilnahme der Studenten an der Bearbeitung von mehr oder weniger komplexen Themen, von Projekten theoretischer und praktischer Art, die das Anwenden und damit auch das Vertiefen, das Synthetisieren und Strukturieren von Wissenschaft, d.h. von wissenschaftlichen Kenntnissen und Methoden erfordern und fördern. Die Erfahrungen im Projektstudium und in Studienprojekten sind hier von großem Wert.

- Das Heranführen der Studenten an die Anwendung von Wissenschaft bei der Bewältigung praktischer Aufgaben. Im Lehrerstudium sollten dabei sicher praktisch-pädagogische Aufgaben Priorität haben; im Grunde geht es um die Verbindung von Theorie und Praxis im Handeln der Studenten, um die wissenschaftlich begründete und fundierte Bewältigung beruflicher Anforderungen; dazu bieten die Praktika, aber auch die unterrichtspraktische Ausbildung in der zweiten Phase günstige Voraussetzungen.

Sicher stehen der selbständigen wissenschaftlichen Tätigkeit der Lehrerstudenten - verstanden als durchgängiges Studienprinzip - mancherlei Hindernisse und Schwierigkeiten entgegen. Sie ergeben sich zunächst aus dem Widerspruch zwischen dem mehr oder weniger festgelegten und reglementierten Kanon von Lehrbereichen und Lehrgebieten, dessen vorrangige Funktion die Vermittlung von Kenntnissen ist, und den spezialisierten Forschungsthemen; zwischen beiden gibt es nur lose und bestenfalls partielle inhaltliche Beziehungen. Der Student hat es im „vielfächrigen" Lehrerstudium mit einer großen Zahl von einzelnen Lehrgebieten zu tun, die meist un-

128

verbunden nebeneinander stehen, die aber sämtlich über Prüfungsordnungen den Nachweis verlangen, daß die vermittelten Inhalte in etwa angeeignet wurden und reproduktiv beherrscht werden. Die daraus folgende quantitative (zeitliche) Überforderung und qualitative Unterforderung der Studenten ist in zahlreichen Untersuchungen konstatiert und als ein Grundproblem der Lehrerausbildung namhaft gemacht worden, einschließlich der Tatsache, daß der Student zur selektiven Arbeitsweise gezwungen ist, erst recht dann, wenn er sich mit einem Fach oder Thema gründlicher beschäftigen und in diesem Sinne selbständig wissenschaftlich tätig sein will.

5.1. Organisation wissenschaftlicher Tätigkeit der Studenten in der DDR

Im Hochschulwesen der DDR - und damit auch in der Lehrerausbildung - wurde seit den 60er Jahren die selbständige wissenschaftliche Tätigkeit oder, was in etwa das Gleiche meinte, das wissenschaftlich-produktive Studium als durchgängiges Prinzip der akademischen Ausbildung und ihrer Gestaltung gefordert und zu realisieren versucht. Es wurde auf eine aktivere und dadurch intensivere Aneignung der Lehrinhalte orientiert, auf die Teilnahme der Studenten an der Bearbeitung theoretischer und praktischer Themen und auf ihre Einbeziehung in die Forschung. Den entsprechenden Bemühungen standen freilich die erwähnten Schwierigkeiten gegenüber und vereitelten manche guten Absichten. Diese scheiterten auch oft an den ausführlichen und verbindlichen Lehrprogrammen, die es abzuarbeiten galt.

Mit der Einführung des „Wissenschaftlichen Studentenwettstreits" (WSW) sollte die selbständige wissenschaftliche Tätigkeit der Studenten angeregt und gefördert werden. Von allen Fachbereichen wurden den Studenten Themen zur Bearbeitung angeboten; über ein System von Bewertungen, Auszeichnungen und „Leistungsschauen" sollten die Studenten zur Teilnahme motiviert werden. Die Themen standen z.T. in Beziehung zu Forschungsvorhaben, und es war möglich, ein solches Thema zur Abschlußarbeit (Diplomarbeit) weiterzuführen. Das Problem bestand darin, daß dieser Studentenwettstreit als zusätzliches Angebot (oder als zusätzlicher Auftrag) neben dem normalen Studienbetrieb organisiert wurde. Allein dadurch nahm nur eine Minderheit der Studenten daran teil, abgesehen davon, daß durchaus nicht alle angebotenen Themen attraktiv und aktivierend wirkten.

FERSE (1989) untersuchte Organisation und Wirksamkeit des wissenschaftlichen Studentenwettstreits an der Pädagogischen Hochschule Dresden. Sie stellte fest, daß sich im Jahr 1987/88 15 % der Studenten am WSW beteiligten. Für die Studienjahre ergaben sich folgende Werte: 1. - 9 %, 2. - 34 %, 3. - 16 %, 4. - 13 %, 5. - 2 % (S. 102 - 103).[59]

Eine inhaltliche Gruppierung der bearbeiteten Themen zeigte: 30 % waren fachwissenschaftlicher Art, 29 % waren dem marxistisch-leninistischen Grundlagenstudium zugeordnet, ferner wurden unterrichtsmethodische (11 %), psychologische (6 %) und pädagogische (5 %) Themen gewählt. Schließlich bezogen sich 8 % auf Fragen der Pionierarbeit (die PH Dresden bildete auch Freundschaftspionierleiter aus) (ebenda, S. 103).

FERSE fragte nach den Beweggründen der Studenten (S. 192):

Tabelle 73 Motive für die Teilnahme am wissenschaftlichen Studentenwettstreit (n = 128, Angaben in G/$\bar{x}$)

Motiv	G/$\bar{x}$
Ich denke, daß ich durch die Teilnahme am WSW sehr gut zum wissenschaftlichen Arbeiten befähigt werde, z. B. lerne, wie man Literaturanalysen macht, Hypothesen aufstellt, Sachverhalte analysiert	48
Ich strebe durch die Teilnahme eine Weiterführung zur Diplomarbeit an	38
Ich denke, daß die Bearbeitung der Aufgabe sehr wichtig für die Lösung praktischer und theoretischer Probleme ist und somit großen gesellschaftlichen Wert hat	36
Das Thema gehört zu den obligatorischen Studienanforderungen und läßt sich für den WSW nutzen	30
Für dieses Thema habe ich mich schon während meiner Schulzeit interessiert	18
Ich bin der Meinung, daß die Teilnahme am WSW große Bedeutung für meine Ausbildung zum Lehrer hat	44
Das Abschneiden im WSW ist mir dehr wichtig	50

(Die Angaben stammen wohlgemerkt von den Studenten, die am WSW teilnahmen.)

Als eine insgesamt positive und effektive Form erwies sich die wahlweise-oligatorische Ausbildung (woA). Sie diente der vertieften und wissenschaftlich akzentuierten Ausbildung in einem speziellen Gebiet, daß von den Studierenden - allerdings im Rahmen einer Quotierung für die Ausbildungsfächer - gewählt werden konnte, und der Vorbereitung auf die Diplomarbeit. Für diese Ausbildung standen 8 Semesterwochenstunden (verteilt auf drei Semester) zur Verfügung; sie wurden für vertiefende Lehrveranstaltungen im gewählten Gebiet, für eine spezielle forschungsmethodische Einführung und für konzeptionelle Arbeiten zur Diplomarbeit genutzt. Dabei waren die Studierenden mehr oder weniger in die Forschung im entsprechenden Fachbereich einbezogen. Es entwickelten sich z.T. enge Arbeitsbeziehungen zu den betreffenden Lehrkräften.[60]

Diese wahlweise-obligatorische Ausbildung erwies sich insgesamt als eine produktive Ausbildungsform; sie begünstigte nicht zuletzt ein höheres Anspruchsniveau und eine höhere Qualität der Diplomarbeit.

Freilich war zu fragen, inwieweit diese Ausbildung zur Berufsvorbereitung der künftigen Lehrer beitrug. Etwa 60 % der Studierenden bearbeiteten fachwissenschaftliche Themen, die nur im Ausnahmefall Bezug zum späteren Berufsfeld hatten, da sie in spezialisierte Fachforschung eingeordnet waren.

Auch in anderen Ausbildungsbereichen war die Thematik der Diplomarbeit durchaus nicht zwangsläufig für die spätere berufliche Tätigkeit relevant. Nun ist natürlich das Argument nicht von der Hand zu weisen, daß der künftige Lehrer auf jeden Fall wissenschaftliches Arbeiten lernen müsse, ohne daß dies an schulisch bedeutsamen Gegenständen oder Projekten geschehen müsse; die Fähigkeit zu wissenschaftlicher Arbeit würde sich generell und zunächst indirekt auf seine berufliche Befähigung und Tätigkeit positiv auswirken. Indes steht der Beweis für diese These aus und ist wohl so leicht nicht zu erbringen. In der Erhebung des ZIJ (1987, n = 378) wurden folgende Werte ermittelt:

Tabelle 74 Diplomarbeit (Angaben in %)

Die Anfertigung der Diplomarbeit	deutliche Zustimmung	deutliche Ablehnung
- diente der Berufsvorbereitung	31	41
- hatte praktischen Nutzen	47	18
- diente der Lösung theoretischer Fragen	47	19

Die Realisierung des Ziels, die Studenten zu wissenschaftlicher Arbeit zu befähigen, kann sicher nicht nur einer bestimmten Ausbildungsform zugewiesen werden oder überlassen bleiben. Akademische Ausbildung müßte verstanden und gestaltet werden als durchgängige Befähigung und - als Bedingung dafür - Veranlassung der Studierenden zum produktiven Umgang mit Wissenschaft, bezogen sowohl auf die Art ihrer Aneignung wie mehr noch auf ihre Anwendung, wie dies der Begriff des „wissenschaftlich-produktiven Studiums" eigentlich insistiert. Nun sind, wie bereits angemerkt, in der Lehrerausbildung die Bedingungen für eine solche Gestaltung des Studiums alles andere als günstig. Zu den oben genannten Problemen tritt wohl auch die Frage nach dem Selbstverständnis der Lehrerbildner als Fachvertreter und Wissensvermittler oder als Lehrer, als „Erzieher", denen es um die Befähigung ihrer Studenten zum produktiven und selbständigen Umgang mit Wissenschaft geht.

In diesem Zusammenhang ist von Interesse, wie die Lehrerstudenten das Anspruchsniveau ihrer Ausbildung erleben und bewerten.

5.2. Leistungsanspruch und Leistungsstreben

Wir beziehen uns zunächst wiederum auf die Studentenbefragung 1978 an den pädagogischen Hochschulen Potsdam, Dresden und Erfurt. Die Befragten sollten die Qualität hochschulpädagogischer Maßnahmen und Bedingungen einschätzen:

Tabelle 75 Qualität hochschulpädagogischer Maßnahmen und Bedingungen (Angaben in G/$\bar{x}$)

	Matrikel 1974, 8. Semester			
	Gesamt n = 792	Potsdam n = 266	Dresden n = 208	Erfurt n = 318
Koordinierung der Anforderungen an die Studenten	43	40	43	47
Anleitung zur praktisch-pädagogischen Tätigkeit mit Kindern und Jugendlichen	48	48	47	52
Anleitung zur wissenschaftlichen Studienarbeit	52	52	52	52
Effektivität des eigenen Selbststudiums	63	62	63	63
Verhältnis zu den Lehrkräften	60	57	62	60

133

Die Ausbildung im Haupt- und Nebenfach ist an den Anforderungen orientiert, die sich aus der Erteilung eines wissenschaftlichen Unterrichts ergeben	67	67	65	70
Das Studium ist so gestaltet, daß sich der Student die erforderlichen Methoden und Techniken der geistigen Arbeit (wiss. Arbeitsmethoden) aneignet	57	57	58	57
Sehr wichtig für ein erfolgreiches Studium ist die bessere Koordinierung der Anforderungen, die an die Studenten gestellt werden	92	90	95	92

Die Anforderungen, die das Lehrerstudium (in der DDR) an das Leistungsvermögen, den Leistunswillen, die intellektuellen Fähigkeiten der Studenten stellte, werden eher als mittelmäßig denn als zu hoch (oder auch zu niedrig) eingeschätzt. Dies wird z.b. in der Untersuchung des ZIJ (1987) deutlich:

Tabelle 76 Bewertung des Studiums (n = 378, Angaben in G/$\bar{x}$)

- In der Ausbildung wurden Theorie und Praxis gut verbunden	45
- Meine intellektuell-schöpferischen Fähigkeiten wurden voll gefordert	54
- Die Organisation des Studienprozesses war sehr effektiv	35
- Es gab einen regen wissenschaftlichen Meinungsstreit	47
- Die meisten Lehrkräfte hatten eine gute Einstellung zu den Studenten	67
- Bereits während des Studiums bestanden gute Möglichkeiten, erworbene Kenntnisse in der Praxis anzuwenden	53
- Das Studium hat mich für meinen fachlichen Gegenstand begeistert	67
- Das Studium insgesamt bot mir ausreichende Möglichkeiten zur selbstständigen wissenschaftlichen Arbeit	63
- Die vorlesungsfreien Zeiten waren für mich effektive Studienabschnitte	48
- Ich hatte gute Bedingungen zum Studieren	45

Vergleichbar sind wohl die Ergebnisse von HOLFORT (1980), der in der BRD 500 Lehramtsanwärter das Anspruchsniveau der Ausbildung in der ersten Phase einschätzen ließ:

Tabelle 77 Anspruchsniveau der Hochschulausbildung (Angaben in %)

- intensiv	43	- oberflächlich	57
- anspruchsvoll	67	- anspruchslos	33
- kritisch	69	- unkritisch	31
- systematisch	36	- planlos	64
- effektiv	50	- ineffektiv	50
- angemessen	40	- unangemesen	60
- praxisnah	14	- praxisfern	86
- theoretisch	95	- praktisch	5

Unterschiede in den Wertungen der Studenten resultieren aus den auch hier sichtbar werdenden Diskrepanzen zwischen den Erwartungen der Studenten zu Beginn des Studiums (einschließlich der damit verbundenen Leistungsbereitschaft) und ihren Erfahrungen im Studienprozeß, die diese Erwartungen meist nicht erfüllen. So werden Bedeutsamkeit und auch Qualität und Wirksamkeit der Fächer und Bereiche der Ausbildung in den höheren Semestern zunehmend kritisch beurteilt. Als Beispiel sei auf die Untersuchungen des ZIJ bei Lehrerstudenten der Matrikel 1982 verwiesen:

Tabelle 78 Einschätzung der Bedeutsamkeit von Ausbildungsbereichen

(Wertung „sehr bedeutsam" - Angaben in %)

	1. Semester (1982) n = 767	3. Semester (1983) n = 622
- Aneignung praktisch-pädagogischen Könnens	81	56
- Unterrichtsmethodische Ausbildung	73	50
- Vervollkommnung der Allgemeinbildung	64	50
- theoretische Ausbildung in beiden Fächern der Fachkombination	55	47
- theoretische Ausbildung in den pädagogisch-psychologischen Fächern	55	29
- Vertrautmachen mit bildungs- und schulpolitischen Aufgabenstellungen	29	16
- Geschichte der Pädagogik	15	2
- Einbeziehung in die pädagogische Forschung	9	4

(nach KLEMENT, 1985, Anlage 5)

Zweitens bewerten die Studenten das Niveau der Anforderungen in den verschiedenen Ausbildungsfächern sehr unterschiedlich. Es ist verständlich, daß diese Bewertung korrespondiert mit Umfang und Intensität der Arbeit der Studenten (Mitarbeit, Selbststudium) in diesen Bereichen. Das ZIJ (1987) ließ die Studenten des letzten Studienjahres (n = 378) diese Anforderungen einschätzen:

Tabelle 79 Niveau der Studienanforderungen in den Ausbildungsfächern (Angaben in %)

	zu hoch	zu niedrig
- Im ersten Fach der Fachkombination	36	7
- bei der Erarbeitung der Diplomarbeit	27	3
- im zweiten Fach der Fachkombination	30	9
- in der schulpraktischen Ausbildung	14	7
- in der wahlweise-obligatorischen Ausbildung	17	15
- in der Psychologie	15	14
- in der unterrichtsmethodischen Ausbildung	9	22
- in der Didaktik	7	23
- in der Erziehungstheorie	12	37
- in Grundlagen der Pädagogik	8	35
- in Geschichte der Erziehung	14	37

In der gleichen Erhebung stimmten 39 % der Studenten deutlich der Aussage zu: „Ich zweifle daran, daß die Erfüllung der an mich gestellten Studienanforderungen für meine berufliche Ausbildung sinnvoll war." Nur 18 % lehnten diese Aussage ab. Dies verdeutlicht erneut, daß ein einsichtiger Berufsbezug der Ausbildung das Leistungsverhalten der Studenten positiv zu beeinflussen vermag.

Die Tabelle zeigt, daß die pädagogischen Lehrgebiete besonders kritisch beurteilt werden. Hier wirkt im Erleben der Studenten der Widerspruch zwischen der beanspruchten Funktion, in besonderem Maße auf die pädagogische Tätigkeit vorzubereiten, und der Qualität und Attraktivität der Inhalte und ihrer Vermittlung sich deutlich aus - siehe dazu z. B. Tabelle 44.

Natürlich ist für den Erfolg des Studiums letzten Endes die eigene Anstrengung, die eigene Arbeit der Studenten innerhalb und außerhalb der Lehrveranstaltungen entscheidend. Dies ist den Studenten durchaus bewußt. Andererseits ist es sicher eine wichtige hochschulpädagogische Aufgabe, für das selbständige Studieren geeignete Bedingungen zu schaffen hinsichtlich der Art, des Umfangs und der Qualität der an eigenständige Arbeit der Studenten gestellten Anforderungen, hinsichtlich ihrer sinnvollen Koordinierung, und ihrer motivierenden und aktivierenden Potenz. Daß die Lehrerstudenten um ihre Eigenverantwortung wissen und sie auch bejahen, machen folgende Zahlen aus der mehrfach zitierten 10. Befragung (Studentenbefragung Potsdam) deutlich:

Tabelle 80   Anspruchsniveau und Selbststudium (Angaben in G/$\bar{x}$)

	Gesamt n = 792	Potsdam n = 266	Dresden n = 208	Erfurt n = 318
- Das Lehrerstudium stellt hohe Anforderungen an die Selbstständigkeit und Eigenverantwortung der Studenten	87	83	90	87
- Für die Bewältigung der Studienanforderungen ist meine intensive Arbeit im Selbststudium entscheidend	77	80	70	78
- Wirksamkeit des Selbststudiums für die Realisierung der fachlichen Anforderungen	62	64	64	57

Diese Zahlen zeigen, daß die Studenten mit dem Effekt ihres Selbststudiums durchaus nicht recht zufrieden sind.

Nun wäre es sicher einfach, ihnen mangelndes Engagement oder schlicht Faulheit zu unterstellen - obwohl sicher auch dies vorkommt -, vielmehr wirken sich hier jene ungünstigen Bedingungen aus, die der Student (wohl nicht nur in der Lehrerausbildung der DDR) für eine kontinuierliche und effektive Arbeit im Selbststudium vorfindet. Zu nennen ist vor allem das quantitative Übermaß an Aufgaben, die unkoordiniert von den vielen Studienfächern bzw. ihren Lehrenden gestellt werden. Die Studenten werden zur selektiven Arbeitsweise gezwungen, wobei die Vorbereitung auf die anstehende Prüfung und die Arbeit für jene Fächer, deren Anforderungen das größte Gewicht haben, notwendigerweise in den Vordergrund rücken.

Daß eine diskontinuierliche Arbeitsweise, die die intensive, tiefgründige, interessenbetonte und langfristige Beschäftigung mit bestimmten Themen weitgehend ausschließt, letztlich auch die Motivation für eigenständiges Studieren beeinträchtigt, muß nicht betont werden. So wird von den Lehrerstudenten nur ein Teil der ihnen übertragenen Aufgaben bearbeitet. Das ZIJ ermittelte (1987):

Tabelle 81   Bearbeitung der Aufgaben für das Selbststudium (n = 378, Angaben in %)

Fach bzw. Lehrgebiet	weniger als 30 %	mehr als 50 %
- 1. Fach	14	61
- 2. Fach	13	63
- Grundlagen der Pädagogik	36	35
- Geschichte der Erziehung	37	36

Wiederum schneiden die pädagogischen Lehrgebiete bedeutend schlechter ab. Das wird auch in der Erhebung von MAASSDORF (1982) ebenso deutlich:

Tabelle 82   Die angegebene Literatur im Fach Pädagogik wird gelesen (Angaben in %) [61]

	1. Studienjahr n = 37	2. Studienjahr n = 28
- gründlich	11	0
- im Überblick	38	35
- auszugsweise	22	24
- Ausgewähltes gründlich	35	32

Wir haben uns zu dieser Thematik vorwiegend auf empirische Untersuchungen aus der DDR gestützt. Sicher hat hier die starke Reglementierung der Lehrerausbildung zu den deutlich gewordenen Problemen beigetragen.

Es gibt jedoch Veranlassung zu der Annahme, daß die Ausbildung an den Universitäten und Hochschulen der BRD hinsichtlich ihres Anspruchsniveaus und dem damit korrespondierenden Leistungsstreben der Lehrerstudenten kein grundsätzlich anderes Bild bietet. Zumindest wirft die folgende Tabelle ganz ähnliche Fragen auf und verdeutlicht vergleichbare Tendenzen. NEUMANN/SIEGMUND/WELLENREUTHER (1983, S. 108) befragten Studierende der Universität Göttingen:

Tabelle 83 Einstellung zu den Leistungsanforderungen im Studium (Angaben in %, n = 96)

Ansichten	deutliche Zustimmung	deutliche Ablehnung
- Im Studium ist mir zunehmend klar geworden, daß ich es im Leben durch Leistung und harte Arbeit gern zu etwas bringen möchte	11	72
- In meinem Leben habe ich mich noch nie richtig anstrengen müssen, meist habe ich mich mit ein bißchen Glück durchgemogelt, auch im Studium	26	56
- Ich möchte von mir sagen, daß ich an der Hochschule unter einem hohen Leistungsdruck stehe	14	52
- Ich sehe keine Notwendigkeit, mich in den er sten Semestern besonders anzustrengen	50	27
- Was meine Zufriedenheit im zukünftigen Lehrerberuf angeht, blicke ich eher optimistisch in die Zukunft	40	40
- Im Hinblick auf meine derzeitige Studiensituation fühle ich mich insgesamt eher unwohl	31	40
- Ich habe große Zweifel, ob ich durch mein Studium lerne, in der Praxis auftretende Pro bleme anzugehen und zu lösen	65	13
- Mit der Mehrzahl der von den Lehrenden angebotenen Seminare konnte ich wenig anfangen	40	25
- Ich muß mich im Studium auf so viele Fächer konzentrieren, daß ich nie das Gefühl habe, mich wirklich auf eine wichtige Sache gründlich einlassen zu können	70	12
- Ich halte meine wissenschaftliche Ausbildung für nicht ausschlaggebend, um ein guter Lehrer zu sein	40	37

5.3. Student und Lehrerbildner

Zu Beginn seines Studiums betrachtet der Lehrerstudent die Lehrkräfte oft noch aus der Schülerperspektive insofern, als er von ihnen in hohem Maße unmittelbare Anleitung und Unterstützung und einen pädagogisch-methodisch vorbildlichen Unterricht erwartet (vgl. Abschnitt 2). Es ist ganz natürlich, daß übertriebene Erwartungen abgebaut werden; andererseits bleibt der Lehrerbildner für den Studenten eine wichtige „Instanz" und Bezugsperson. Seine Tätigkeit, sein Verhalten und die Qualität und Intensität seiner Beziehungen zu den Studenten prägen wesentlich die Arbeits- und Studienatmosphäre an der Hochschule und auch die Zuwendung der Studenten zu den von ihm vertretenen Fächern und Lehrgebieten. Freilich können sich engere soziale Beziehungen zu den Lehrkräften in der Regel nur dort entwickeln, wo gemeinsame Arbeit auf individueller Basis Platz hat. Das kann in praktischen Ausbildungsabschnitten, bei der Teilnahme von Studenten an Forschungsprojekten, bei der Anleitung der Diplom- bzw. Abschluß-arbeiten der Fall sein. Dies ist aber bereits kaum im normalen Seminar, noch weniger in der anonymen Massenvorlesung möglich. Hinzu tritt, daß es der Student entsprechend der Vielzahl an Fächern und Lehrgebieten jeweils mit einer erheblichen Anzahl von meist noch von Semester zu Semester wechselnden Lehrerbildnern zu tun hat. Diese relative Anonymität in den Beziehungen Lehrerbildner - Lehrerstudent ist wohl mit der Organisation universitären Lehrerstudiums notwendigerweise verbunden; sie mag vielleicht sogar unter dem Gesichtspunkt, daß der Student zunehmend selbständig und eigenverantwortlich sein Ausbildungsziel anstreben und die gestellten Anforderungen bewältigen soll, zu rechtfertigen sein. Andererseits ist nicht zu übersehen, daß engere Arbeits- und Sozialbeziehungen sich als Stimulus für das Leistungsstreben der Studierenden erweisen.

In der Lehrerausbildung tritt ein spezifisches Moment hinzu: Auch die Lehrkraft, der Hochschullehrer ist Lehrer, ist als Pädagoge tätig. Die zumindest als Potenz vorhandene Vorbildwirkung, die er auf die künftigen Lehrer ausübt, sollte nicht unterschätzt werden; eine bewußte Nutzung dieser Potenz, die sich in der pädagogisch-methodischen Gestaltung der Lehre und im Verhältnis zu den Studenten ausdrückt und die gute Lehrerbildner auszeichnet, sollte eigentlich Merkmal auch der universitären Lehrerausbildung sein.

Die Urteile der Lehrerstudenten in der DDR über ihre Lehrkräfte, deren „Wirksamkeit" und ihre Beziehungen zu den Studenten liegen eher im kritischen Bereich, wobei sich der Abbau der überhöhten Anfangserwartungen deutlich abzeichnet. In der Studentenbefragung Potsdam ergibt sich folgendes Bild:

Tabelle 84 Bewertung der Wirksamkeit der Lehrkräfte bezüglich der Bewältigung der fachlichen Anforderungen (Angaben in G/$\bar{x}$) [62]

	Matrikel 1973			Matrikel 1974	
	4.Sem. n = 334	7. Sem. n = 243	8. Sem. n = 262	4. Sem. n = 300	8. Sem. n =266
Vorbild der Lehrkräfte in den Lehrveranstaltungen	43	33	45	45	40
Rat und Hilfe der Lehrkräfte außerhalb der Lehrveranstaltungen	42	33	38	48	35
Gemeinschaftsarbeit mit Lehrkräften	40	30	38	45	34

Diese kritischen Urteile werden freilich relativiert, wenn die Fragestellungen konkreter und differenzierter werden. Dabei zeigt sich, daß die Studierenden recht stabile Kriterien für die Bewertung von Vorlesungen haben, die natürlich mit den Urteilen über die Lehrkräfte, die diese Vorlesungen halten, korrespondieren. Vorlesungen, die insgesamt positiv erlebt und bewertet werden, sind durch folgende Merkmale (Rangfolge) gekennzeichnet (BATHKE, 1987, S. 101):

- inhaltlich interessant
- wissenschaftlich niveauvoll
- wichtig für den späteren Beruf
- problemorientiert
- pädagogisch-methodisch niveauvoll
- anregend für das Selbststudium
- mit hohen geistigen Anforderungen verbunden
- weltanschaulich bildend
- nicht faktenüberladen.

Bei den Lehrkräften, die solche Vorlesungen halten, nennen die Studenten folgende Merkmale (Rangfolge):

- sie haben ein hohes geistig-kulturelles Niveau
- sie achten die Studenten als Persönlichkeiten
- sie akzeptieren kritische Hinweise
- sie kennen die Probleme der Studenten
- sie sind Vorbild (ebenda, S. 103).

Diese Erhebung deutet an, daß wohl jene Lehrkräfte „im Vorteil" sind, die längere Zeit, d.h. in zeitlich umfangreicheren Fächern mit den Studenten arbeiten, während in Lehrgebieten mit weniger Stunden entsprechende Wertungen niedriger ausfallen:

Tabelle 85 Bewertung von Lehrkräften verschiedener Fächer (Angaben in %, n = 614)

Die Lehrkraft hat	„deutliche Zustimmung"			
	1. Fach	2. Fach	Grundlagen der Pädagogik	Geschichte der Erziehung
hat hohes geistig-kulturelles Niveau	68	71	45	60
achtet die Studenten als Persönlichkeiten	63	67	58	58
akzeptiert kritische Hinweise	57	62	48	49
ist mir sympatisch	53	60	33	35
kennt die Probleme der Studenten	51	58	40	41
hat guten Kontakt zu uns	49	50	27	30
ist uns Vorbild	42	45	18	32

(nach BATHKE 1987, S. 117)

(Natürlich dürften die Probleme der erziehungswissenschaftlichen Ausbildung - vgl. Abschnitt 4.2. - auch diese Wertungen beeinflussen.)

In der gleichen Untersuchung erhalten Seminarleiter gegenüber Vorlesenden tendenziell bessere Einschätzungen. Das stützt die These, daß die engere Zusammenarbeit, daß persönliche Kontakte zu höherer Wertschätzung und Anerkennung führen; das gilt sicher auch umgekehrt, d.h. für das Bild, das die Lehrkräfte von den Studenten haben. Ganz deutlich wird diese Tendenz bei der Beurteilung des Betreuers der Diplomarbeit, zu dem in aller Regel in der wahlweise-obligatorischen Ausbildung enge Arbeitskontakte aufgebaut wurden (ZIJ - Erhebung 1987).

Tabelle 86   Merkmale des wissenschaftlichen Betreuers (n = 374, Angaben in G/$\bar{x}$)

Der Betreuer	
- war fachlich kompetent	93
- hatte hohes geistig-kulturelles Niveau	84
- achtet die Studenten als Partner	82
- hatte gute pädagogisch-methodische Fähigkeiten	79
- forderte den Meinungsstreit heraus	79
- kannte die Probleme der Studenten	77
- akzeptierte kritische Hinweise	75
- war mir Vorbild	68

Es leuchtet ein, daß hochschulpädagogische Maßnahmen, die auf engere Zusammenarbeit von Lehrkräften und Studenten, auf die Überwindung trennender Schranken zwischen isolierten Lehrgebieten, auf die Akzentuierung berufsbezogener Lehrinhalte zielen, sich positiv auf die Studienhaltung und auf das Verhältnis zu den Lehrkräften auswirken, sofern diese bewußt als Lehrerbildner agieren. Ein instruktives Beispiel dafür bieten NEUMANN/ SIEGMUND/WELLENREUTHER (1983, S. 44) in ihrem Bericht über einen Modellversuch an der Universität Göttingen. In eine „fächerintegrierte Eingangsphase" im 1. Semester, die stark berufsorientiert gestaltet war, wurden 52 Studenten einbezogen; ihre Urteile über die Beziehungen zu den Lehrenden unterscheiden sich deutlich von denen der 44 Studenten, die den üblichen Studiengang absolvierten. (Wir bezeichnen die Gruppen als Versuchs- und Kontrollgruppe.)

Tabelle 87   Verhältnis zu den Lehrenden im Modellversuch (Angaben in %, Versuchsgruppe - 1. Zeile, Kontrollgruppe - 2. Zeile) [63]

	Zustimmung	Ablehnung
- Mein Verhältnis zu den Lehrenden war distanziert	31	24
	63	9
- Studienkonflikte wurden mit ihnen offen diskutiert	60	23
	21	63
- Die Lehrenden sind auf unsere persönlichen Probleme eingegangen	47	25
	14	70
- Die Lehrenden bestärkten uns, unsere Gefühle zu äußern	67	16
	21	46
- Die Lehrenden halfen konkret bei der Studienplanung	33	46
	16	75
- Die Lehrenden gaben ein gutes Modell für Lehrerverhalten ab	10	78
	21	42
- Die Lehrenden redeten einfach und verständlich	58	12
	30	30
- Die Lehrenden spulten ihr Wissen ohne Rücksicht auf die Studenten ab	10	78
	21	42
- Die Lehrenden verlangten viel Eigeninitiative und selbstständige Mitarbeit	56	12
	36	33
- Die Lehrenden unterforderten uns	33	44
	9	68

6 Die Zweite Phase

Mit der weitgehenden Eingliederung der Pädagogischen Hochschulen in Universitäten und Gesamthochschulen wurde in der BRD auch die zweite Ausbildungsphase, wie sie sich seit 1890 in der Gymnasiallehrerausbildung (Referendariat) entwickelt hatte, allgemein eingeführt.

Diese zweite Phase (der Vorbereitungsdienst) umfaßt relativ einheitlich zwei Jahre. Der Lehramtsanwärter erhält in dieser Zeit eine theoretische und praktische schulart- und lehramtsbezogene und unterrichtsorientierte Ausbildung, die teils an der Schule, teils in speziellen Studienseminaren durchgeführt wird. Die praktische Ausbildung umfaßt Hospitationen, angeleiteten und eigenverantwortlichen Unterricht, wobei dem Bewerber ein Betreuungslehrer zur Seite steht. Die theoretische Ausbildung, vorwiegend in Seminarform, umfaßt Fachdidaktik resp. Unterrichtsmethodik (Fachseminar) und Erziehungswissenschaften, d.h. Pädagogik, Psychologie, Soziologie u.a. (Haupt- oder Allgemeines Seminar). Zu den Prüfungen am Ende der Vorbereitungszeit (2. Staatsprüfung) gehört eine schriftliche Hausarbeit. Die Prüfungsanforderungen sind - ebenso wie das Ausbildungsprogramm - relativ detailliert festgelegt. Die bestandene Prüfung berechtigt die Lehramtsanwärter, sich um eine Anstellung im Schuldienst zu bewerben.[64]

Träger des Vorbereitungsdienstes ist die Schulbehörde und damit der Staat. Die Hochschulen haben keinen oder doch nur einen sehr geringen Einfluß auf die Gestaltung des Vorbereitungsdienstes und die Durchführung der Prüfungen. Begründet wird dies u.a. mit dem Argument, daß die praxisorientierte Qualifizierung nur von Ausbildern gewährleistet werden kann, die selbst in diesem Praxisbereich, also in der Schule tätig sind. Insofern ist es nicht unberechtigt, von der Anwendung der Grundform der „Meisterlehre" im Vorbereitungsdienst der Lehrer zu sprechen.

Die Beibehaltung der Zweiphasigkeit der Ausbildung, durch die sich das Lehrerbildungssystem der Bundesrepublik von dem der meisten europäischen Staaten deutlich unterscheidet, hat zwei wesentliche Gründe:

Die zweite Phase soll jene berufsbezogene Ausbildung sichern bzw. nachholen, die die Universität nicht leistet. Insofern kompensiert sie Mängel der ersten Ausbildungsphase, die daraus resultieren, daß die Universitäten nicht in der Lage oder gewillt nicht sind, die Lehrerstudenten ausreichend auf die Schulpraxis und Lehrertätigkeit vorzubereiten. Freilich ist die zweite Phase für viele Hochschullehrer auch ein willkommenes Alibi, sich unter Berufung auf die „Freiheit der Lehre und Forschung" der Aufgabe einer berufsorientierten Ausbildung zu entziehen (siehe Abschnitt 3).[65] Und natürlich hat die Institution „Vorbereitungsdienst" ein kräftiges Beharrungsvermögen entwickelt, daß den Interessen der Schulverwaltung wie auch der Ausbilder entspringt und entspricht.

Zum anderen erfolgt aus dem den Lehrern zuerkannten (und von diesen in der Regel begrüßten) Beamtenstatus gemäß dem Beamtenrechtsrahmengesetz (BRRG) die Vorschrift eines Vorbereitungsdienstes, der auch die Aufgabe hat, dem Staat als „Dienstherrn" die Gewißheit zu geben, daß der Bewerber, hier der Lehramtsanwärter, gewillt ist, die an den bundesdeutschen Beamten gestellten besonderen Anforderungen (z.B. Verzicht auf das Streikrecht) zu erfüllen.

So wird verständlich, daß die zahlreichen Bemühungen, die beiden Phasen der Ausbildung besser aufeinander abzustimmen, sie inhaltlich und personell miteinander zu verzahnen oder gar zu einer Integration zu gelangen, wenig Aussicht auf dauernden Erfolg hatten und haben. Von vielen Autoren wird sogar eine verstärkte Trennung beider Phasen konstatiert, deutlich werdend in dem Bestreben, den Theorieanteil im Vorbereitungsdienst zu erhöhen, wobei sicher Mängel der ersten Phase solche Tendenzen stützen.

Für die Lehramtsanwärter ist kein kontinuierlicher Übergang von der ersten zur zweiten Phase gesichert; vielmehr wird der Eintritt in den Vorbereitungsdienst und die damit verbundene Konfrontation mit der Schulpraxis als Bruch erlebt, der sowohl die Brauchbarkeit des an der Hochschule angeeigneten Wissens wie auch die Angemessenheit von im Studium ausgeprägten Haltungen und Einstellungen in Frage stellt. Dieser „Praxisschock" ist vielfach beschrieben worden, wobei die Tendenz zu gravierenden Einstellungsveränderungen in konservativer Richtung besonders hervorgehoben wurde (z.B. DANN u.a. 1978, MÜLLER-FOHRBRODT u.a. 1978).

Zu weiteren möglichen Ursachen für diesen von den Lehramtsanwärtern erlebten Bruch führt LIEBRAND-BACHMANN in Auswertung vorliegender Untersuchungen an (1981, S. 399 f.):

„- Von allen Autoren wird auf das Fehlen einer Zusatzqualifizierung der Ausbilder hingewiesen. Es wird vermutet, daß sich dieses Defizit nachteilig auf das Selbstverständnis der Ausbilder, die Interaktion mit den Studierenden und die Qualität der Ausbildung auswirkt.

- Die hierarchische Struktur des Seminars wie der Ausbildungsschule scheint eine schnelle Anpassung des Referendars an vorgegebene Verhältnisse zu begünstigen. Hier müßte analysiert werden, in welchen Bereichen die Hirarchisierung des Ausbildungsbetriebs besonders ausgeprägt ist, wie und über welche Mechanismen sie sich auf das Verhalten der mit der ausbildung befaßten Individuen auswirkt, z.B. auf die Interaktionsstruktur zwischen Ausbilder und Ausbilder, Ausbilder und Auszubildende, Seminar und Schule."[66]

In den empirischen Erhebungen werden die Probleme der zweiten Ausbildungsphase deutlich. Von den Lehramtsanwärtern werden die praktischen Ausbildungsformen recht positiv bewertet, insbesondere dann, wenn eine angemessene und fundierte Anleitung (einschließlich fruchtbarer Auswertung) gewährleistet ist.

Wesentlich kritischer werden die stärker theoretisch orientierten Seminare gesehen, wobei insbesondere das Allgemeine oder Hauptseminar die Erwartungen kaum erfüllt. FRECH (1976) befragte Referendare aus allen Bundesländern (n = 842) nach ihrem Lernerfolg in den Ausbildungsformen der zweiten Phase:

Tabelle 96 Lernerfolg im Referendariat (Angaben in %) [67]

	viel	wenig
- im Allgemeinen Seminar dabei	19	50
. in Pädagogik	20	50
. in Psychologie	21	56
. in Soziologie	25	51
. in Schulrecht/Schulkunde	26	45
- im Fachseminar	31	37
- in der schulpraktischen Ausbildung	39	22

Die von FRECH ermittelten Wertungen werden bestätigt und präzisiert durch die in die Untersuchung von GNAD/KLISA/PRASSE (1980) einbezogenen Referendare (n=434) in Nordrhein-Westfalen, die die Ausbildungsbedingungen in der zweiten Phase einschätzten:

Tabelle 97 Ausbildungsbedingungen im Referendariat (Angaben in %)

	deutliche Zustimmung	deutliche Ablehnung
- Eine offene, kreative Diskussion unter Beteiligung aller Anwesenden		
. im Hauptseminar	25	25
. im Fachseminar 1	36	20
. im Fachseminar 2	26	28
- Für den eigenen Unterricht kann/könnte man viel lernen durch Hospitationen		
. beim Hauptseminarleiter	27	22
. beim Fachsenarleiter 1	41	18
. beim Fachseminarleiter 2	23	27

- Eine wichtige Voraussetzung für den guten Unterricht ist die im Augenblick praktizierte Ausbildung im		
. Hauptseminar	8	49
. Fachseminar 1	22	23
- In Nachbesprechungen heben vor allem positive Eindrücke hervor		
. der Hauptseminarleiter	21	19
. der Fachseminarleiter 1	21	30
. der Fachseminarleiter 2	10	32
- Die Fachseminarleiter sind für die Ausbildungstätigkeit pädagogisch qualifiziert	4	32
- Fachseminarleiter sind für ihre Ausbildung besonders qualifiziert	7	31

In der Erhebung von OESTERREICH (1988) sollten die befragten Lehramtsbewerber einschätzen, wie ihnen die Ausbildungsveranstaltungen in der zweiten Phase geholfen haben, die Berufsanfangsprobleme zu bewältigen. Unter diesem Aspekt wurden als wichtig bewertet:

Tabelle 98 Wichtigkeit von Ausbildungsformen für die Bewältigung beruflicher Anfangsprobleme (Angaben in % für sehr wichtig/wichtig, n= 247) [68]

- Unterrichtsbesuche bei anderen Lehramtsanwärtern (mit Fachseminarleiter)	65
- Hospitationen bei anderen Lehrern	62
- Unterrichtsbesuche und Besprechungen mit Seminarleiter	61
- 1. Fachseminar	57
- 2. Fachseminar	55
- Beratung durch Mentoren, Fachbereichs- und Schulleiter	48
- Hauptseminar	32

(Auf Ergebnisse der Untersuchung von SUSTECK (1975), der die Bewertung für die Ausbildung in beiden Phasen miteinander verglich, wurde bereits mit Tabelle 57 eingegangen).

Mit den Einschätzungen von Qualität und Wichtigkeit der verschiedenen Ausbildungsformen in der zweiten Phase korrespondieren die Vorstellungen der Lehramtsanwärter, wie der Vorbereitungsdienst effektiver zu gestalten sei. Für die Schulpraktische Ausbildung schlagen die von FRECH befragten Referendare vor, die Anleitung sowie die Auswertung ihres Unterrichts durch kompetente Ausbilder wesentlich zu verstärken.

Tabelle 99 Zur Verbesserung der schulpraktischen Ausbildung (Angaben in %, n = 842)

Die Referendare wünschen „wesentlich mehr"	
- systematische Vorbereitung von Unterrichtsstunden mit Ausbildern	45
- gründliche Besprechung und Auswertung von Unterrichtsstunden mit Ausbildern	38
- durch gute Fachlehrer angeleiteten und beaufsichtigten Unterricht	41
- Möglichkeiten zur aktiven Beteiligung an Konferenzen in der Schule	23
- durch kompetente Fachleiter/Seminarleiter angeleiteten und beaufsichtigten Unterricht	29
- selbstständigen unbeaufsichtigten Unterricht	14
- Hospitationen bei Fachlehrern	17

Die geringe Zufriedenheit der Lehramtsanwärter mit der Gestaltung und der Wirksamkeit der Ausbildung in der zweiten Phase wird auch daran deutlich, daß nur der geringere Teil von ihnen für die Beibehaltung des Vorbereitungsdienstes und damit für die Zweiphasigkeit der Lehrerausbildung plädiert.

Während nach SCHRECKENBERG (1984) immerhin 41 % der Befragten für die Beibehaltung des Referendariats votieren, stimmten in der Erhebung von GNAD/ KLISA/PRASSE nur 7 % von 434 Referendaren deutlich der Aussage zu: „Die gegenwärtige Lehrerausbildung mit ihrer Trennung in das Hochschulstudium und die anschließende praktische Ausbildung im Bezirksseminar sollte nicht geändert werden." 73 % lehnten diese Aussage deutlich ab.

Ein Grund für diese kritische Haltung zur Ausbildung in der zweiten Phase dürfte darin zu sehen sein, daß die Lehramtsanwärter, wohl auch beeinflußt durch das Studium an der Hochschule, häufig liberale und reformorientierte Vorstellungen und Einstellungen zu Funktion, Gestalt und Arbeitsweise der Schule und zum Lehrerberuf besitzen, die mit der erlebten Schulwirklichkeit nicht übereinstimmen.[69]

Das wird in den Untersuchungen, die in den 70er Jahren durchgeführt wurden, besonders deutlich. Als Beispiel beziehen wir uns noch einmal auf die Arbeit von GNAD/KLISA/PRASSE (1976):

Tabelle 100   Einstellungen von Referendaren zu Schulsystem und Lehrerberuf (Angaben in %, n = 434)

	deutliche Zustimmung	deutliche Ablehnung
- Das dreigliedrige Schulsystem bietet die beste Gewähr dafür, daß allen Schülern eine ihren Fähigkeiten entsprechende Ausbildung vermittelt wird	7	69
- Das Gymnasium sollte dem jungen Menschen eine Bildung vermitteln, die sowohl an bewährten Traditionen orientiert ist als auch den Bedürfnissen der modernen Industriegesellschaft Rechnung trägt	40	16
- In unserem dreigliedrigen Schulsystem ist Chancengleichheit weitgehend verwirklicht	5	65
- Die Schule hat in unserer Klassengesellschaft die Funktion, die kapitalistischen Produktionsverhältnisse aufrechtzuerhalten	26	40
- Jeder Lehrer sollte bemüht sein, seinen Unterricht wertfrei zu gestalten	42	31
- Ich finde es richtig, daß der Lehrer als Beamter den Anordnungen und Erlassen seiner vorgesetzten Dienststelle Folge leistet	11	34

7 Absolvent und Ausbildung

Die jungen Lehrerinnen und Lehrer, die nach beendetem Studium ihre Tätigkeit in der Schule beginnen und im Beruf erste Erfahrungen und Eindrücke positiver und negativer Art sammeln, bewerten ihre Ausbildung nicht mehr aus der Sicht der Studierenden, sondern mit einem gewissen Abstand und eben auf der Grundlage dieser ersten Erfahrungen und Erlebnisse in der Schule und im Berufsleben, wobei die Art, wie sie die beruflichen Anforderungen meistern, wohl ihr Urteil über die Ausbildung beeinflussen mag. Es kann angenommen werden, daß ihre Wertungen der Ausbildung, ihrer Stärken und Schwächen, aus dieser ersten Kenntnis der Komplexität der beruflichen Anforderungen, sozusagen am „Ernstfall" orientiert sind. Es zeigt sich jedoch sehr deutlich, daß die Meinungen und Urteile der Studenten und Absolventen in der Tendenz weitgehend übereinstimmen, wenn auch bei letzteren ein Trend zu etwas positiveren Aussagen spürbar wird. Dieser Trend bezieht sich freilich eher auf die Ergebnisse und auch auf die Bedingungen der Ausbildung im allgemeinen, während deren Leistungen, speziell die der verschiedenen Ausbildungsbereiche hinsichtlich der Vorbereitung auf den Beruf, auf die Meisterung der beruflichen Anforderungen ebenso differenziert und kritisch bewertet werden.[70]

Die Erhebung des ZIJ (1987), in die 378 Absolventen unmittelbar nach Abschluß ihrer Ausbildung einbezogen wurden, macht das deutlich. Gefragt wurde zunächst, wie das Studium zur Ausprägung allgemeiner, nicht berufsspezifischer Fähigkeiten beigetragen hat:

Tabelle 104   Allgemeine Befähigung durch das Studium (n = 378, Angaben in G/$\bar{x}$ und in %)

Ich wurde befähigt,	G	deutliche Zustimmung in %
- fachliches Wissen selbstständig zu vertiefen	78	78
- Probleme zu erkennen	78	78
- mein Wissen anderen weiterzuvermitteln	77	81
- mich sprachlich auszudrücken	74	68
- meinen Standpunkt in der Diskussion fachlicher Probleme sachlich zu begründen	73	63
- Fakten zu merken	72	58
- schöpferisch zu denken	71	57
- schnell und sicher Entscheidungen zu treffen	71	56
- ein Kollektiv zu leiten	71	53
- andere für eine Aufgabe zu begeistern	68	49
- praktische Konsequenzen aus theoretischen Sachverhalten zu erkennen	68	47

Diese insgesamt doch recht positiven Wertungen, die bis zu einem gewissen Grad wohl der Art der Fragestellung (Bewertung der eigenen Fähigkeiten) geschuldet sein mögen, erfahren jedoch eine Relativierung, wenn Bedingungen und Leistungen stärker mit Blick auf die bevorstehende praktische berufliche Tätigkeit eingeschätzt werden:

Tabelle 105   Bewertung des Lehrerstudiums (n = 378, Angaben in G/$\bar{x}$ und %)

	G	deutliche Zustimmung in %
- Die Studenten hatten gute Bedingungen für das Studium	73	64
- Das Studium hat mich für meinen fachlichen Gegenstand begeistert	67	49
- Insgesamt bot es mir ausreichende Möglichkeiten zur selbstständigen wissenschaftlichen Arbeit	63	36
- Meine intellektuell-schöpferischen Fähigkeiten wurden voll gefordert	54	23
- Bereits während des Studiums bestanden gute Möglichkeiten, erworbene Kenntnisse in der Praxis anzuwenden	53	26
- In der Ausbildung wurden Theorie und Praxis gut verbunden	45	12
- Die Organisation des Studienprozesses war sehr effektiv	35	6
- Ich zweifle daran, daß die Erfüllung der an mich gestellten Studienanforderungen für meine berufliche Ausbildung sinnvoll war	52	26

(vgl. Tabelle 76)

Andererseits bekunden die Absolventen, in der Ausbildung eine positive Einstellung zur pädagogischen Tätigkeit, zum Lehrerberuf und zu ihren Studien- und Unterrichtsfächern gefestigt oder doch beibehalten (vgl. Abschnitt 2) zu haben.

Tabelle 106   Ausbildung und Lehrerberuf (n = 378, Angaben in G/$\bar{x}$ und %)

	G	Deutliche Zustimmung in %
- Meine Kontakte zur Schulpraxis haben mein Interesse an der Beschäftigung mit Kindern bestärkt	78	73
- Das Studium hat mich in meiner Entscheidung für meine Fachkombination bestärkt	71	60
- Das Studium hat mich in meiner Entscheidung für den Lehrerberuf bestärkt	63	39
- Mit meinem Studienfach fühle ich mich fest verbunden	70	58
- Mit meinem künftigen Beruf fühle ich mich fest verbunden	70	66
- Ich bin sicher, den künftigen beruflichen Anforderungen gerecht zu werden	70	66

Diese Ergebnisse machen eine interessanten Tendenz deutlich, die auch in anderen Untersuchungen nachweisbar ist: Zwar richtet sich die studentische Kritik vor allem auf die mangelnde berufliche Orientierung der Ausbildung, die große Mehrheit der Studenten und Absolventen bekundet jedoch eine relativ gefestigte Bindung an den Lehrerberuf und besitzt eine positive Berufseinstellung. Nun ist diese sicher nicht nur und wohl nicht einmal in erster Linie direktes Ergebnis der Ausbildung, sondern resultiert auch aus anderen Bedingungen und Prozessen der Persönlichkeitsentwicklung der Lehrerstudenten. Das wird z.B. auch in der Untersuchung von HEBEL (1976) deutlich, der Referendare (n = 876) nach den Quellen ihrer Kenntnisse und vorstellungen über den Lehrerberuf fragte:

Tabelle 107 Bedeutung von Informationsquellen über den Lehrerberuf (Angaben in %)

	große Bedeutsamkeit
- Eigene Schulzeit	72
- Gespräche mit Lehrern	36
- Schulpraktikum (1. Phase)	27
- Eigener Unterrichtsauftrag an einer Schule	18
- Pädagogische Erfahrungen im Studium	10
- Literatur über den Lehrerberuf	8
- Gespräche mit Hochschullehrern	5

Auf berufliche Einstellungen der Absolventen und jungen Lehrer ist noch einzugehen; zunächst sei zusammenfassend betont, daß Lehrerstudenten und Absolventen in gleicher Weise und mit gleichem Nachdruck auf Mängel in der Ausbildung insgesamt wie auch ihrer Bestandteile und Fächer hinweisen.[71] Sie betonen aus ihrer Sicht und ihrem Erleben die Reformbedürftigkeit der Lehrerausbildung vor allem in Hinblick auf

- den als unzureichend erlebten Berufs- und Praxisbezug der Ausbildung insgesamt,

- die mangelnde Beziehung zwischen Theorie und Praxis,[72]

- die ungenügende Qualität und Wirksamkeit der Lehre der Pädagogik und auch

- die unbefriedigende Vorbildwirkung von Hochschullehrern, die sich wenig als Lehrerbildner verstehen.

In engem Zusammenhang damit äußern die Absolventen, daß ihnen die Anwendung des in der Ausbildung erworbenen Wissens doch beträchtliche Schwierigkeiten bereitet.

Sehr deutlich weisen die Absolventen auf die mangelnde Koordinierung zwischen den Fächern und damit der Studienanforderungen hin und beklagen, daß sie zu wenig zur Zusammenführung, zur Integration und Synthese der im Studium getrennt nach Fächern und isoliert voneinander vermittelten Kenntnisse befähigt wurden; gerade dies wird ihnen aber in ihrer Tätigkeit als Lehrer abverlangt. (Siehe dazu Tabelle 47, die Ergebnisse der Erhebung von BAYER (1978) wiedergibt.)

In der Studentenbefragung Potsdam (10. Befragung - 1978) bewerteten die Lehrerstudenten am Ende ihrer Ausbildung (8. Semester) die Koordinierung der Studienanforderungen:

Tabelle 108   Koordinierung der Studienanforderungen (Angaben in G/$\bar{x}$)

	Gesamt n = 792	Potsdam n = 266	Dresden n = 208	Erfurt n = 318
- Wichtigkeit der Koordinierung	92	90	95	92
- Qualität der Koordinierung	43	40	43	47

Das Resümee, das LIEBRAND-BACHMANN (1981, S. 208) aus ihrer Auswertung von Forschungsarbeiten zur Lehrerausbildung zieht, dürfte gewiß einige Berechtigung haben. Sie stellt fest,

„- daß die Intentionen der Lehrenden in einer für die Studierenden nicht mehr transparenten Art und Weise divergieren und damit eine verhaltensverunsichernde Wirkung auf die Studierenden haben,

- daß sich die Intentionen der Lehrenden nicht mit den Erwartungen und Erfahrungen der Studierenden decken,

- daß die Lehrenden über mangelnde hochschuldidaktische Kompetenzen verfügen,

- daß die Hochschule unrealistische berufliche Zielstellungen und Erwartungen vermittelt und zwar insofern, als den Studierenden der Gegensatz zwischen den Forderungen der Hochschule nach Veränderung der Schulwirklichkeit und den faktischen Bedingungen und Widersprüchen, die einer Veränderung der Schulpraxis diametral entgegenstehen, nicht als Widerspiegelung gesamtgesellschaftlicher Widersprüche vermittelt wird,

- daß zwar zur Veränderung aufgefordert, aber die notwendige Handlungskompetenz dazu nicht vermittelt wird,

- daß die Studierenden keine Kenntnisse von den realen täglichen Arbeitsbedingungen und den vorhandenen Dispositionsspielräumen des Lehrers
erlangen,

- daß die Studenten aufgrund der mangelnden realen Erfahrungen der
Schulwirklichkeit ein unrealistisches Bild vom Schüler entwickeln bzw.
aus eigener Schulzeit mitbringen." [73]

In zahlreichen Untersuchungen (FLACH/KIRSCH 1972, FLACH u.a.
1973, BEHRENS 1980, CLOETTA/HEDINGER 1981 u.a.) wird der Versuch unternommen, Aufschlüsse darüber zu erhalten, für welche Bereiche
der beruflichen Tätigkeit, speziell des Unterrichts die Absolventen gut oder
weniger gut vorbereitet sind. Die Fragestellungen in solchen Untersuchungen sind unterschiedlich: Teils werden Absolventen (und auch ihre Mentoren
und Betreuer) direkt um Auskunft darüber gebeten, für welche Bereiche und
Aspekte ihrer pädagogischen Arbeit sie eine bessere Vorbereitung durch die
Ausbildung gewünscht hätten, teils wird ermittelt, für welche Bereiche sowohl eine gute Anleitung wie auch eigene intensive Bemühungen der jungen
Lehrer besonders notwendig erscheinen, schließlich wird auch aus der Ermittlung und Analyse von Schwierigkeiten in der Arbeit der Absolventen auf
die Notwendigkeit und auf Möglichkeiten der Verbesserung der Ausbildung
geschlossen.

Diese Arbeiten und ihre Ergebnisse sind nur bedingt miteinander vergleichbar; immerhin zeichnen sich einige Tätigkeitsbereiche bzw. -
anforderungen ab, für deren Bewältigung sich die jungen Lehrer nicht ausreichend gerüstet fühlen. Dazu gehören:

- die Beurteilung der Schüler, die Bewertung ihrer Leistungen und ihres
Verhaltens, die differenzierte Arbeit mit ihnen, in diesem Zusammenhang
auch die Meisterung von Disziplinproblemen;

- die methodisch geschickte und abwechslungsreiche Gestaltung des Unterrichts, die Motivierung und „Aktivierung" der Schüler, die Berücksichtigung und Nutzung ihrer Interessen auch über den Unterricht hinaus;
- die Zusammenarbeit mit den Eltern.

CLOETTA/HEDINGER (1981) befragten 815 junge Lehrer im Primarstufenbereich, welche Aufgaben und Anforderungen ihnen in ihrer schulischen Tätigkeit Schwierigkeiten bereiten. Zu den als besonders schwierig bewerteten Bereichen gehörten:

Tabelle 109 Besonders schwierige Aufgabenbereiche (Angaben in $G/\bar{x}$)

- Über die Versetzung oder das Sitzenbleiben von Schülern zu entscheiden	85
- Beurteilen, ab wann bei Problemschülern Spezialisten eingeschaltet werden müssen	80
- Den Leistungsstand der eigenen Klasse im Vergleich zu anderen Klassen beurteilen	80
- Auch uninteressante Themen anregend gestalten	76
- Methodische Probleme in den Fächern bearbeiten, die einem nicht liegen	75
- Möglichst objektive, gerechte und pädagogisch vertretbare Noten geben	73
- Die Eignung für die Sekundarstufe beurteilen	73
- Sich pädagogisch überlegt verhalten gegenüber Schülern mit Auffälligkeiten im Verhaltensbereich	72
- Einen längerfristigen Arbeitsplan (z.B. mit Zielen, Stoffaufteilung und Zeitbedarf) aufstellen	72
- Einen Elternabend organisieren und durchführen	71
- Erwünschtes Verhalten der Schüler (wie selbsttätige Arbeit, Diskutieren, Zusammenarbeit) gezielt und schrittweise aufbauen	71

Aus diesen Angaben und Ergebnissen lassen sich jedoch kaum unmittelbare Schlüsse für die Gestaltung der Ausbildung ableiten. Dagegen sprechen mehrere Gründe:

Die Ausbildung kann natürlich nicht direkt auf die Meisterung bestimmter unterrichtlicher und auch sonstiger Aufgaben des Lehrers vorbereiten; die ihr eigene Struktur, also sowohl die Gliederung nach Fächern wie die Logik und Systematik der Ausbildungsinhalte ist notwendigerweise eine andere als die Anforderungsstruktur der Lehrertätigkeit. Dieser Unterschied bzw. Widerspruch kann zwar in bestimmtem Maße verringert und gleichsam entschärft, aber nicht aufgehoben werden. Eine Entschärfung dieses Widerspruchs kann freilich nicht dadurch gelingen, daß in der Ausbildung die Bewältigung möglichst aller beruflichen Aufgaben und Anforderungen ausreichend „geübt" wird; möglich und notwendig ist jedoch die bessere Befähigung der Studierenden, das erworbene Wissen in pädagogischen Situationen zu nutzen und **anzuwenden**.

Zum anderen kann natürlich die Ausbildung keinen „fertigen" Lehrer liefern. Eine Einarbeitung in den Beruf, der Gewinn eigener pädagogischer Erfahrungen, damit auch die bewußte Arbeit der Absolventen an der Vervollkommnung ihres pädagogischen Könnens sind unerläßlich. Dabei bleibt es sicher notwendig, die jungen Lehrer bei ihrem beruflichen Start zu unterstützen und ihre Einarbeitungsphase erfolgreich gestalten zu helfen.

Die Absolventen beginnen ihre berufliche Tätigkeit an einer bestimmten Schule, in einer bestimmten Klasse, mit bestimmten Schülern. Die damit gegebenen konkreten Bedingungen der Schul- und Klassensituation kann die Ausbildung nicht vorwegnehmen, also gleichsam simulieren.

Schließlich ist schwer zu entscheiden, ob die Schwierigkeiten, die die jungen Lehrer erleben, tatsächlich substantiell und vorrangig auf Mängel ihrer Ausbildung zurückzuführen sind, oder ob sie nicht auch aus den allgemeinen Bedingungen und den objektiven Schwierigkeiten der Lehrertätigkeit in der Gegenwart resultieren. In Untersuchungen zur Qualität der unterrichtlichen Tätigkeit junger und erfahrener Lehrer (vgl. z.B. FLACH 1986) wurde zumindest deutlich, daß die Probleme bereitenden Bereiche dieser Tätigkeit bei beiden Lehrergruppen die gleichen sind, wenn auch die Art und der Grad, wie diese Probleme gemeistert werden, verständlicherweise unterschiedlich sind.

Es ist auch nachweisbar, daß die Arbeitsbedingungen der jungen Lehrer durchaus Einfluß auf das Erleben und auf die Qualität ihrer pädagogischen

Tätigkeit haben. Dabei zeigte sich in den in der DDR in den 70er Jahren durchgeführten Erhebungen (FLACH u.a. 1973, KÜHN/ZIMMERMANN 1975, BEHRENS 1980), daß über 80 % der befragten Absolventen mit ihrem Einsatsort durchaus zufrieden waren; fast 90 % waren fachgerecht eingesetzt, d.h. sie unterrichteten (fast) ausschließlich in den von ihnen studierten Fächern.

Daß der Beginn der Berufstätigkeit für die jungen Lehrer nicht problemlos verläuft, ist also leicht einzusehen; wie diese Probleme erlebt und bewältigt werden, ist wohl auch davon abhängig, wie stark die Bindung der jungen Lehrer an ihren Beruf ausgeprägt, wie stark ihre Berufseinstellung entwickelt ist. Allgemeiner Ausdruck dafür ist sicher die Bereitschaft und der Wille, sich gegebenenfalls erneut für den Lehrerberuf zu entscheiden. Eine entsprechende Frage wurde in mehreren Erhebungen gestellt. Dabei ähneln sich die Ergebnisse sehr stark, insbesondere treten hier bei Untersuchungen in der BRD und in der DDR keine gravierenden Unterschiede auf:

Tabelle 110 **Erneute Entscheidung für den Lehrerberuf (Angaben in %)** [74]

	auf jeden Fall	wahrscheinlich	kaum	auf keinen Fall	o.A.
HEBEL (1976) n = 864	25	52	18	5	-
BEHRENS (1980) n = 210	22	49	16	5	8
Studentenbefragung Potsdam (10. Befragung, 1978, n = 788) davon:	17	44	23	7	8
PH Potsdam (n = 265)	14	42	30	9	5
PH Dresden (n = 208)	27	44	17	5	6
PH Erfurt (n = 315)	13	45	22	7	13

Die tendenziell schlechteren Ergebnisse der Studentenbefragung entsprechen der Tatsache, daß Studierende gegen Ende und zum Abschluß ihres Studiums die Ausbildung, ihre Wirkung und Ergebnisse kritischer werten als Absolventen nach einiger beruflicher Erfahrung.

Inwieweit freilich die Ausbildung insgesamt zur Stabilisierung des Berufswunsches beiträgt und den Vorsatz und den Willen bekräftigt, als Lehrer gut zu arbeiten, ist schwer zu entscheiden und noch schwieriger empirisch zu belegen. Vorliegende Daten sind nicht sehr positiv und deuten wohl auch auf Bewertungsunsicherheiten bei den Befragten hin. In der Erhebung zur Absolventenbewährung (FLACH/KIRSCH 1972) wurde die Frage „Wie trug Ihre Ausbildung an der Hochschule zur Festigung ihres Berufswunsches und zur Entwicklung Ihres Willens bei, als Lehrer eine gute und verantwortungsbewußte Arbeit zu leisten?" mit $G/\bar{x}$ = 57 beantwortet, die ZIJ-Erhebung 1987 erbrachte auf eine vergleichbare Frage $G/\bar{x}$ = 63 (vgl. Tabelle 106).

In der folgenden Tabelle sind die Ergebnisse von Erhebungen aus den Jahren 1978 und 1979 zusammengefaßt. Mit Hilfe übereinstimmender Items wurde versucht, Aufschluß über die Berufseinstellung von Lehrerstudenten am Ende ihrer Ausbidung und von jungen Lehrern zu erhalten. Einbezogen wurden aus der Studentenbefragung Potsdam

- die 10. Befragung 1978 an drei Pädagogischen Hochschulen am Ende des 8. Semesters (1. Spalte)

- die 12. Befragung 1979, ebenfalls am Ende des 8. Semesters (2. Spalte)

- die Erhebung von JACOBS/NAWROCKI (1979) nach Abschluß des großen Schulpraktikums (3. Spalte)

- die Untersuchung von BEHRENS (1980) bei jungen Lehrern in den ersten drei Dienstjahren (4. Spalte)

Tabelle 111   Einstellung zum Lehrerberuf (Angaben in G/$\bar{x}$) [75]

	10. Befragung 1978 n = 768	12. Befragung 1979 n = 197	JACOBS/ NAWROCKI 1979 n = 78	BEHRENS 1980 n = 210
Die Arbeit des Lehrers hat große Bedeutung für den gesellschaftlichen Fortschritt	88	85	80	-
Der Lehrerberuf wird gesellschaftlich geachtet und anerkannt	53	50	51	73
Der Lehrerberuf fordert mehr als andere Berufe den Einsatz der ganzen Persönlichkeit	93	92	71	98
Der Lehrerberuf gefällt mir, weil er schöpferische Arbeit ermöglicht und verlangt	82	80	77	-
Der Lehrerberuf erfordert kontinuierliche und intensive Weiterbildung, vor allem im Selbststudium	88	85	78	95
Der Lehrerberuf erfordert ständige wissenschaftliche Arbeit, um den Bildungs- und Erziehungsprozeß richtig zu gestalten	85	82	78	97
Der Lehrerberuf bietet günstige Arbeitsbedingungen	47	43	-	53
Der Lehrerberuf gefällt mir, weil er mir hohe Verantwortung für die mir anvertrauten Kinder und Jugendlichen überträgt	82	78	71	82
Als Fachlehrer werde ich mich auf die gute Vermittlung des Stoffes konzentrieren	80	78	83	62
Das Schöne am Lehrerberuf ist, daß man Achtung und Anerkennung seiner Schüler verspürt	63	62	65	-

Wenn auch der Aussagewert solcher Erhebungen nicht überschätzt werden sollte, insbesondere was die Korrelation zwischen diesen verbalen Urteilen und dem tatsächlichen Verhalten (und auch Erleben) in der beruflichen Tätigkeit betrifft, so deuten in der DDR bei Studenten und jungen Lehrern gewonnene Ergebnisse doch darauf hin, daß der Übergang vom Studium zum Beruf, daß die Einarbeitungsphase zwar mit verständlichen Schwierigkeiten verbunden sind, daß aber die Einstellungen zum Beruf, zur pädagogischen Tätigkeit im wesentlichen konstant bleiben. Ein deutlicher

Einstellungswandel bei Absolventen und jungen Lehrern wie er in Untersuchungen in der BRD (z.B. MÜLLER-FOHRBRODT u.a., 1978) konstatiert und als „Praxisschock" interpretiert wurde, ist kaum feststellbar. Dieser Praxisschock wird als Folge des erlebten Widerspruchs zwischen einer von progressiven und liberalen Ideen geprägten, gesellschafts- und schulreformorientierten Ausbildung einerseits, einer konservativen, traditionellen, hierarchisch strukturierten Schulwirklichkeit andererseits gedeutet. Wenn ein solcher „Schock" bei Lehrerabsolventen in der DDR nicht in aller Deutlichkeit zutage tritt, so mag das einerseits als Indiz dafür gelten können, daß die Ausbildung stärker berufs- und praxisorientiert war. Andererseits wirkt sich hier wohl aus, daß diese Ausbildung konsequent auf die bestehende, als entwickelt und fortschrittlich, einer Reform nicht bedürftig erachtete und deklarierte Schulpraxis orientiert war. Der Gedanke, daß die Lehrerstudenten für eine weitreichende Reform und Weiterentwicklung der Schule und nicht nur für die Bewältigung der bestehenden und „bewährten" Schulpraxis auszubilden und vorzubereiten seien, lag der Lehrerbildung in der DDR fern. (Inwieweit es freilich realistisch ist, allein dem Lehrer eine echte Reform des Schulwesens zu überantworten, sei dahingestellt.)

Die mehrfach zitierte Erhebung des ZIJ aus dem Jahre 1987 allerdings liefert wichtige und interessante Hinweise dafür, daß in den 80er Jahren Lehrerstudenten in der DDR eine kritischere Distanz zu den Anforderungen und Bedingungen des Lehrerberufs und der Lehrertätigkeit gewannen. Das zeigt sich u.a. darin, daß persönliche und auf das soziale Umfeld bezogene Motive gegenüber berufs-, leistungs- und gesellschaftsbezogenen Beweggründen - zumindest im Vergleich zu früheren Erhebungen - einen höheren Stellenwert einnehmen:

Tabelle 112 Wichtigkeit allgemeiner Bedingungen für die berufliche Tätigkeit (n=378, Angaben in G/$\bar{x}$)

Für mich ist wichtig,	
- daß meine Tätigkeit interessant ist	95
- daß ich mich im Arbeitskollektiv wohlfühle	94
- daß ich gute Wohnbedingungen habe	92
- daß meine Tätigkeit nicht das Familienleben belastet	87
- daß ich selbständig arbeiten kann	87
- daß meine Tätigkeit der Studienrichtung entspricht	85
- daß ich in einer Gegend mit sauberer Umwelt leben kann	85
- daß ich mich weiterbilden kann	76
- daß ich gute berufliche Entwicklungsmöglichkeiten habe	73
- daß ich ein hohes Einkommen erhalte	62

Die gleiche Tendenz wird aus folgenden Antworten deutlich:

Tabelle 113 Einstellung zu allgemeinen beruflichen Anforderungen (n = 378, Angaben in G/$\bar{x}$)

Für meine berufliche Tätigkeit habe ich mir vorgenommen,	
- mein Leistungsvermögen voll auszuschöpfen	84
- im Arbeitskollektiv wegen meiner fachlichen Leistungen anerkannt zu werden	82
- mich aktiv für die Überwindung von Mängeln in der Arbeit einzusetzen	80
- Verantwortung zu übernehmen	77
- zur Leistungsspitze meines Arbeitskollektivs zu gehören	67
- in fachlicher Hinsicht Überdurchschnittliches zu leisten	59
- ein über die Einrichtung hinaus geachteter Fachmann zu werden	58
- eine gesellschaftliche Funktion zu übernehmen	56
- eine Leitungsfunktion zu übernehmen	46

Die in dieser Erhebung erfaßte Population wurde 1989 gebeten, über ihre berufliche Situation und ihre Erfahrungen im ersten Dienstjahr zu berichten (auf der Grundlage offener Fragen). In den Stellungnahmen kommen einerseits die Unterschiedlichkeit der ersten Berufserfahrungen, andererseits auch eine zunehmend kritische Haltung der Absolventen zum Ausdruck.

Einige Beispiele:

- „Trotz guter Vorbereitung an der Hochschule fällt es mir schwer, den Anforderungen im Beruf gerecht zu werden. Ich habe noch große Schwierigkeiten bei der Planung und Vorbereitung der Stunden. Oftmals sitze ich Stunden über der Vorbereitung, ohne daß mir eine Idee kommt. Es fällt mir auch oft schwer, meine Vorstellungen in die Tat umzusetzen. Außerdem habe ich in vielen Stunden große Disziplinschwierigkeiten."

- „Der Lehrerberuf an sich ist in den letzten Jahren nicht mehr ausführbar geworden - davon zeugen die in letzter Zeit stark ansteigenden Kündigungsraten. Ich bezweifle auch stark, daß sich was ändern wird, so daß in 20 Jahren Frau Honecker wohl alleine vor ihren Schülern steht."

- „Nachdem man viel gehört hat über den Beruf und alle anderen Umstände, war man eigentlich auf alles gefaßt. So nahm ich nichts tragisch. Arbeitsinhalt und geistige Anforderungen entsprechen den Vorstellungen, allerdings habe ich keine Zeit mehr für größere Hobbys bzw. größere Freizeitbeschäftigungen, da viel Zeit (auch am Wochenende) für Schule/Vorbereitung benötigt wird. Das ist die schwerste Umstellung. Betreut hat man mich kaum."

- „Große Hilfe durch das lange Praktikum. Inhalt und Anforderungen entsprechen schon den Vorstellungen und Erfahrungen; man muß lernen, Illusionen abzubauen."

- „Als Absolvent wurde mir alles aufgetragen, was andere nicht machen wollten (schlechtester Stundenplan, Übernahme einer Problemklasse als Klassenleiter)."

- „Der Start ins Berufsleben war sehr schwer. Allein die Umstellung vom Lernenden zum Lehrenden erfordert viel Kraft. Die sich nun auftürmenden Pflichten erschlagen den Lehrerabsolventen. Die tausend Kleinigkeiten, die sich zu einem Berg anhäufen, konnte ich im ersten Schuljahr nicht erfassen, geschweige denn erfüllen. Als Erschwernis kommt hinzu, daß ich zu meiner Arbeitsstelle 25 km fahren muß und auf Zug und Bus angewiesen bin. Die äußeren ungünstigen Arbeitsbedingungen beeinflussen meine Arbeitsfähigkeit sehr, da ich bis zu 10 Stunden täglich (und mehr) unterwegs bin.

Und nach diesen 10 Stunden beginnt die zweite Schicht, die Unterrichts-vorbereitung bzw. die Pflichten als Klassenleiter."

- „Vor allem die theoretische Ausbildung, nicht aber die praxisbezogene, haben mir etwas geholfen in der Einarbeitungsphase. Es waren vor allem eigene Stärken in der Fähigkeit im Umgang mit Kindern, die zum Erfolg der Arbeit beitrugen."

- „Die Betreuung seitens der Mentoren und des Kollektivs ist sehr gut, auch das Einleben ins Kollektiv fiel mir sehr leicht. Trotzdem bin ich seit einigen Monaten der Ansicht, daß ich mir nach drei Jahren eine andere Arbeit su-che, wenn sich an der momentanen Situation (kaum Freizeit für Erholung, Familie und Hobby, trotz ständigen Bemühens so wenig Erfolg - besonders auf dem Gebiet der Disziplin, dauernd Vertretungs- und Überstunden) nichts ändert. Im Moment bin ich noch etwas optimistisch, weil viele Leh-rer sagen, daß ihnen das anfangs auch so ging; aber das darf kein Dauer-zustand sein!""

- „Der Start ins Berufsleben gelang mir ohne Komplikationen. Das Kollek-tiv, welchem ich angehöre, ist ziemlich jung und machte mir die Einge-wöhnung leicht. Das 5. Studienjahr in meiner Fachrichtung gab mir viel, d.h., es bereitete mich optimal auf die Berufsanforderungen vor, die mich voll fordern und in denen ich Bestätigung und Anerkennung finde."

- „Das mit Abstand wichtigste Ziel ist, ein von den Schülern anerkannter und geachteter Lehrer zu sein, denn nur so kann man seine Arbeit für die Schüler wirksam gestalten. Ein weiterer wesentlicher Punkt ist, zu seiner eigenen Klasse ein aufgeschlossenes Verhältnis zu finden, in dem Pro-bleme der Schüler offen diskutiert werden können. Außerdem werde ich mich der besseren methodischen Gestaltung meines Unterrichts zuwen-den, was meiner Meinung nach auf dem Sammeln von Erfahrungen basie-ren muß."

Eine interessante Ergänzung zu solchen Befunden liefert die Erhebung von MEDE/KÜSTER, die 1991 Absolventen, junge und erfahrene Lehrer (Primarstufenbereich) zu beruflichen Einstellungen befragten und dabei Items aus Untersuchungen verwendeten, die in den 70er Jahren in der BRD durchgeführt wurden. Wir wählen Beispiele aus den Erhebungen von BOOS-NÜNNING (1979) und SUSTECK (1975):

Die untersuchungsmethodischen Probleme eines solchen Vergleichs (zeitlicher Abstand, andere Population) sollen hier nicht diskutiert werden. Bemerkenswert ist wohl der relativ hohe Grad an Übereinstimmung in Aussagen und Urteilen; aufschlußreich mögen aber auch die Bereiche (Items) sein, wo deutliche Unterschiede im Antwortverhalten auftreten. Bei Items, die der Erhebung von BOOS-NÜNNING entlehnt wurden ergab sich folgendes Bild:

Tabelle 114   Aspekt der Berufseinstellung von jungen Lehrern (Angaben in % für „deutliche Zustimmung")

Für die Erhebung MEDE/KÜSTER werden die Werte für Absolventen und junge Lehrer (0 bis 5 Dienstjahre, n = 143) und erfahrene Lehrer (über 5 Dienstjahre, n = 97) ausgewiesen.

	BOOS-NÜNNING	MEDE/KÜSTER	
	n = 432	j. L. n = 143	e. L. n = 97
Allgemeine Berufseinstellung			
1. Nirgendwo kann der Mensch seine Anlagen besser entfalten als im Berufsleben	18	38	53
2. Erst nach der Arbeit fängt das Leben richtig an	9	6	5
3. Wichtiger als das berufliche Vorwärtskommen ist ein harmonisches Familienleben	61	36	47
4. Ein Mensch, der nichts leistet, hat den Sinn seines Lebens verfehlt	29	63	68

	BOOS-NÜNNING	MEDE/KÜSTER	
		j. L.	e. L.
	n = 432	n = 143	n = 97
5. Der Beruf ist letztendlich doch nicht mehr als ein Mittel, um den Lebensunterhalt zu verdienen	7	10	10
6. Der Beruf sollte eine Tätigkeit sein, die einem viel freie Zeit läßt	28	14	13
7. Man sollte sich im Beruf mit allen Kräften einsetzen	81	88	94
Einstellung zum Lehrerberuf			
8. Die Schule sollte die Änderung des Gesellschaftssystems einleiten	15	12	18
9. Ich will Lehrer werden, weil dieser Beruf in unserer Gesellschaft eine große Bedeutung hat	13	10	7
10. Wer nicht bereit ist, zum Wohl der Kinder seine eigenen Interessen zurückzustellen, sollte nicht Lehrer werden	64	71	87
11. Der Unterricht des Lehrers sollte öfter analysiert und kritisiert werden	67	43	34
12. Lehrer sollten nach Leistung und nicht nach Dienstjahren bezahlt werden	33	59	43
Einstellung zur Lehrertätigkeit			
13. Nicht gute Examina, sondern die Bewährung in der Praxis machen einen guten Lehrer aus	85	87	93
14. Lehrer haben bei ihrer Unterrichtsgestaltung nur geringe Freiheit	7	8	13
15. Den Schülern sollte bei den Lehrplänen ein Mitspracherecht gegeben werden	20	30	23
16. Ich halte es für gut, wenn Schüler den Unterricht der Lehrer kritisieren	59	31	38
17. Man kann den Schüler nicht nur als Erziehungsobjekt betrachten, sondern muß seine ganze Persönlichkeit berücksichtigen	98	98	99
18. Als Lehrer braucht man weniger Psychologie- und Soziologiekenntnisse als vielmehr Einfühlungsvermögen	17	17	19

Wie bereits erwähnt, zeigen die Ergebnisse zunächst ein höheres Maß an Übereinstimmung, als vielleicht erwartet werden durfte. Das gilt für die Bewertung der gesellschaftlichen Rolle der Schule und der Lehrer (Items 8 und 9); für wesentliche Bedingungen der Lehrertätigkeit (Items 14, 15, 18);

schließlich auch für die Betonung der pädagogischen Verantwortung des Lehrers (Items 7, 10, 17). Bemerkenswert ist wohl auch, daß bei den Items 11, 15 und 16 die Unterschiede in den Wertungen geringer ausfallen, als angesichts der Verbindlichkeit der Lehrpläne und der offiziellen Konzeption von Unterricht in der DDR zu erwarten war. Trotzdem sind diese Unterschiede doch von einigem Belang (s.u.). Auffällig ist, daß die von MEDE/KÜSTER befragten Primarstufenlehrer anscheinend eine „strengere" bzw. ernstere allgemeine Berufseinstellung bezeugen. (Items 1, 3, 4 und 6).

Auch der Vergleich mit Ergebnissen der Untersuchung von SUSTECK läßt die Tendenz zu relativ übereinstimmenden Meinungen und Positionen erkennen, zeigt aber ebenso interessante Unterschiede. Wir stellen in der folgenden Tabelle die Aussagen der von SUSTECK befragten Junglehrer (0 bis 4 Dienstjahre, n = 193) und der Absolventen und jungen Lehrer (0 bis 5 Dienstjahre, n = 143) bei MEDE/KÜSTER gegenüber:

Tabelle 115 Berufseinstellung junger Lehrer (Angaben in % für „deutliche Zustimmung")

	SUSTECK	MEDE/KÜSTER
1. Die Gesellschaft verweigert dem Lehrer die Anerkennung, die ihm gemäß seiner bedeutenden Aufgabe zusteht	42	54
2. Der Lehrerschaft sollte das Streikrecht zugestanden werden	71	71
3. Wesentlicher, als zur Anpassung an die bestehenden Verhältnisse zu führen, ist der Auftrag der Schule, die Heranwachsenden zu politischen und sozialen Veränderungen zu befähigen	76	30
4. Die schulischen Lerninhalte sind im großen ganzen veraltet	50	9
5. Schulische Lerninhalte sollten sich mehr als bisher auf künftige Verwendungssituationen im beruflichen und außerberuflichen Leben der Schüler beziehen	72	80
6. Die Organisationsform der Klasse sollte von Kursen abgelöst werden, die Schüler mit etwa gleichem Informationsstand unter einer spezifischen Themenstellung für einen befristeten Zeitraum aufnehmen	63	29

	SUSTECK	MEDE/KÜSTER
7. Die Wirksamkeit des Unterrichts wird erhöht, wenn Lehrer die Lektionen gemeinsam planen, durchführen und überprüfen	90	54
8. Hausaufgaben sind notwendig, um die Schüler zum Fleiß zu erziehen	10	43
9. Um die Schüler anzuspornen, muß die Möglichkeit des „Sitzenlassens" erhalten bleiben bzw. verstärkt ermöglicht werden	11	36
10. Ein guter Lehrer erzielt in jeder Klasse gute Leistungen	18	33
11. Wegen der Ablehnung andersartiger Berufsvorstellungen und unkonventioneller Wege durch erfahrene Kollegen erlischt oft das Engagement junger Lehrer	66	56

Auch hier werden weitgehend übereinstimmende Auffassungen bekundet (Items 1, 2, 5, 11); die differierenden Wertungen legen jedoch die Interpretation nahe, daß die von MEDE/KÜSTER befragten Probanden insofern weniger innovationsorientiert sind, als sie bezüglich Funktion und Inhalt des Unterrichts (Items 3 und 4) wie auch hinsichtlich dessen Organisation, des „pädagogischen Regimes" in der Schule zu eher traditionellen Positionen neigen (Items 6, 7, vor allem 8 und 9) in denen wohl die Erfahrungen mit der Bildungs- und Unterrichtskonzeption in der DDR und die Ergebnisse an dieser Konzeption orientierten Ausbildung spürbar werden.

8 Reform der Lehrerausbildung?

Der Versuch, den Zustand, die Qualität, die Wirksamkeit der Ausbildung von Lehrern aus der Sicht der Adressaten, der Lehrerstudenten darzustellen, führt zu der Feststellung, daß die kritischen Stimmen, daß skeptische Urteile doch recht eindeutig dominieren. Das gilt für die Ausbildungssysteme in beiden deutschen Staaten, in der Bundesrepublik und in der DDR trotz aller strukturellen und inhaltlichen Unterschiede, wobei die weitgehende Übereinstimmung in den Bewertungen und Urteilen sich deutlicher zeigt als eigentlich erwartet werden konnte. Die Befunde können in ihrer ausgeprägt kritischen Tendenz als Indiz für einen spürbaren Reformbedarf in der Lehrerausbildung in Deutschland gewertet werden.

Ist eine solche Aussage gerechtfertigt? Haben nicht vielleicht die Fragestellungen und das Interesse der Autoren - sowohl dieser Arbeit wie der ausgewerteten Untersuchungen - diese kritische Tendenz erst mitverursacht, zumindest aber bevorzugt betont? Dagegen spricht zumindest die Tatsache, das eigentlich alle uns zugänglichen empirischen Erhebungen zu weitgehend vergleichbaren und eben kritischen Ergebnissen und Wertungen gelangen; dagegen spricht ebenso, daß diese Befunde im Grundsätzlichen korrespondieren mit Aussagen in anderen, nicht empirischen wissenschaftlichen Arbeiten über die Ausbildung von Lehrern. Selbst wenn man konzidiert, daß wissenschaftliche Arbeiten (theoretischer und empirischer Art) ihrer Natur nach zu kritischer Betrachtung verpflichtet sind, so sind doch die Übereinstimmung und die Deutlichkeit der Wertungen und Meinungen der Lehrerstudenten so offensichtlich, so stark, daß sie offenbar echte Problemfehler gegenwärtiger Lehrerausbildung markieren und sichtbar machen.

Auch das Argument, daß die Lehrerstudenten aus verständlichen Gründen dazu neigen, ihre Studienbedingungen, mit denen sie sich täglich auseinandersetzen, die sie bewältigen müssen, unter denen sie eventuell auch leiden, eher negativ als positiv zu beurteilen, ist zwar nicht ganz von der Hand zu weisen, es erklärt aber nicht die Tatsache der eindeutigen Konzentration der kritischen Wertungen auf die Bereiche, die durchgängig als die problematischen Bereiche der Lehrerausbildung betrachtet und gleichsam diagnostiziert werden. Überdies wird dieses Argument entkräftet durch die doch recht differenzierten und in der Tendenz positiveren Wertungen der Studenten bei Ansätzen und Bemühungen, durch Modellversuche, Ausbildungsvarianten u.ä. die gängige Praxis der Ausbildung partiell zu verbessern.

Es wird auch sichtbar - und dies sicher ebenfalls nicht zufällig -, daß die Schwerpunkte der studentischen Kritik über den gesamten Zeitraum von mehr als zwanzig Jahren, dem die einbezogenen Untersuchungen entstammen, im wesentlichen die gleichen geblieben sind. Die strukturellen Veränderungen in der Lehrerausbildung, die in dieser Zeit in beiden deutschen Staaten vollzogen wurden, sind ohne entscheidenden Einfluß auf die Bereiche geblieben, die von den Lehrerstudenten als besonders problematisch erlebt werden. Das gilt für den weitgehenden Übergang zur universitären und zweiphasigen Ausbildung in der BRD wie für die Einführung des fünfjährigen Studiums mit schulpraktischem letzten Studienjahr in der DDR. Allerdings ist folgender Trend nicht zu übersehen: Die Ausbildung an den ehemaligen Pädagogischen Hochschulen in der Bundesrepublik und an den Instituten für Lehrerbildung in der DDR wird tendenziell positiver bewertet, insbesondere hinsichtlich der Orientierung auf die beruflichen Anforderungen und des pädagogischen Klimas an der Einrichtung selbst. Insofern ist die Annahme nicht unberechtigt, daß die als Notwendigkeit und Fortschritt dargestellte „Verwissenschaftlichung", d.h. die wissenschaftsorientierte, dem traditionellen universitären Wissenschafts- und Bildungsverständnis verpflichtete Ausbildung der Lehrer (vgl. Abschnitt 3) im Erleben der Studenten durchaus nicht eindeutig als ein tatsächlicher Fortschritt reflektiert wird. Dies korrespondiert mit jenen zahlreicher und auch deutlicher werdenden Auffassungen, die auf Grenzen und Probleme einer solchen Verwissenschaftlichung der Ausbildung künftiger Lehrer hinweisen (vgl. z.b. HÄNDLE/NITSCH, 1981; BAYER u.a., 1982; SCHRECKENBERG, 1984; HÜBNER, 1988).

Als Problemfelder, als kritische Bereiche der Lehrerausbildung werden von den Studierenden, wie in unseren Darlegungen wohl verdeutlicht werden konnte, vor allem folgende Aspekte genannt und gleichsam identifiziert:

- Die mangelnde Berufsbezogenheit der Ausbildung, die als ungenügende Berücksichtigung der beruflichen Anforderungen, als mangelhafte Vorbereitung auf deren Bewältigung, als zu geringe Präsenz beruflicher, d.h. praktisch-pädagogischer Tätigkeiten in der ersten Phase und als Mangel an beruflich relevanten und motivierenden Lehrinhalten erlebt wird. Dabei wird der Vorwurf einer einseitig praktizistischen, lediglich kurzschrittig beruflich-praktische Fertigkeiten anstrebenden Einstellung der Studenten, der manchmal als Gegenargument gegen die Forderung nach mehr Berufsbezogenheit dient, durch die Ergebnisse der Erhebungen selbst zurückgewiesen.

- Die unzureichenden Wechselbeziehungen zwischen Theorie und Praxis als ein Kernproblem der universitären Lehrerbildung. So wenig real die Vorstellung von einer undifferenzierten „Einheit" von Theorie und Praxis ist, so sehr die Berücksichtigung des Unterschieds, der Eigenständigkeit und Eigengegensätzlichkeit beider Seiten erforderlich ist, so notwendig ist die Vermittlung von Theorie und Praxis in einer Ausbildung, die die künftigen Lehrer effektiv auf ihre künftige berufliche Tätigkeit vorbereiten will. Die Studenten empfinden und bemängeln die Trennung von Theorie und Praxis unter inhaltlichem Aspekt als eine praxisferne, die Praxis unzureichend oder auch falsch widerspiegelne Theorie einerseits, als eine theorielose, auf bloße Erfahrungen und auf Einüben gegründete Praxis andererseits. Sie erkennen kaum die praxisleitende und noch weniger die praxisverändernde Funktion von (geeigneter) Theorie und erfahren unzureichend die Möglichkeiten theoretischer Aufklärung und Reflexion von Praxis. Deutlich wird von ihnen die Forderung artikuliert, in die „theoretischen" Ausbildungsphasen (erste Phase bzw. erste Studienjahre im DDR-Ausbildungssystem) mehr praktische Ausbildungsformen einzubeziehen; dabei wird betont, daß eigene praktische pädagogische Tätigkeit wichtig und wertvoller sei als bloßes Beobachten und Hospitieren. Die Einsicht, daß diese Tätigkeit der theoretischen Fundierung und Reflexion bedarf, wird von den befragten Studenten durchaus bekundet und zeigt sich in der Kritik an der Unverbundenheit von Theorie und Praxis auch in den praktischen Ausbildungsabschnitten.

- Im engen Zusammenhang damit wird von den Lehrerstudenten der Wunsch artikuliert, besser für die beruflichen Anforderungen vorbereitet zu werden, d.h. mehr berufliche Kompetenz bzw. pädagogisches Können zu erwerben. Im Studium dominieren Vermittlung und Aneignung von Wissen; die Entwicklung von Fähigkeiten, das Befähigen, mit diesem Wissen umzugehen, es anzuwenden, und zwar in der beruflichen Tätigkeit, kommt demgegenüber vor allem in den theoretischen Ausbildungsphasen zu kurz; die verstärkte Trennung von theoretischen und praktischen Ausbildungsabschnitten (Zweiphasigkeit bzw. Konzentration der schulpraktischen Ausbildung im letzten Studienjahr) behindert die kontinuierliche Herausbildung beruflicher Kompetenz im Zusammenwirken von Wissenserwerb und -anwendung.

- Diese Trennung bestimmt auch wesentlich die Kritik an der inhaltlichen und organisatorischen Gestaltung der Ausbildung; sie führt - auch nach Meinung der Studierenden - zu einer gewissen Unverbindlichkeit der

Ausbildungsinhalte der ersten Phase im Hinblick auf die Anforderungsstruktur des Berufsfeldes und insbesondere zu einer Gestaltung des Prüfungswesens, die die Reproduktion angelernten Wissens gegenüber dem Nachweis erworbener Kompetenzen eindeutig favorisiert. Insbesondere aber beklagen die Lehrerstudenten die mangelnde Koordinierung der vielfältigen Studienanforderungen, die sich ergeben aus der „Vielfächrigkeit" des Lehrerstudiums, genauer: aus der Aufsplitterung der Ausbildungsfächer in immer neue Lehrgebiete und Einzelthemen, die meist unverbunden nebeneinander stehen und das Studienangebot oft als kaum durchschaubares Konglomerat erscheinen lassen, das ohne spezielle Studienberatung schwer zu meistern ist. Aus dieser Sicht wird die Forderung nach Integration zu einem zentralen Aspekt der studentischen Reformwünsche.

Diese Zusammenfassung der Schwerpunkte der kritischen Einschätzungen und Bewertungen der Lehrerstudenten dürfte deutlich machen, daß sie weitgehend übereinstimmen mit den Forderungen, die seit längerem von progressiven Pädagogen und Lehrerbildnern, die Reformen der Ausbildung anstreben, artikuliert und begründet werden. Trotzdem ist natürlich zu fragen, ob ein solcher ernsthafter Reformbedarf tatsächlich besteht und - was eigentlich noch wichtiger ist - ob unter den gegebenen Bedingungen echte Reformen möglich sind.

Nun gibt es tatsächlich eine Reihe gewichtiger Argumente (wobei gewichtig nicht fundiert heißen muß), die die Reformbedürftigkeit der Ausbildung zunächst in Frage stellen. Das bekannteste und praktisch einflußreichste ergibt sich aus der Meinung, daß das jeweils bestehende Ausbildungssystem sich bewährt habe, daß es Lehrer liefere, die ihren Aufgaben in der Schule doch recht gut gerecht werden, das als gut bis vorbildlich bewertete Bildungsniveau dieser Schule sichern helfen und die erforderliche Stabilität und Kontinuität im Bildungssektor zu gewährleisten in der Lage sind. Besonders in der ehemaligen DDR trug diese These, daß sich die Bildungs- und Schulpolitik stets bewährt habe, zu einer eher trügerischen Stabilität bei, die nur partielle Veränderungen und Anpassungen und keine weitreichenden Reformen zuließ. Damit war auch die Position eng verbunden, daß die Ausbildung die künftigen Lehrer ebenfür die bestehende Schule und deren Anforderungen und Bedingungen, für die „optimale Umsetzung des Lehrplanwerkes" u.ä. vorbereiten und befähigen müsse.

Die Tatsache, daß die Mehrzahl der Lehrerabsolventen - trotz unbestreitbarer Anfangsschwierigkeiten bis hin zum oft und gern konstatierten „Praxisschock" - die beruflichen Anforderungen und Aufgaben bewältigt, läßt sich auch als Argument dafür nutzen, daß die Ausbildungsstrukturen möglichst gut den bestehenden Schulstrukturen entsprechen sollten, daß also z.B. das in der Bundesrepublik dominierende dreigliedrige Schulsystem seine Entsprechung in unterschiedlichen Studiengängen und Ausbildungsqualifikationen finden müsse. Insgesamt stützt dieser Verweis auf die allgemeine berufliche Bewährung der Absolventen die konservativen Positionen, die das bestehende Schul- und Lehrerbildungssystem unverändert beibehalten wollen.

In ähnlicher Richtung wirkt das scheinbar entgegengestzte Argument, wonach der Ausbildung nur bedingt die Potenz und Wirkung zugesprochen wird, berufliche Befähigung und Kompetenz hervorzubringen: Diese Kompetenz könne sich erst in der Praxis, in der beruflichen Tätigkeit entwickeln, sie beruhe auf Erfahrung, auf Übung, auf Fertigkeitsentwicklung usw. Das Studium könne nur allgemeine Voraussetzungen schaffen, den wissenschaftlichen und kulturellen Horizont erweitern, es trage Notwendiges zur Persönlichkeitsentwicklung bei, eine direkte Berufsvorbereitung könne nicht sein Anliegen sein. Letztlich hinge es von der Persönlichkeit des Lehrers ab, ob er beruflich erfolgreich und ein guter Lehrer sei. (Die These vom „geborenen Erzieher" vermag solche Argumente zu stützen.)

Auf einer etwas anderen Ebene wird die Meinung vertreten, daß die Bedingungen, unter denen der Lehrer arbeitet (Klassenunterrichtssystem, Klassenfrequenzen, Unterrichtsstunde, Lehrplan bzw. curriculare Vorgaben, Lehrbücher, Schulaufsicht usw.), die Art und Weise seiner Tätigkeit sehr stark bestimmen, stärker jedenfalls als die Ergebnisse seiner Ausbildung. Zur Bekräftigung wird manchmal auf die Tatsache verwiesen, daß nicht wenige Lehrer ohne alle Ausbildung - ein gewisses natürliches Geschick voraussetzt - mit den beruflichen Anforderungen zurechtzukommen. Folgt man solchen Argumenten, erscheint, ein wenig zugespitzt formuliert, als wichtiges Ergebnis der Ausbildung nicht die berufliche Befähigung, sondern das Zertifikat, der Berechtigungsschein für die Ausübung des Lehrerberufs.

Sicher sind in der Literatur solche Argumente selten in dieser deutlichen Form zu finden, was indes nicht heißt, daß sie nicht wirksam wären. Sie erhalten sogar einen rationellen Kern insofern, als die Ausbildung tatsächlich nicht den „fertigen" Lehrer liefern kann. Es bedarf immer eines bestimmten Maßes an beruflicher Erfahrung, einer Einarbeitungsphase, damit der junge Lehrer die volle berufliche Kompetenz, im Idealfall die „pädagogische Meisterschaft" erwirbt. Dazu sind einerseits Fortbildungsangebote, andererseits Motivation und Anstrengungen des Junglehrers selbst erforderlich. Indes: Es ist wesentlich von der Art und Qualität der Ausbildung abhängig, wie der Absolvent diese Einarbeitungsphase meistert, anders gesagt, wie die Befähigung zur beruflichen Selbstbildung bei ihm entwickelt ist. Und es ist eine wichtige, bisher sowohl praktisch wie theoretisch unzureichend gemeisterte Aufgabe - und ein Teilaspekt einer Reform der Lehrerbildung -, genauer zu bestimmen, wie und in welchem Maße die Ausbildung insgesamt und wie deren verschiedene Bestandteile gemäß ihrer Spezifik bewirken können, daß die Ergebnisse dieser Ausbildung so direkt wie möglich in der Tätigkeit des jungen Lehrers zum Tragen kommen und den Übergang von der „Logik" akademischen Studiums zur „Logik" der Lehrertätigkeit erleichtern.

Die erwähnten Argumente, die einen Reformbedarf in der Lehrerausbildung in Frage stellen und sich gegen Reformabsichten wenden, sind sicher weniger theoretisch artikuliert als praktisch wirksam. Wichtiger indes ist die Frage, ob die gegenwärtigen politischen und bildungspolitischen Bedingungen und Machtverhältnisse in den neuen und alten Bundesländern eine Reform, eine Weiterentwicklung der Lehrerausbildung erfordern, ermöglichen oder wenigstens begünstigen. Diese Frage muß wohl eher verneint werden. Zwar werden seit längerem in nahezu allen westdeutschen Publikationen zur Lehrerbildung Reformbedürftigkeit konstatiert und Reformvorschläge formuliert und angeboten; in der ehemaligen DDR konnten Gedanken zur Weiterentwicklung der Lehrerbildung zwar in Manuskripten und internen Papieren artikuliert, weit weniger aber in Publikationen zur Diskussion gestellt werden.

Indes hatten und haben Vorstellungen und Vorschläge zur Lehrerbildungsreform wenig Chancen, gehört oder gar verwirklicht zu werden, so einsichtig und begründet sie in Publikationen auch erscheinen mögen.[76] Es sind gewichtige und handfeste politische und bildungspolitische Gegebenheiten, die Reformideen als nicht zeitgemäß und ihre Verwirklichung als gegenwärtig aussichtslos erscheinen lassen:

- Nach dem Beitritt der DDR zur Bundesrepublik wurde das westdeutsche Lehrerbildungssystem relativ schnell, auf jeden Fall aber konsequent in den neuen Bundesländern installiert, was nicht nur Umgestaltung, sondern auch weitreichenden Abbau der ostdeutschen Einrichtungen bedeutete. Die Frage, ob das Lehrerbildungssystem der DDR auch positive, bewahrenswerte Merkmale und Erfahrungen aufwies, wurde erst gar nicht ernsthaft gestellt. Die Übertragung des bundesrepublikanischen Systems auf ganz Deutschland führt objektiv zunächst zu einer Stabilisierung und Stärkung dieses Systems. In diesem Prozeß der Angleichung haben reformerische Ideen und Absichten auch subjektiv, d.h. bei den Lehrerbildnern selbst kaum eine

Chance, da die Sorge um den Erhalt des Arbeitsplatzes bei den einen, der Wettlauf um die Professorenstellen bei den anderen, eindeutig im Vordergrund stehen und dominieren.

- Bei der in den 70er Jahren unter dem Motto „Verwissenschaftlichung" durchgeführten Umgestaltung der Lehrerausbildung in der Bundesrepublik hat sich das überkommene Modell der universitären und zweiphasigen Ausbildung weitgehend durchgesetzt und bewirkte - trotz zunehmend kritischer Stimmen - eine nicht zu unterschätzende Stabilisierung dieses Systems. Die Vorstellungen reformerischer Kräfte wurden eher enttäuscht als substantiell verwirklicht, Reformversuche wurden, auch wenn Erprobungen erfolgreich verliefen, abgebrochen. Über die zweite Phase und über den Ausbau der Prüfungsordnungen hat der Staat seinen Einfluß auf die Lehrerausbildung verstärkt; der Beamtenstatus, der den Lehrern finanzielle und soziale Vorteile bringt, wirkt indirekt stabilisierend auf das Ausbildungssystem, das den Erwerb dieses Status ermöglicht, zurück. Die lehrerbildenden Bereiche der Universität sind der Konkurrenz der pädagogischen Hochschulen, die zwar nicht eingestanden, aber doch wirksam war, entledigt, das traditionelle Selbstverständnis dieser Bereiche, das Berufsvorbereitung als der Universität unangemessen betrachtet (vgl. Abschnitt 3), wird damit gestärkt. Der Ausschließlichkeitsanspruch auf Wissenschaftlichkeit d. h. Wissenschaftsorientiertheit der Ausbildung erschwert die Akzeptanz und die vorurteilsfreie Diskussion reformerischer Ansätze. Nicht zuletzt hilft die auf Berufsvorbereitung ausgerichtete zweite Phase - trotz aller Problematik ihrer Oraganisation und Wirksamkeit (vgl. Abschnitt 6) - die Mängel der ersten Ausbildungsphase zu entschärfen und weniger spürbar bzw. folgenreich zu machen.

- Der gegenwärtig noch bestehende „Lehrerüberschuß" und die daraus folgende Lehrerarbeitslosigkeit lassen eine progressive Reform der Ausbildung als nicht aktuell erscheinen, vielmehr dienen sie als Argument für den

Abbau von Ausbildungskapazitäten, der sich besonders deutlich in den neuen Bundesländern vollzieht. Nun ist natürlich der Lehrerüberschuß ein Produkt der Finanzpolitik, die eine Reduzierung von Klassenfrequenzen und Pflichtstundenzahlen nicht zuläßt. Und da sich die proklamierte Sparpolitik des Bundes, nicht zuletzt mit den „Kosten der Einheit" begründet, mit Sicherheit vor allem im Sozial- und Bildungsbereich auswirken wird, ist eine wesentliche Veränderung der Situation wohl nicht in Sicht. Insofern dürften auch die Hoffnungen, daß im nächsten Jahrzehnt der Bedarf an Lehrern steigen und sich positiv auf die Ausbildungssituation auswirken wird, wenig real sein. In den neuen Bundesländern wird überdies das rapide Sinken der Geburtenrate auch längerfristig den finanzpolitisch errechneten Lehrerbedarf weiter verringern.

- Schließlich ist auch nicht zu erwarten, daß die Bestrebungen zur europäischen Einigung (im Rahmen der EU) Reformimpulse für die Lehrerbildung auslösen oder wenigstens begünstigen werden, obwohl die Unterschiedlichkeit der Ausbildungssysteme (mit Dominanz einphasiger Formen) zumindest Überlegungen über ein höheres Maß an Vergleichbarkeit und Kompatibilität nahelegt. Gegenwärtig jedoch wird eine Abwehrhaltung etabliert, wie das z.B. der Beschluß der Kultusministerkonferenz vom 5. 10. 1990 deutlich macht, die die Verteidigung und Beibehaltung des bundesrepublikanischen Lehrerbildungssystems postuliert. Sicher wird die europäische Einigung, sofern sie möglich und ernsthaft gewollt ist, auch Auswirkungen auf den Bildungssektor haben müssen, jedoch dürfte dies erst in fernerer Zukunft sich zeigen; gegenwärtig dominieren eher Widerstände gegen solche Konsequenzen und richten sich notwendigerweise auch gegen Reformbestrebungen.

So dürfte insgesamt die Feststellung richtig sein, daß in absehbarer Zeit für eine progressive Veränderung der Lehrerausbildung, gerichtet auf jene

Problemfelder, die gerade aus der Sicht von Lehrerstudenten Reformbedarf deutlich machen, wenig Chancen bestehen.

Indes bezieht sich diese Aussage zunächst vorwiegend auf strukturell-organisatorische Veränderungen, also auf „äußere" Reformen. Dazu würden etwa der Übergang zu einer einphasigen Ausbildung oder zumindest die sinnvolle Verzahnung und Verbindung beider Phasen zählen, weiterhin Veränderungen in den Proportionen zwischen den Ausbildungsbereichen, natürlich auch der Abbau der Unterschiede (nach Dauer und Wertigkeit) zwischen den Ausbildungsgängen der Lehrer für verschiedene Schularten bzw. Schulstufen. Jedoch schließt diese Situation nicht aus, sondern erfordert geradezu, daß überall dort, wo Spielräume vorhanden sind, engagierte Lehrerbildner neue Wege suchen und bessere Lösungen erproben.

Überdies machen die referierten kritischen Wertungen und Erfahrungen der betroffenen Lehrerstudenten auch deutlich, daß viele der erlebten und angemahnten Unzulänglichkeiten durch strukturelle und organisatorische Maßnahmen allein kaum zu beeinflussen und schon gar nicht zu überwinden sind. Die Lehrerausbildung bietet ein weites Feld für „innere" Reformen, die nur durch die und mit den Lehrerbildnern möglich sind. Wenn in den letzten Jahren verstärkt über die zunehmende Einflußnahme des Staates und der Schulbürokratie auf die Lehrerausbildung, über die staatliche „Landnahme", etwa durch Prüfungsordnungen, geklagt und die Erhaltung der akademischen Freiheiten und Freiräume angemahnt wird, so macht dies dann und nur dann einen wirklichen Sinn, wenn solche Freiräume für die Verbesserung der Ausbildung der künftigen Lehrer genutzt und fruchtbar gemacht werden. Und zweifellos haben die Lehrerbildner nicht nur Verantwortung, sondern auch weitreichende Möglichkeiten, eine solche Verbesserung zu bewirken. Wichtige Anliegen einer Lehrerbildungsreform, also eine stärkere berufliche Orientierung der Ausbildung, ein engerer inhaltlicher Theorie-Praxis-Bezug, eine Überwindung der disziplinären Zersplitterung des Lehrerstudiums usw.

lassen sich durch organisatorische Veränderungen, in diesem Sinne durch äußere Reformen nicht verwirklichen, bestenfalls unterstützen.

Vereinfacht könnte man sagen, daß für die Lehrerbildner die Anerkennung und Meisterung ihrer „Doppelfunktion" (vgl. Abschnitt 3) eine entscheidende Voraussetzung ist, um die innere Reform der Ausbildung auf den Weg zu bringen.

Freilich sind die dafür notwendigen Fortschritte im Selbstverständnis der Lehrkräfte, im Verständnis von Wissenschaft und Wissenschaftlichkeit, des Verhältnisses von Lehre und Forschung, des Charakters akademischer Ausbildung als beruflich orientierter Befähigungsprozeß sicher nicht leicht zu erreichen, zumal sowohl traditionelle Rollenvorstellungen wie auch greifbare Standesinteressen dem entgegenstehen. Und natürlich ist dies auch nicht nur ein Problem des einzelnen Lehrerbildners, sondern hat eine theoretische Dimension, die insbesondere die Bereiche und Arbeitsgebiete der Wissenschaftstheorie und der Hochschulpädagogik bzw. Hochschuldidaktik (die Wissenschaftsdidaktik hier dazugerechnet) berührt. Lediglich zwei Problemkreise - neben dem in Abschnitt 3 diskutierten Verhältnis von Wissenschaftsorientierung und Berufsbezogenheit - seien dazu als Beispiele nochmals genannt:

- Wie ist die Wechselbeziehung von Wissenschaftsdisziplin und Lehrgebiet unter Berücksichtigung der Zielstellungen der Lehre und des Verwendungszwecks ihrer Ergebnisse produktiv zu gestalten?
- Inwieweit ist die Pädagogik als Handlungswissenschaft zu verstehen und zu entwickeln und vor allem in der Ausbildung von Lehrern auch so zu gestalten?

Der Verweis auf Notwendigkeiten und Möglichkeiten der inneren Reform der Lehrerausbildung ist nicht als Ausweg oder Verlegenheitslösung zu werten, weil weitreichende strukturell-organisatorische Veränderungen der Lehrerausbildung in der Bundesrepublik für absehbare Zeit politisch nicht durchsetzbar erscheinen. Auch wenn die Zeit für äußere Reformen wieder gekommen sein wird, bleiben hochschuldidaktische, inhaltliche und methodische Fortschritte unverzichtbar, um eine progressive Lehrerausbildung zu gestalten.

9 Anmerkungen

1   Zur Begründung dieser Übernahme konstatiert der Wissenschaftsrat ein generelles Defizit an Wisenschaftlichkeit in der Lehrerbildung der DDR: „ Die Lehramtsstudiengänge in den neuen Ländern müssen konzeptionell und inhaltlich umgestaltet werden, um den Anforderungen an eine wissenschaftliche Lehrerausbildung zu genügen, die sich in den westlichen Ländern durchgesetzt hat. (Empfehlungen. . ., 1991, S. 27) Mit Recht stellt dazu die GEW fest: „Die Forderung des Wissenschaftsrates nach Einführung einer Lehrerausbildung, die **westdeutschen Standards von Wissenschaftlichkeit** genügen soll, halten wir angesichts der trotz aller Kritik unabweisbaren Leistungen der in der Lehrerausbildung tätigen Kolleginnen und Kollegen für überflüssig und diskriminierend." (GEW - Stellungnahme. . ., 1991, S. 1)

2   Der Beschluß der Kultusministerkonferenz vom 14.09.1990 über die Umsetzung der Richtlinie des Rates der EG vom 21.12.1988 zeigt deutlich die Tendenz, die Anerkennung von Lehramtsprüfungen anderer EG-Staaten in der BRD zu erschweren und die vor allem in der Zweiphasigkeit begründete Sonderstellung der westdeutschen Lehrerausbildung zu bewahren. Vgl. dazu auch den Beschluß des GEW-Hauptvorstandes vom 21.10.1989 sowie FLACH, 1991, b.

3   Wir sehen hier zunächst ab von den universitären Formen der Ausbildung von Volksschullehrern in einigen deutschen Ländern (z.B. Sachsen, Hamburg) während der Weimarer Republik und auch von den Pädagogischen Akademien („Bildnerhochschulen") in Preußen, obwohl Ziele und Ausbildungsgrundsätze dieser Einrichtungen z.T. wieder aufgegriffen wurden.

4   In Auswertung zahlreicher Untersuchungen zur Lehrerausbildung kommt LIEBRAND-BACHMANN (1981, S. 10 - 11) zu folgender Zusammenfassung:

„- Auf der Organisationsebene des studentischen Qualifizierungsprozesses existieren bisher nur wenige Formen institutionalisierter Planung. . . (Es) ist kaum ein Rationalitätsmuster erkennbar, das über die Quantifizierung von Studienelementen hinausreicht;

185

- Zentrales Kennzeichen der gegenwärtigen Lehrerausbildung ist ihre inhaltliche und formale Desintegration, die sich konkret zeigt im Fehlen eines curricular geplanten integrierten und interdisziplinären Grundstudiums, in einem disparaten Lehrangebot, in einem Wirrwar unvereinbarer inhaltlicher Vorstellungen und in einer Anarchie der inhaltlichen Studienangebote;

- Das Dilemma der Theorie-Praxis-Spaltung universitärer Wissenschaft, das sich in der Trennung der Gegenstände der Wissenschaften an sich von ihrer gesellschaftlichen Funktion und ihren Verwendungsbedingungen niederschlägt, wirkt sich für die Studenten in der Weise aus, daß es ihnen nicht gelingen kann, eine gesellschaftlich und fachspezifisch begründete Berufsidentität zu gewinnen;

- Die Ausbildung an der Hochschule ist praxislos und damit theorielos zugleich;

- Die bestehende Ausbildungsmisere liegt wesentlich in der Unfähigkeit der überkommenen Wissenschaften, Forschung und Lehre an den praktischen Problemen der Gesellschaft und der zukünftigen gesellschaftlichen Praxis der Studenten zu orientieren."

5 Der Hochschulminister der DDR betonte 1988, „daß die. . . gesetzten Schwerpunkte immer noch aktuell sind. Es geht nach wie vor um

- die konsequente Ausrichtung der Ausbildung auf das Berufsbild des künftigen Lehrers,

- die Vertiefung der Praxisverbundenheit der Ausbildung - insbesondere in den erziehungswissenschaftlichen Fächern,

- die Befähigung zur selbständigen wissenschaftlichen Arbeit auf der Grundlage soliden Wissens und Könnens." (BÖHME, 1988, S. 251)

6 Der Vorwurf, daß die unterrichtsmethodische Ausbildung in der DDR „im wesentlichen nur eine Vermittlung von Unterrichtsmethodiken zur Umsetzung vorgegebener Unterrichtsinhalte" vorsah (Empfehlungen des Wissenschaftsrates. . ., 1991, S. 32), ist verfehlt; die Planung von Unterricht, die „didaktische Aufbereitung des Stoffes" nahmen in der theoretischen und praktischen Ausbildung breiten Raum ein.

7 In einigen Untersuchungen zur Tätigkeit junger und erfahrener Lehrer kamen wir unter zwei Bedingungen zu zufriedenstellenden Ergebnissen: Erstens durch den Verzicht auf den Versuch, diese   Tätigkeit jeweils umfassend, also in ihrer „Ganzheit" zu erfassen, anders gesagt, durch die Konzentration auf jeweils bestimmte Bereiche der Tätigkeit, die ausreichend beschreibbar und erfaßbar waren. Zweitens durch die Einbeziehung der Lehrer als Subjekte und als Akteure in diesen Un-

tersuchungen. Das bedingte und schloß ein, daß der bloß analytische Modus aufgegeben und durch das Ziel der Verbesserung der Qualität der Lehrertätigkeit ersetzt oder doch ergänzt, daß also die Einheit von Analyse und Qualitätserhöhung angestrebt wurde. Das ermöglichte und erforderte die bewußte Arbeit der Lehrer an der besseren Gestaltung ihres Unterrichts über Selbst regulation und Selbstbewertung. (FLACH, 1977)

8 Die Formel für die Transformation von Mittelwerten auf den Zahlenraum 0 . . . 100 lautet

bei der Skalenform 0 . . . X_{max}:

$$\frac{M \cdot 100}{X_{max}}$$

bei der Skalenform 1 . . . X_{max}:

$$\frac{(M-1) \cdot 100}{X_{max}-1}$$

mit M = Mittelwert, X_{max} = höchster Skalenwert.

Der errechnete Wert wird mit G bezeichnet.

9 Dabei ist zu bedenken, daß die einheitlichen Lehrprogramme, die einheitliche Studienorganisation usw. einen Wechsel des Hochschulortes auch wenig attraktiv machten.

10 Für die BRD wurden deutliche Unterschiede zwischen Lehrerstudenten an Pädagogischen Hochschulen und an Universitäten bezüglich der Erwartung eines deutlich berufsorientierten Studiums konstatiert. Nach ACHINGER erwarten 80 % der männlichen und 88 % der weiblichen PH-Studenten in erster Linie eine Berufsausbildung gegenüber 59 % der männlichen und 68 % der weiblichen Lehrerstudenten an der Universität. (Referiert bei FRIEDE, 1975, S. 177). Unterschiede hinsichtlich der Studienmotive und der Studienerwartungen zwischen Studierenden der verschiedenen Lehrämter werden auch in neueren Untersuchungen deutlich.

11 Die Kritik, daß in der DDR die Wahlmöglichkeiten bezüglich der Fachkombinationen dadurch eingeschränkt waren, daß jede Universität bzw. Hochschule nur bestimmte Kombinationen anbot, wird durch die Tatsache relativiert, daß der Student sich für seine gewünschte Kombination an einer anderen Hochschule bewerben konnte; da die Unterbringung der Studierenden in Studentenheimen gewährleistet war, konnte die Entfernung zum Hochschulort - auch angesichts der geringen territorialen „Größe" der DDR - kein wesentliches Argument sein.

12   ANTOCH befragte 1973 Gymnasiallehrerstudenten mit dem Fach Mathematik (n=76) nach ihren Gründen für die Entscheidung für dieses Fach, wobei freilich andere Antwortkategorien vorgegeben waren:

Tabelle 17   Gründe für die Entscheidung für das Fach Mathematik

(Angaben in %)

starke persönliche Neigung zum Fach	27
gute Leistungen in relevanten Schulfächern	15
Vertrautheit mit Berufsbild	14
sichere Berufschancen	14
Anreiz durch Anforderungen des Faches	10
Kenntnis der eigenen Begabung	10
gute Studienbedingungen	4
Zulassungsbeschränkungen	4
gute Verdienstmöglichkeiten	1
gesellschaftliches Ansehen des Studiums	-

13   Laut Studienplan waren beide Lehrgebiete mit je 30 Stunden im 1. Studienjahr zu lehren. In den „Grundlagen der Pädagogik" wurden allgemein-pädagogische und bildungspolitische Themen abgehandelt, die „Geschichte der Erziehung" sollte einen Überblick über die Entwicklung von Schule und Pädagogik von der Antike bis zur Gegenwart geben.

14   Die Zahlen stammen aus umfangreichen Erhebungen, die die Arbeitsstelle für Theorie und Methodik der Lehrerbildung (ALB) in den Jahren 1973 bis 1979 an der Pädagogischen Hochschule Potsdam durchführte. In die Erhebungen wurden die Studierenden der Matrikel 1973 bis 1975 einbezogen und jeweils viermal im Laufe ihrer Ausbildung mit Hilfe weitgehend identischer Fragebogen schriftlich befragt. Die Population der 12 Erhebungen betrug:

	Matrikel		
	1973	1974	1975
1. Semester	458	400	396
2. Semester	320	291	271
7. Semester	243	256	192
8. Semester	263	209	197

(nach dem Großen Schulpraktikum)

In der Befragung der Matrikel 1974 im 8. Semester wurden auch Studenten der Pädagogischen Hochschulen Dresden (n = 265) und Erfurt (n = 315) einbezogen. Diese Erhebungen werden im folgenden als „Studentenbefragung Potsdam" bezeichnet.

188

15 Die Studenten der Institute erhielten eine fachbetonte Ausbildung in Deutsch und Mathematik und in einem der Wahlfächer Kunst/Musik, Sport, Werken, Schulgarten.

16 Wir verzichten auf eine Erörterung der mit Motivuntersuchungen verbundenen methodologischen Fragen und beschränken uns auf einige Hinweise: Motive für die Wahl des Lehrerstudiums sind nicht identisch mit Motiven für die Wahl des Lehrerberufs; die Unterscheidung ist schwierig, in den Erhebungen nur selten expliziert, sie soll auch hier nicht näher diskutiert werden. Zu diesen Fragen zählt weiter das Problem, ob über bestimmte Antwortvorgaben oder auch mit offenen Fragen der „Hintergrund" der genannten Studien- und Berufsmotive ausreichend erfaßt werden kann, ob die teils bewußt, teils unbewußt wirkenden Berufsvorstellungen genügend aufgehellt werden.

Unter Motiven wollen wir aktuelle und mehr oder weniger bewußte Beweggründe für eine bestimmte Entscheidung (hier für das Lehrerstudium) verstehen. Damit wird eine sicher stets nur relative Abgrenzung zwischen den Motiven für die Wahl des Lehrerstudiums und den Einstellungen zum Lehrerstudium (bzw. Lehrerberuf) versucht. Die Untersuchungen zu studien- und berufsrelevanten Einstellungen bei Lehrerstudenten, die in praktisch unübersehbarer Zahl vorliegen, können nur sehr exemplarisch berücksichtigt werden.

In ironisierender Zuspitzung hat LANGEVELD (1965) acht „Motivationstypen" für den Lehrerberuf gekennzeichnet (zitiert bei ANTOCH, 1976, S. 98/99):

„1. Der Lehrerberuf wird gewählt als **bequeme Existenz**. Man hat soviel Ferien, man braucht sich wenig Mühe zu geben, man wiederholt sich ja.

2. Der Lehrerberuf wird gewählt als **Sicherung** - Man findet den Weg vorgezeichnet, hat regelmäßige Bezahlung, wird später anständig pensioniert. Alles steht fest, man braucht nichts Neues zu unternehmen. Man kann sich vom Balkon aus das Leben ansehen. Soziale Platzangst ist hier nicht gefragt.

3. Der Lehrerberuf wird gewählt, weil er ein gewisses **Ansehen** gibt in der Welt, worin man verkehrt. Früh und leicht erwirbt man sich ein solches Prestige. „Ordnung soll sein" und „ich wünsche respektiert zu werden".

4. Der Lehrerberuf bietet Gelegenheit zum **Studium**, zum Weiterstudieren; daher wird er zum „Durchgangshaus". Die Schule ist vorläufig da als Broterwerb und als Beweis, daß man kompetent und seinen Aufgaben gewachsen ist.

189

5. Der Lehrerberuf gibt dem **still-fleißigen** Kinde die Gelegenheit, sich in die Ergebenheit gegenüber der schulischen Haltung eines recht braven Lehrers hinüberzuretten und zu verewigen.

6. Die **Bekanntschaft** - oder scheinbare Bekanntschaft - mit dem Lehrerberuf macht es möglich, sich recht früh auf diese Laufbahn einzustellen. Man kann von der Schule in die Schule zurück und innerhalb der Schule sein Lebensabenteuer durch recht frühe Berufseinstellung und -anpassung verpassen, aber ein recht geschickter und anständiger Lehrer werden.

7. Ein **sozialer Idealismus** sieht es so, daß, wer das Kind hat, auch die Zukunft meistern wird. Dabei kann das Kind Mittel zum weltreformierenden Zweck werden. Derselbe Idealismus kann aber auch sehr stark die Erziehung als soziale Forderung erleben und in der Erziehung die Sanierung sozialer Überstände sehen. Der ehemalige Wandervogel-Jugendführer-Politiker-Idealist konnte so in der Schule stehen.

8. Der Lehrerberuf kann gewählt werden, weil Sorge und Erziehung des Kindes als **wesentliche Menschenbildung** erlebt und vorausgesehen werden. So kann ein romantischer, aber auch ein recht sachlicher Idealismus und eine wesentliche Menschentreue den Beruf wählen. Als Frauenberuf kann auf diese Weise der Beruf dem Mütterlichen sehr nahe kommen. Im Manne ruft er das Väterliche hervor. Beide aber wollen den Unterricht und die Erziehung, um dem Kinde zu helfen und der guten Welt zu dienen."

Es ist freilich zu fragen, inwieweit diese „Motivationstypen" auch in der Gegenwart gelten und wirksam sind (siehe jedoch Tabelle 13).

17 Vergleichbar ist auch die Untersuchung von SCHRAMM (1979, S. 33), die Studenten der Freien Universität Berlin (n = 61) in einer offenen Frage bat, ihre Gründe für die Wahl des Lehrerberufs zu nennen:

Tabelle 18   **Gründe für die Wahl des Lehrerberufs (Angaben in %, Mehr-fachnennungen)**

a) Einflußnahme auf die gesellschaftliche Entwicklung	
- allgemeine Reformabsichten	34
- gezielte Absicht, gesellschafts- bzw. bewußtseinsverändernd tätig zu sein	25
b) Pädagogische / personenbezogene Interessen	
- Umgang mit Menschen / keine isolierte Arbeitssituation	18
- allgemeines pädagogisches Interesse	15
- Spaß am Unterricht / an der Vermittlung eigener Erfahrungen und Erkennt-nisse	16
- Herstellen eines nicht repressiven Lehrer-Schüler-Verhältnisses	5
c) Fachliches Interesse	
- eigene fachwissenschaftliche Interessen	18
- fachliche Qualifizierung der Schüler	10
d) Gute Arbeitssituation	
- relativ selbständige / abwechslungsreiche Arbeit	18
- gute Bezahlung	5
- Sicherheit des Arbeitsplatzes / Möglichkeit überhaupt einen Arbeitsplatz zu bekommen	10
e) Reaktion auf die eigene Schulerfahrung	
- Reaktion auf eigene schlechte Schulerfahrung	18
- Reaktion auf eigene gute Schulerfahrung	8
f) Abgrenzung von anderen Berufen	
- positive Abgrenzung: Vorteile gegenüber anderen Berufen	15
- negative Abgrenzung: keine andere Berufsmöglichkeit	10
g) Eignung	
- positive Einschätzung der eigenen Fähigkeiten	12
- Möglichkeit der eigenen Weiterentwicklung	13

(Der Zeitpunkt dieser Erhebung - 1972, also noch in den Jahren der Reformbestre-bungen an den Universitäten - mag erklären, warum politische Motive auffällig häu-fig genannt werden.)

18 LUBIENSKI (1980) befragte Studienbewerber ein Jahr vor Aufnahme des Studiums (n = 90) und die gleiche Population im ersten Semester (n = 88). Er versuchte auch, die Bedeutsamkeit bzw. „Stärke"/Ausprägung der Motive (MS) über eine dreistufige Skala zu erfassen. (Der Wert für die Motivstärke - MS - bewegt sich im Zahlenraum 33 . . . 100)

Tabelle 19   Motive von IfL-Studenten für die Wahl des Lehrerstudiums -
Häufigkeit (in %) und Ausprägungsgrad (MS)

Motiv	1. Befragung (n = 90)		2. Befragung (n = 88)	
	%	MS	%	MS
Interesse an der Erziehung der Kinder	99	97	97	92
Interesse an der Vermittlung von Wissen	89	75	80	71
Gesellschaftliche und politische Bedeutung des Lehrerberufs	83	81	73	70
Interesse an anspruchsvoller geistiger Tätigkeit	60	63	71	60
Sehr starkes Interesse am Wahlfach	40	62	47	68
Streben nach gesichertem Berufsweg	39	68	39	64
Allgemeiner Wunsch nach Fachschulbildung	28	55	39	61
Berücksichtigung des Wunsches der Eltern	10	44	15	46
Wunsch nach Hochschulbildung ist nicht erfüllt	8	48	13	52

Die Entwicklung derStudienmotivation bei Studenten eines Instituts für Lehrerbildung untersuchte BRENNER (1985). Er befragte Studenten der Matrikel 1981 (n = 73) jeweils im 1., 2. und 3. Semester:

Tabelle 20   Studienmotivation von IfL-Studenten (Angaben in G/Z)

	Befragung		
	1.	2.	3.
		Semester	
- Ich studiere, weil mir die Arbeit mit Kindern Freude bereitet	100	98	98
- Es ist mein Ziel, nach dem Studium ein guter Lehrer zu werden	100	100	98
- Ich studiere, um später den Kindern ein hohes Wissen vermitteln zu können	98	95	95
- Eine gute Studienmoral ist notwendig, um Kindern selbst ein Vorbild zu sein	95	95	95
- Durch gute Leistungen im Studium möchte ich den eigenen Berufswunsch rechtfertigen	90	78	73
- Durch ein gewissenhaftes Studium wird meine Persönlichkeit positiv entwickelt	90	88	75
- Die erworbenen pädagogischen Kenntnisse helfen mir, später meine eigenen Kinder besser zu erziehen	88	75	63
- Ich studiere, um das Studium mit bestmöglichen Ergebnissen abzuschließen	83	75	63
- Gute Studienergebnisse sind notwendig, um im zukünftigen Lehrerkollektiv bestehen zu können	75	68	58
- Mein Ehrgeiz veranlaßt mich, meine eigene Leistungsfähigkeit täglich zu bestätigen	55	65	55
- Ich strebe nach guten Studienleistungen, da ich meine Eltern nicht enttäuschen möchte	15	20	20

19   In verschiedenen Untersuchungen wurden die Motive für die Wahl des Lehrerstudiums erst zu einem späteren Zeitpunkt (in den höheren Semestern oder nach Abschluß des Studiums) erfragt. Das erscheint forschungsmethodisch nicht unbedenk-

lich, da hier eigentlich Erinnerungsleistungen abverlangt werden und die Erfahrungen des Studiums (Erwartungserfüllung, Erfolgs- und Mißerfolgserlebnisse usw.) wohl nicht ohne Einfluß bleiben. In den Erhebungen an der PH Potsdam konnte gezeigt werden, daß die Nennungen der Studenten zwischen dem ersten und dem vierten Semester keine gravierenden Veränderungen erfahren, was als Hinweis auf die Brauchbarkeit der Ergebnisse von Motiverhebungen auch zu einem späteren Zeitpunkt gewertet werden könnte.

Tabelle 21   **Gruppierung der Motive der Studentinnen (w) und Studenten (m) für die Wahl des Lehrerstudiums - 1. und 4. Semester (Angaben in %, bezogen auf die Gesamtzahl der gesamten Motive)**

	Matrikel			
	1973		1974	
	1. Sem. w = 1101 m = 286	4. Sem. w = 904 m = 243	1. Sem. w = 874 m = 289	4. Sem. w = 849 m = 244
- pädagogisch-politische Motive	w = 36 m = 32	40 36	46 34	41 34
- fachliche Motive	w = 45 m = 44	45 43	42 44	41 43
- sonstige Motive	w = 19 m = 24	16 21	13 22	17 24

Vergleichbare Ergebnisse bezüglich der relativen Stabilität der Studienmotive an Instituten für Lehrerbildung finden wir auch in der Studie von SCHUBERT (1985), wobei der Vergleich zwischen den Erhebungen im 1. und 8. Semester interessant ist.

Tabelle 22   **Motive für die Wahl des Lehrerstudiums bei IfL-Studenten - Häufigkeit (in %, Mehrfachnennungen) und Ausprägungsgrad (MS)**

	1. Semester n = 145		8. Semester n = 122	
	%	MS	%	MS
- Interesse an Wissensvermittlung	87	80	80	70
- Lehrerberuf ist vielseitig und abwechslungsreich	76	62	84	71
- Interesse an der Entwicklung der Persönlichkeit der Kinder	75	73	67	65
- Im Beruf spürt man Liebe und Dankbarkeit der Schüler	70	65	75	66
- Besonderes Interesse am Wahlfach	63	69	58	64
- Gesellschaftliche Bedeutung des Lehrerberufs	41	59	27	59
- Allseitige Entwicklung der eigenen Persönlichkeit	34	49	25	55
- Lehrerberuf bietet günstige materielle Bedingungen	21	48	27	51
- Interesse an pädagogischen und psychologischen Fragen	14	50	17	43
- Streben nach gesichertem Berufsweg	10	51	11	43
- Ansehen des Lehrerberufs in der DDR	9	36	3	33
- Interesse an akademischer Bildung	8	47	14	45
- Nichtrealisierung des 1. Berufswunsches	8	55	8	63
- Wunsch der Eltern	7	40	7	49
- Lehrerberuf hat Familientradition	1	33	4	33

20   Auch in zahlreichen anderen Erhebungen wird deutlich, daß die befragten Lehrerstudenten und jungen Lehrer den berufspraktisch orientierten Ausbildungsbestandteilen besonderes Gewicht zuweisen. Beispiele: OESTERREICH (1987, S. 100) befragte 247 junge Lehrer, welche Bedeutung und Wirksamkeit sie folgenden Bereichen bzw. Aspekten der Ausbildung für ihre berufliche Tätigkeit beimessen:

Tabelle 25   **Bedeutsamkeit von Ausbildungsbereichen für die Tätigkeit als Lehrer (Angaben in G/Z)**

- Praktika und andere Unterrichtserfahrungen	96
- Didaktische Lehrveranstaltungen	75
- Grundwissenschaften	65
- Fachstudium	62
- Erfahrungen in der Lebenssituation als Student	45
- Beispiele von Hochschullehrern	20

BATHKE (1987) ließ 378 Absolventen der Matrikel 1982 unmittelbar nach Abschluß des Studiums die Qualität von Ausbildungsbereichen hinsichtlich ihres Beitrags zur beruflichen Befähigung einschätzen:

Tabelle 26   Qualität von Ausbildungsbereichen (Angaben in G/ $\bar{x}$)

- Schulpraktische Ausbildung im 5. Studienjahr	88
- Fachwissenschaftliche Ausbildung	85
- Psychologie	76
- Unterrichtsmethodische Ausbildung	76
- Ferienlagerpraktikum	73
- Schulpraktische Übungen in Pädagogik und Psychologie	61
- Didaktik	56
- Erziehungstheorie	45
- Geschichte der Erziehung	38
Ferner: - „Bereits während des Studiums bestanden gute Möglichkeiten, erworbene Kenntnisse in der Praxis anzuwenden"	53
- „In der Ausbildung wurden Theorie und Praxis gut verbunden"	45

21   Dazu stellen - um nur eine kritische Stimme zu zitieren - LAUFF/HOMFELDT (1981, S. 28) fest: „An der Suche nach der Wissenschaft ist der heutige Student jedoch kaum mehr ernsthaft beteiligt. Sein Studium besteht vorwiegend aus der Übernahme vorgefertigten Wissens in Seminaren und der Wiedergabe abgepackten Wissens in Prüfungen. Sein Verhaltensrepertoire ist auf die Demonstration von Wissen unter weitgehender Ausschaltung seiner Person ausgerichtet. . . Die bezugslose Wissensvermittlung zielt stärker auf das Überprüfbarmachen formaler Berechtigungsnachweise als auf die Unterstützung subjektiver Befähigungsprozesse ab."

22   In der DDR wurde zumindest eine einheitliche Ausbildung der Lehrer für die Klassen fünf bis zwölf durchgesetzt (Diplomlehrer mit Lehrbefähigung für diese Klassen). Unterschiede in der Bezahlung zwischen Lehrern der POS und der EOS blieben freilich. Inzwischen ist dieser Diplomabschluß durch den Beschluß der Kultusministerkonferenz vom 5. 10. 1990 entwertet worden.

23   Als Belege für die zunehmend kritische Haltung gegenüber Charakter und Wirkung der etablierten Wissenschaft und gegenüber einem wissenschaftsorientierten Schulunterricht dienen die folgenden Zitate:

„Neuzeitliche Naturwissenschaft und Technik führt statt aus den Naturzwängen heraus in die Vernichtung der Natur hinein - und das Potential an menschlicher Freiheit nimmt dabei nicht zu, sondern ab. Damit aber gerät diejenige Didaktik in eine problematische Position, die sich seit den 60er Jahren der Wissenschaftsorientierung verschrieben hat. Denn erweist es sich als richtig, daß die neuzeitliche Wissenschaft und Technik, anstatt die Möglichkeit einer besseren Welt zu schaffen, „die Welt an den Rand des Abgrunds zerrt" (HEIDEGGER), dann ist zu fragen, wie die Pädagogen sich in ihrer Wissenschaftsorientierung noch verstehen können als die, die Partei

195

sind für die bessere Zukunft der nachwachsenden Generation." (de HAAN, 1984, S. 147)

„Die Curriculumentwicklung hat zu einer stärkeren Wissenschaftsorientierung und einer Verfachlichung des Unterrichts geführt. Verfachlichung bedeutet Bestimmung des Unterrichts durch die jeweiligen Methoden und Fragestellungen der einzelnen Wissenschaftsdisziplinen, bedeutet fachliche Isolierung und Aufhebung der Lebenszusammenhänge mit Rücksicht auf die Wissenschaftssystematik. Wissenschaftsorientierung bedeutet, vor allem wenn (man) dem posivistischen Wissenschaftsverständnis folgt, Abstinenz von Normfragen, Entkoppelung von Wissen und Ethos. Schließlich führte die wissenschaftsorientierte Curriculumentwicklung auch dazu, daß das Problem der Stoffülle nicht gelöst, sondern verschärft wurde." (IPFLING, 1981, S. 30)

„Wird nicht mit einem Modell der Schulfachbildung, das sich an der Entwicklung wissenschaftlicher Fachdisziplinen orientiert, ein borniert er Wissens-, Lern- und Leistungsbegriff zur Doktrin erhoben, der lediglich zur Legitimation von Selektion und Anpassung taugt, keineswegs aber zu einer selbstbestimmten Bildung der Menschen? Sind nicht. . . das Schulfachstudium und der Schulfachunterricht zu kritisieren, weil sie mehr Bildungsbarrieren als Hilfen darstellen? Liegen nicht die wichtigsten Lebensfragen der Schüler gerade quer zu allen Fachfragen? . . . Es geht den schwarzen Pädagogen der Gegenwart und ihren Administratoren gar nicht um die allgemeine Bildung und die Freiheit der Schüler, die ja mit den bekannten Schuldisziplinen mehr behindert als gefördert wird. Und warum machen dann viele Lehrer, die das „Beste für ihre Schüler" wollen, diesen Unsinn auch noch zu ihrer Sache?" (BECK, 1982, S. 82/83)

Freilich hat diese kritische Haltung und Reflexion kaum Chancen, weiterführende Reformbemühungen zu initiieren. Der Übergang zur Hochschulausbildung aller Lehrer befriedigte standespolitische Interessen der Lehrerschaft und der Lehrerbildner (akademische Ausbildung - Beamtenstatus - Bezahlung) wie auch Interessen des Staates, der als „Dienstherr" des beamteten Lehrers effektiver seine regulierende und kontrollierende Funktion ausüben kann. Überdies wirkt die „Überproduktion" von Lehrern bzw. die finanzpolitisch verursachte Lehrerarbeitslosigkeit natürlich reformhemmend. Und schließlich dürften sowohl die Installation des bundesrepublikanischen Lehrerbildungssystems in den neuen Bundesländern wie auch die Bemühungen um die Konsolidierung dieses Systems angesichts der mit der geplanten europäi-

schen Integration im Rahmen der EU anstehenden Kompatibilitätsprobleme eventuell Reformbestrebungen weitgehend den Boden entziehen.

24 HOMFELDT (1978, S. 138) macht mit Recht darauf aufmerksam, daß der Begriff
der Wissenschaftlichkeit im Bereich der Lehrerausbildung auch anders interpretiert
wurde:

„Aus der Blickrichtung der traditionell von Berufsziel und Berufsmotivation her
bestimmten Volksschullehrerausbildung gewinnt Wissenschaftlichkeit ihre Berechtigung und ihren Sinn gerade im Hinblick auf die zukünftige Berufpraxis. Wissenschaftlichkeit des Studiums und praxisbezogene Berufsausbildung werden nicht als
dichotomisch, sondern als zusammengehörig begriffen . . . Lehrerbildung hat es
demnach mit kritischer Reflexion über Erziehungsprobleme zu tun. Wissenschaftlichkeit der Ausbildung heißt dann, das Bedingungsfeld pädagogischen und didaktischen Handelns mittels systematischer und kritisch refektierter Methoden und Aus-
sagensysteme der rationalen Interpretation und planvollen Veränderung zugänglich
zu machen."

25 Derselbe Autor, Leiter der Hauptabteilung Lehrerbildung im Ministerium für Volksbildung, schrieb 1969 (S. 245): „In der Pädagogik, der Psychologie und in den
Fachmethodiken muß der Marxismus-Leninismus als weltanschauliche und methodologische Grundlage der gesamten Forschungstätigkeit, Lehre und des Studiums der
Studenten konsequent und zielgerichteter als bisher angewendet werden. Ohne diese
qualitativ stärkere theoretisch-ideologische Durchdringung kann ein höheres wissen-
schaftliches Niveau nicht erreicht werden. Beginnen muß man zunächst mit der Fra-
ge, wie jeder Hochschullehrer auf seinem Gebiet von den marxistisch-leninistischen
Grundpositionen der sozialistischen Erziehungswissenschaften ausgeht, diese seinen
Studenten auch explizit bewußt macht und ihnen die marxistisch-leninistische
Grundlegung und Durchdringung der Erziehungswissenschaften sowie ihre im
Standpunkt der Arbeiterklasse begründete Parteilichkeit vermittelt."

Die Einseitigkeit der Auffassung von „Wissenschaftlichkeit" mag auch aus folgender Episode deutlich werden: Die Arbeitsstelle für Theorie und Methodik der
Lehrerbildung (ALB) führte 1974 eine Konferenz zum Thema „Berufsbezogenheit
der Lehrerbildung" durch. Das Anliegen stieß auf heftige Kritik seitens dieser
Hauptabteilung mit dem Argument, daß Berufsbezogenheit das Prinzip der Wissenschaftlichkeit der Ausbildung verletze und eine reformpädagogische („pädolo-
gische") Position sei.

26　Wir vernachlässigen hier die Tatsache, daß die Lehre einer Wissenschaftsdisziplin auch ihrer eigenen Reproduktion, also der Ausbildung von Wissenschaftlern, von Forschern dient, zumal diese Ausbildung inzwischen in aller Regel eigene institutionelle Formen (Aspirantur, Forschungsstudium u.ä.) besitzt und meist erst auf den berufs- und praxisorientierten Studiengängen aufbaut. Ebenso können die vielfältigen Wechselbeziehungen zwischen Disziplin und Lehrgebiet hier nicht diskutiert werden. Wohl aber sollte angemerkt werden, daß ihre undifferenzierte Gleichsetzung nicht nur Probleme für die Ausbildung schafft, sondern auch die Entwicklung der Disziplin beeinträchtigt wird, wenn sie mit Inhalt und Umfang des Lehrgebietes identifiziert wird.

27　Dazu stellte ROBINSOHN (zitiert in HEURSEN, 1984, S. 115) fest:

„Eine Universität, die... ihren wichtigsten und breitsten Transmissionsriemen für die Vermittlung der in ihr betriebenen Forschung mit der Praxis, nämlich die Ausbildung der Studenten in allen gesellschaftlich wichtigen Funktionsbereichen, nicht nutzt, wird mit der ebenfalls ausbildungslosen, aber hocheffizient organisierten Privatforschung der gesellschaftlichen Machtgruppen auf die Dauer nicht konkurrieren können. Eine Universität, die das kritische Potential und die praxisorientierten Motivationen und Interessen ihrer Studenten nicht ständig für die Bestimmung und Prüfung ihrer inhaltlichen Arbeitsgebiete, auch in der Forschung, einsetzt, verlöre gleichzeitig einen ihrer stärksten Resistenzfaktoren gegen die Dienstbarmachung durch materiell mächtige gesellschaftliche Interessen."

28　Nach KNAUP (1984, S. 22) gibt es „viele Universitätsdozenten, vor allem in Pädagogik und Fachdidaktik, die befürchten, daß mehr Praxisbezug einen Verlust an Wissenschaftlichkeit und die Annäherung der Universität an die Pädagogische Hochschule bewirken könnte, was in ihren Augen einen Rückschritt darstellen würde."

29　Die Frage nach der Funktion von Wissenschaften bzw. Lehrgebieten kann und muß auch in Beziehung gesetzt werden zu wissenschaftstheoretischen Diskussionen über eine mögliche und sinnvolle Klassifikation der Wissenschaften. Neben den traditionellen Unterscheidungen (z.B. von Natur- und Geisteswissenschaften) gewinnt die Gruppierung nach Objektwissenschaften, Operational- bzw. strategischen Wissenschaften und Formal- bzw. Strukturwissenschaften (z.B. Mathematik, Kybernetik) an Bedeutung. Die Objektwissenschaften, z.B. die klassischen Naturwissenschaften sagen aus, wie etwas ist und warum es so ist, die strategischen Wissenschaften, wie etwas zu tun ist und warum es so zu tun ist. Vom Gegenstand her kann der Unterschied auch so erklärt werden: Die Objektwissenschaften bilden ihren Gegenstand in seiner Qualität als Teil oder Aspekt der objektiven Realität ab, die strategischen Wissenschaften in seiner Qualität als Praxis, als Bereich menschlicher Tätigkeit (in einem weiten Sinne). Als Beispiel - auch für die Beziehungen zwischen beiden Wissenschaftstypen - mag des Verhältnis von Natur- und Technikwissenschaften dienen. Nach dieser hier stark vereinfacht dargestellten Gruppierung wäre z.B. die Pädagogik vorrangig als strategische bzw. Operationalwissenschaft zu begreifen und zu betreiben. Die in den Lehramtsstudiengängen vertretenen Wissenschaften werden jedoch traditionell ganz vorrangig als Objektwissenschaften verstanden und behandelt.

30 Bezogen auf die Lehrerausbildung in der DDR: gegenüber den durch alle Reformen und Reformversuche hindurch nach Umfang, Inhalt und Selbstverständnis relativ stabilen „Blöcken" der Fachwissenschaft und auch der Pädagogik und Psychologie gab es hinsichtlich der berufspraktischen Ausbildungsformen häufige Veränderungen und Neuorientierungen. So gab es in den mit der Pädagogik- und Psychologieausbildung verbundenen praktischen Abschnitten neben dem Ferienlagerpraktikum nacheinander folgende Formen: ein Hospitationspraktikum, einen schulpraktischen Tag pro Woche im 2. und 3. Studienjahr, ein pädagogisch-psychologisches Praktikum von 3 Wochen, das vorrangig an der „Heimatschule" absolviert wurde, schließlich ab 1982 schulpraktische Übungen in Pädagogik und Psychologie (50 Stunden) im 2. Studienjahr. Demgegenüber waren die schulpraktischen Übungen in den Unterrichtsmethodiken ein stabiles und bewährtes Element in der Lehrerausbildung in der DDR.

31 Im Rahmen dieser Erörterung können die Begriffe „pädagogische Kompetenz" und „pädagogisches Können" als synonym betrachtet und behandelt werden. (Siehe dazu HORST, 1992)

32 Diese gängige und allgemein gebräuchliche Bezeichnung ist eigentlich nicht korrekt; natürlichkann auch den in anderen Studienfächern präsenten Wissenschaften die Qualität einer „Fachwissenschaft" nicht abgesprochen werden (Fachdidaktik, Pädagogik, Psychologie u.a.). Gemeint sind die mit den Fächern der allgemeinbildenden Schule mehr oder weniger eng korrespondierenden Wissenschaften, die den an den früheren Philosophischen Fakultäten zusammengefaßten Bestand an Wissenschaften repräsentieren. Übrigens ist die Deklarierung von Fachdidaktik und Pädagogik als „Berufswissenschaften" des Lehrers ebenso unkorrekt und einseitig; für den Fachlehrer sind die entsprechenden „Fachwissenschaften" ebenfalls Berufswissenschaften.

33 Die Forderung nach einem „hohen theoretischen Niveau" war eine zentrale Aussage in allen offiziellen Dokumenten der DDR. Eine gründliche und gar kritische Interpretation dieser Forderung gab es nicht; sie wurde in aller Regel als strikte Orientierung an Erkenntnisbestand, Systematik, Methoden der in der Ausbildung vertretenen Wissenschaften verstanden.

34 Die Einheit von Lehre und Forschung betont zunächst den berechtigten Anspruch der wissenschaftlichen Hochschule, Forschungsstätte - etwa auch in Konkurrenz zur Akademie- und Industrieforschung - zu sein und Forschungsergebnisse zur Qualifizierung der Lehre und der Ausbildung zu nutzen. Die fortschreitende Spezialisierung der Forschung einerseits, der Anspruch der Lehre auf eine relative Geschlossenheit, Systematik, auch „Vollständigkeit" des Lehrinhalts (eines Faches oder Lehrgebietes) andererseits geraten natürlich immer stärker in Widerspruch; kein Hochschullehrer kann sich auf die Vermittlung des von ihm „Erforschten" beschränken, und der Student, sofern er überhaupt in die Forschung einbezogen wird, wird nur sehr punktuell und meist in der Funktion als Hilfskraft daran teilnehmen.

Zum anderen soll die „Einheit von Lehre und Forschung" - oft in Bezug gesetzt zum Postulat der Freiheit der Lehre - zur Bewahrung der Autonomie der Hochschule betragen und auch als standespolitisches Argument der Hochschullehrer in ihrem Selbstverständnis als Wissen schaftler. Nach HUBER liegen die ausschlaggebenden Gründe für die Betonung der „Einheit" von Lehre und Forschung im „indirekten Nutzen, den diese Verbindung für alle Seiten hat: für die Forschung vor allem die Sicherung eines breiten Nachwuchsreservoirs und einer Menge billiger Arbeitskräfte (studentische Hilfskräfte, Diplom- und Doktorarbeiten, unbezahlte Überstunden der Hochschullehrer), für die Lehrenden die Steigerung ihrer Chancen und Mobilität; für sie und die Studenten die Teilhabe an der Freiheit der Wissenschaft und damit die Erhaltung größerer Handlungsspielräume; für die interessierte Öffentlichkeit die Erhaltung wenigstens eines Teils der Forschung in einem öffentlichen, der Allgemeinheit verpflichteten Raum." (Zitiert in HEURSEN, 1984, S. 111)

35 In der Untersuchung des Zentralinstituts für Jugendforschung 1987 betonten immerhin 59 % der befragten Absolventen, daß sie ein Lehrerstudium nur in der gewählten Fachkombination interessiert hat. Nur 24 % lehnen diese Position deutlich ab. Damit wird zunächst die durchaus notwendige und positiv zu wertende „Fachverbundenheit" der Lehrerstudenten erneut bestätigt (vgl. Abschnitt 2). Daraus wird in gewisser Hinsicht aber auch verständlich, warum diese oft gegenüber der

Fachausbildung eine weniger kritische Position beziehen als gegenüber anderen Ausbildungsbereichen, speziell den erziehungswissenschaftlichen.

36 In der Untersuchung des ZIJ von 1987, in die 378 Absolventen einbezogen waren, wurde das Anforderungsniveau so bewertet:

Tabelle 32   Anforderungsniveau von Ausbildungsbereichen (Angaben in $G/\bar{x}$)

1. Fach	57
2. Fach	56
Diplomarbeit	56
Schulpraktische Ausbildung	52
Unterrichtsmethodik	47
Grundlagen der Pädagogik	42

DAHL (1980) befragte seine Probanden, ob sie gegebenenfalls Vorlesungen in folgenden Fächern versäumen würden:

Tabelle 33   Bereitschaft, Vorlesungen zu versäumen (Angaben in $G/\bar{x}$)

	Matrikel '73 (n = 51)	Matrikel '76 (n = 76)
- Mathematik	7	18
- Physik	36	26
- Pädagogik	70	79
- Marxismus-Leninismus	89	81

37 Die enge Fachorientierung nicht weniger Fachlehrer wird z.B. auch bei Diskussionen um Stundentafeln in den neuen Bundesländern deutlich: Vorrangig wird von ihnen die Forderung nach Erhalt des Stellenwertes und der Stundenzahlen des eigenen Faches artikuliert.

38 In der gleichen Erhebung erbrachte die Aussage „Die Ausbildung im Haupt- und Nebenfach ist an den Anforderungen orientiert, die sich aus der Erteilung eines wissenschaftlichen Unterrichts ergeben" folgendes Ergebnis ($G/\bar{x}$): Potsdam 67, Dresden 65, Erfurt 70, gesamt 67. Die Wirksamkeit der Studienfächer für die Realisierung der fachlichen Zielsetzungen des Lehrerstudiums wurde in der Studentenbefragung Potsdam so eingeschätzt:

Tabelle 34   Wirksamkeit für die fachliche Entwicklung (Angaben in G/ $\bar{x}$)

	Matrikel '73 Semester			Matrikel '74 Semester			Matrikel ' 75 Semester		
	4 n=320	7 n=243	8 n=262	4 n=291	7 n=256	8 n=266	4 n=271	7 n=192	8 n=197
- Hauptfach	83	65	66	71	55	60	66	68	71
- Nebenfach	78	65	65	70	50	56	66	61	65
- Methodik	-	59	62	-	43	57	-	58	65
- Pädagogik	-	37	43	-	32	38	-	37	40
- Psychologie	-	43	45	-	35	47	-	47	53

39 Die gleiche Matrikel war nach dem 1. Studienjahr gebeten worden, die fachwissenschaftlichen Lehrveranstaltungen nach vorgegebenen Merkmalen einzuschätzen:

Tabelle 35   Merkmale fachwissenschaftlicher Lehrveranstltungen (n = 614, Angaben in %)

	1. Fach		2. Fach	
	Vorlesungen	Seminare	Vorlesungen	Seminare
- wichtig für den späteren Beruf	72	78	88	87
- wissenschaftlich wertvoll	83	72	85	70
- berufsbezogen	60	68	71	71
- pädagogisch niveauvoll	53	52	61	54
- begeisternd für den späteren Beruf	39	48	62	34
- weltanschaulich bildend	25	26	44	36

40 Als Beispiel sei das „Studienangebot für alle Lehramtsstudiengänge Erziehungswissenschaft und eine andere zu wählende Sozialwissenschaft" an der Freien Universität
Berlin für das Wintersemester 1989/90 angeführt:

Für die Erziehungswissenschaften werden folgende Studienbereiche vorgegeben:

- Pädagogisches Handeln und wissenschaftliche Theoriebildung

- Schule als gesellschaftliche Institution

- Sozialisation und Erziehung

- Curriculum und Unterricht

- Diagnose, Beurteilung und schulische Erziehungshilfe.

Zum Studienbereich „Pädagogisches Handeln und wissenschaftliche Theoriebildung"
werden (für das genannte Semester) folgende Veranstaltungen - in der Mehrzahl
Seminare - aufgeführt.

- Lernen bei Mensch und Maschine: Grundlage des Lernens und Lehrens unter Berücksichtigung der künstlichen Intelligenz
- Forschen für die pädagogische Praxis II. Wie kann der Pädagoge die Familien- und Lebenumwelt von Kindern und Jugendlichen erforschen? (Projektseminar)
- Das Menschenbild der Reformation und Renaissance
- Mimesis in der sozialen Welt. Neue Perspektiven zu Bildungsprozessen
- Historische Anthropologie (Forschungsseminar)
- Bildsprache in der pädagogischen Theoriebildung
- Der Zusammenhang von Tätigkeit und Abbild als Grundlage einer pädagogischen Handlungs- und Bildungstheorie
- Erfahrungen und Geschichten. Eine Einführung in die narrative Pädagogik am Beispiel der Schulgeschichte
- Goetheanistische Weltansicht im Unterricht der Waldorfschule - im Rahmen des interdisziplinären Projekts „Bedrohte Welt"
- Einsamkeit und Freiheit - Wilhelm von Humboldts Idee der allgemeinen Menschenbildung
- Bildung für das Jahr 2000 - Perspektiven für einen neuen Bildungsbegriff
- Philosophische Grundlagen der Erziehungswissenschaft - ein Überblick anhand von Quellenlektüre und Interpretation
- Anforderungen an pädagogische Professionalität in Entwicklungsprojekten Lateinamerikas
- Allgemeine Pädagogik, Schulpädagogik und Sozialpädagogik
- Die pädagogische Tätigkeit A.S. Makarenkos

Diese Themen werden von 13 Lehrkräften angeboten.

Der Studienbereich „Schule als gesellschaftliche Institution" enthält folgende Themen:

- Schultheorien und pädagogisch-didaktisches Handeln in der Schule
- Schule der Zukunft - die Gesamtschule?
- Probleme institutionalisierter Erziehung (Hauptseminar)
- Das Bildungswesen in Polen. Entwicklung der gegenwärtigen Gestalt
- Die Entwicklung des Bildungswesens in beiden deutschen Staaten 1949 - 1989
- Alternative Schulmodelle

- Schule und Hochschule in Berlin - Rotgrüne Zukunftsaufgaben, Probleme und Strategien (Vorlesung)

- Das europäische Haus: Zukunftsaufgaben für ein europäisches Bildungssystem

- Einzelfragen des Schulrechts (Hauptseminar)

- Generation und Perpetuierung autoritärer Strukturen durch das Erziehungswesen: Beispiel Peru

- Bildungspolitik in der Dritten Welt am Beispiel Peru

- Soziologie der Erziehung II

- Zur Entwicklung des deutschen Gymnasiums: Beispiele ausgewählter Probleme in der historischen Entwicklung

- Pädagogik als „Brotstudium"? - Lektüre und Interpretation von Quellen zur Lehrerbildung seit der Gründung der Berliner Universität

- Lehrerbildung in Deutschland nach 1945 - ein Vergleich

- Schule und Lehrerbildung in Berlin seit 1945

- Grundschule aktuell in Praxis und Theorie. Welche Reformen braucht die Schule heute? (vorzugsweise für Studenten nach dem Orientierungspraktikum)

Auch hier stammen die Angebote von 13 Lehrkräften. Ähnlich differenziert sind die Angebote in den anderen Studienbereichen.

41 Untersuchungen an Instituten für Lehrerbildung führten zu vergleichbaren Ergebnissen. So ermittelte SCHUBERT (1985):

Tabelle 48   Bedeutsamkeit von Ausbildungsfächern/Lehrgebieten für die künftige praktische Tätigkeit (Angaben in G/$\bar{x}$)

	1. Semester n = 145	4. Semester n = 144	6. Semester n = 126	8. Semester n = 122
- Grundlagen der Pädagogik	89	61	50	47
- Vorbereitung auf Hort- und außerunterrichtliche Tätigkeit	-	72	57	48
- Didaktik	-	85	76	77
- Erziehungstheorie	-	62	60	51
-Entwicklungspsycholog/Gesundheitserziehung	66	61	58	55
- Geschichte der Erziehung	-	-	-	39
- Psychologie	-	-	80	74

Ein ähnlich aufschlußreiches Bild ergibt sich aus den Antworten auf die Frage, wie hilfreich und wirksam die Ausbildung in den pädagogischen Lehrgebieten für die Bewältigung der Aufgaben in den Unterrichtspraktika war. Die Studenten wurden

nach Absolvierung des kleinen (6. Semester) und großen (8. Semester) Schulpraktikums befragt.

Tabelle 49   **Pädagogikausbildung und Praktikumsanforderungen (Angaben in G/$\bar{x}$)**

		6. Semester n = 126	8. Semester n = 122
Grundlagen der Pädagogik	für .Unterricht	34	29
	.außerunterrichtliche Arbeit	30	24
Vorbereitung auf Hort und außerunterrichtliche Tätigkeit	für .Unterricht	24	16
	.außerunterrichtliche Arbeit	59	44
Didaktik	für .Unterricht	78	80
	.außerunterrichtliche Arbeit	40	43
Erziehungstheorie	für .Unterricht	50	40
	.außerunterrichtliche Arbeit	50	49

42 MELCHERT (1985) stellte die Ergebnisse verschiedener Untersuchungen zur Qualität des Pädagogikstudiums zusammen. Als qualitativ unzureichend wird es bewertet
bei

KRUMM	(1969)	von 49 %
ROTH	(1972)	von 29 %
ALBRECHT	(1973)	von 62 %
HITPASS	(1970)	von 26 %
SUSTECK	(1975)	von 73 %
FRECH	(1976)	von 71 %
WALTER	(1974)	von 72 %
STELTMANN	(1979)	von 35 %

43 In gewissem Sinne vergleichbar sind die von BEHRENS (1980) erhobenen Befunde.
Er ließ Fachlehrerabsolventen (n = 210) einschätzen, wie notwendig die Anleitung
für einzelne Tätigkeitsbereiche in den ersten Dienstjahren (Einarbeitungsphase) ist.
Aus diesen Wertungen kann - sicher mit Vorbehalt - auf die Qualität der Vorbereitung während der Ausbildung geschlossen werden.

Tabelle 50   **Notwendigkeit der Anleitung in der Einarbeitungsphase (Angaben in G/$\bar{x}$)**

- Bestimmung der Bildungsziele	50
- Didaktische Aufbereitung des Stoffes	65
- Methodische Planung	67
- Sachgerechte Anwendung der Methoden	65
- Arbeit mit Unterrichtsmitteln	57
- Individuelles Eingehen auf die Schüler	62
- Sicherung von Ordnung und Disziplin	72

44 Der Aufsatz von GIESECKE ist im übrigen sehr lesens- und bedenkenswert. Folgt man jedoch der zitierten Argumentation, so müßte man der akademischen Ausbildung von Ärzten, Ingenieuren usw. wohl auch Fachschulcharakter zusprechen.

45 Vergleichbar sind die Ergebnisse einer Befragung an der Pädagogischen Hochschule Potsdam (MAASSDORF 1982) zu Merkmalen der pädagogischen Lehrveranstaltungen.

Tabelle 51   Pädagogische Lehrveranstaltungen (Angaben in G/$\bar{x}$, n = 65)

In den Lehrveranstaltungen werden pädagogische Erfahrungen der Studenten kaum genutzt	55
Um die Anforderungen in Pädagogik zu erfüllen, muß ich viel Zeit für das Selbststudium aufbringen	41
Die Pädagogikausbildung ist eindeutig an den Anforderungen des Lehrerberufs orientiert	37
Die Seminare sind didaktisch-methodisch so gestaltet, daß ich sie als beispielgebend für meine Lehrertätigkeit betrachte	38
Die in den Lehrveranstaltungen dargestellten Aussagen sind mir im wesentlichen bekannt	45
Die Anwendbarkeit der vermittelten Kenntnisse wird mir zu wenig deutlich	66

46 Einen Überblick über diese Versuche gibt PREUSS in FLACH/PREUSS,1990, S. 47 bis 56.

47 Auf eine wesentliche Ursache dafür weist BECKER (1976, S. 58/59) hin: Es existiere zwar „eine ihre Eigenständigkeit über die Jahrzehnte relativ erfolgreich verteidigende Erziehungswissenschaft“, die angeblich über eigene Methoden verfügt (historische, systematische, empirische, vergleichende - heißt es wohl in Prüfungsordnungen), die eigene Fragestellungen durchhält (z. B. nach dem „pädagogischen Bezug“, dem „Denken vom Kinde aus“ etc.), eigene Theorien entwickelt (da fallen mir leider keine aktuellen Beispiele ein) . . . Was allerdings der Gegenstand dieser Wissenschaft sein soll, unter welchen Aspekten dieser Gegenstand untersucht wird, welche Methoden und welcher konzeptioneller Rahmen dabei verwendet werden, ist hochgradig dissent.“

48 HOFMANN (1985, S. 576) weist mit Recht darauf hin, daß in der pädagogischen Literatur und Diskussion in der DDR die Tendenz spürbar ist, gründliche theoretische Arbeit durch Modernismen zu ersetzen: „Die simpelsten Praktiken stellen Übernahmen aus den terminologischen und forschungsmethodischen Arsenalen anderer Wissenschaften und Kulturbereiche dar. Dabei handelt es sich bisweilen leider nur um unorganisch in den Gegenstand „pädagogischer Prozeß“ verpflanzte sinnfremde Worthülsen, z.B. „Strategie“, „Regime“, „Linie“, „Operation“, „Führung“ usw. Neuerdings ist es auch in Schwang gekommen, eine Art pädagogische Gleichnis- oder Symbolsprache zu kultivieren. Was damit gemeint ist, mögen folgende -

zugegebenermaßen extreme - Proben verdeutlichen: „Aufschachtelung" pädagogischer Prozesse, „strukturanalytische Konkretion" derselben u.a.m. . . . Man könnte vielleicht getrost darauf warten, bis sich diese Erscheinungen für den wahren Erkenntniszuwachs als wertlos erweisen. Leider ist es nicht ausgeschlossen, daß aus ihnen Mode- und Reizwörter entstehen, die Bewegung auslösen, ohne geistige Aktivitäten zu entbinden. Schließlich wäre noch der Vorschlag zu nennen, die monierten Unklarheiten, Mehrdeutigkeiten oder rein metaphorischen Bezeichnungen durch willkürliche Regulierungen und heroische Amputationen „von oben" beseitigen zu wollen, um eine scheinbare Einheit und Eindeutigkeit zu erzwingen. . ."

49 Deutlicher und schärfer charakterisiert GIESECKE (1987, S. 142) die Situation und den Stellenwert der Erziehungswissenschaft in der Lehrerausbildung: „Die Gegenstände des Studierens (sind) nicht einfach aus der inneren Struktur der Erziehungswissenschaft, gleichsam als Abbildung ihrer inneren Systematik zu definieren; denn diese innere Struktur richtet sich nach ganz anderen, nämlich hochschulinternen Prinzipien. . . So wie sich die Systematik der Erziehungswissenschaften entwickelt hat, hat sie sich nicht zu dem Zweck entwickelt, in ihrer Gesamtheit ein möglichst praxisorientiertes Studium zu organisieren; zunächst organisiert sie vielmehr ihren Selbstzweck im Rahmen ihrer universitären Verfaßtheit; sie produziert in erster Linie für Professoren, nicht für Lehrer oder Sozialpädagogen. Insofern kann sie nur als eine Art Dienstleistung angesehen werden, die der Student je nach seinen Perspektiven nutzen muß."

50 Bezogen auf die neuen Bundesländer darf insofern wohl bezweifelt werden, daß die von LENZEN (1990) dringend empfohlene und inzwischen im vollen Gange befindliche Ersetzung der ostdeutschen durch westdeutsche Erziehungswissenschaftler in absehbarer Zeit zur Verbesserung der erziehungswissenschaftlichen Ausbildung führt.

51 Das gewachsene Selbstbewußtsein der Fachdidaktik zeigt sich auch in Erklärungen, in denen Bedeutung und Aufgaben fachdidaktischer Ausbildung artikuliert werden. So wurden auf der Fachdidaktikertagung am 4. 12. 1985 in Oldenburg folgende „Thesen und Forderungen zur Bedeutung der Fachdidaktik an Hochschulen" angenommen:

„- Fachdidaktiken sind eigenständige wissenschaftliche Arbeitsgebiete an den wissenschaftlichen und wissenschaftlich-künstlerischen Hochschulen. . .

- Fachdidaktiken sichern das Zusammenwirken von Fachwissenschaften, pädagogischer Forschung und Schulpraxis. Sie sind deshalb unverzichtbarer Bestandteil aller Phasen der Lehrerausbildung. . .

. Sie müssen an den Hochschulen eine durchgängige Studienkomponente darstellen. In Vorlesungen, Übungen und Seminaren des Grund- und Hauptstudiums, die Forschung und Schulpraxis einbeziehen, prägen sie das Qualifikationsprofil und die Professionalität des Lehrers enscheidend mit.

. Die schulpraktische Ausbildung des Lehrers im Vorbereitungsdienst erweitert dann die fachdidaktische Ausbildung überwiegend in curricularer und methodischer Hinsicht. Sie kann auf die wissenschaftliche Grundlegung in der Hochschule nicht verzichten, sonst liefen die Anwärter und Referendare unter dem Praxisdruck Gefahr, sich Techniken ohne Konzepion, Routine ohne Reflexion anzueignen. Die vereinzelt schon bestehende Zusammenarbeit beider Phasen sollte verstärkt werden, damit die Ausbildung an der Hochschule praxisnäher wird und die schulpraktische Ausbildung von der fachdidaktischen Forschung und Theorie profitiert.

. Lehrerfort- und Weiterbildung vertieft und ergänzt die fachdidaktische Ausbildung des Lehrers. Sie vermittelt neuere fachwissenschaftliche und fachdidaktische Ergebnisse für den Unterricht und fördert die Berücksichtigung schulischer Probleme in der Hochschulforschung. . .

- Fachdidaktiken qualifizieren auch für außerschulische Tätigkeitsfelder. . .
- Fachdidaktiken dürfen nicht aufgrund von Lehrerarbeitslosigkeit und Sparpolitik zur Disposition gestellt werden. . .
- Fachdidaktiken müssen verbindliche Prüfungsfelder für alle Lehrämter sein. . ."

Die Betonung der Rolle und der Aufgaben der Fachdidaktik dürfte insbesondere deshalb notwendig sein, weil die restriktive Lehrerbildungspolitik in den 80er Jahren das zeitliche Volumen und die personellen Kapazitäten dieses Faches besonders bedroht:

„Staat und große Teile der Universität verlieren zunehmend ihr Interesse an der Lehrerausbildung. Sie gerät damit in Gefahr, vom bildungspolitischen Tätschelkind in den 70er Jahren zum armen Vetter in den 80er und 90er Jahren zu verkommen. . .

Allgemeine Didaktik und Fachdidaktik können eigentlich nur in einer Weise darauf reagieren, nämlich sich als Mentoren der Lehrerbildung zu begreifen und durch eine noch engere Kooperation in dem ihnen ureigensten Bereich ein Gegengewicht zu bilden zur Tendenz, die Lehrerbildung als Sparstrumpf der Universität zu betrachten.

Für die Fachdidaktik ist diese Orientierung als ernstzunehmende universitäre Disziplin fast schon existenziell. Denn in dem Maße, in dem sie sich als Appendix der
Fachwissenschaft versteht, gerät sie in die Gefahr, . . . als Verschiebebahnhof
fachwissenschaftlicher Personalpolitik zu fungieren." (HEURSEN, 1984, S. 83/84)

52 In verschiedenen Untersuchungen bei Praktikanten und Absolventen wurde versucht,
den Stand ihrer Befähigung zur Bewältigung der unterrichtlichen Anforderungen,
zur Gestaltung eines anforderungsgerechten Unterrichts zu ermitteln. Da davon aus-
zugehen ist, daß für die didaktisch-methodischen Aspekte dieser Gestaltung und die
Entwicklung entsprechender Fähigkeiten die unterrichtsmethodische Ausbildung einen wesentlichen Beitrag leistet, führen wir ausgewählte Ergebnisse einiger Erhebungen hier an.

Junge Lehrer in den ersten Dienstjahren wurden von FLACH u.a. (1973) und von
BLONTKE u.a. (1973) befragt, wie sie ihre Befähigung zur Bewältigung unterrichtlicher Aufgaben einschätzen:

Tabelle 58   **Befähigung zur unterrichtlichen Tätigkeit (Angaben in $G/\bar{x}$**
              bzw. in %)

	FLACH u.a. 1973 n = 428, $G/\bar{x}$	BLONTKE u.a. 1973 n = 107, %
- Kenntnisse über Ziele, Inhalte und didaktisch-metho-dische Konzeption der Lehrpläne		
. Hauptfach	85	-
. Nebenfach	81	-
- Differenziertes Eingehen auf die Schüler	65	31
- Zielgerichteter und systematischer Aufbaudes Unter-richts	88	86
- Gestaltung des Lernens als aktive und bewußte Tätig-keit der Schüler	78	61
- Ziel- und inhaltsadäquate Anwendung der Methoden	85	76
- Planmäßiger Einsatz der Unterrichtsmittel	81	-
- Befähigung der Schüler zur Anwendung des Wissens	75	54
- Festigung des Stoffes	-	66

Zu ähnlichen Ergebnissen kommt die Erhebung des ZIJ (1987) bei Lehrerstudenten
(n = 378) nach Abschluß ihres Studiums.

Tabelle 59   **Befähigung zur Gestaltung des Unterrichts (Angaben in G/$\bar{x}$ und %)**

	G/$\bar{x}$	deutliche Zustimmung (%)
Bestimmung der Ziele des Unterrichts auf der Grundlage des Lehrplans	79	78
didaktisch-methodische Vorbereitung auf die Unterrichtsstunde	78	76
Bewertung und Zensierung der Schülerleistungen	74	64
langfristige Planung von Stoffeinheiten	71	60
individuelles Eingehen auf den einzelnen Schüler	71	58
problemhafte Gestaltung des Unterrichts	70	54
Sicherung von Disziplin im Unterricht	65	42
Aktivierung aller Schüler	64	34
Erkennen und Fördern von Begabungen und Talenten	63	34

53   Auf mit der fachwissenschaftlichen Ausbildung verbundene Praktika einschließlich Sprachstudien im Ausland, Exkursionen usw. wird nicht eingegangen.

54   Die Studentenbefragung Potsdam brachte dazu folgende Bewertungen:

Tabelle 68   **Praktische pädagogische Arbeit während des Studiums (Angaben in G; Werte der weiblichen und männlichen Studenten)**

	Matrikel '73				Matrikel '74	
	4. Sem.		7. Sem.		7. Sem.	
	w n = 264	m n = 56	w n = 207	m n = 36	w n = 233	m n = 68
- Notwendigkeit der praktischen pädagogischen Arbeit für die Vorbereitung auf den Beruf	95	90	97	95	97	85
- Wirksamkeit der praktischen pädagogischen Arbeit für die Bewältigung der fachlichen Anforderungen	63	67	57	43	68	67
- Wirksamkeit der praktischen pädagogischen Arbeit für die persönliche Entwicklung	68	68	58	44	77	72
- Bewertung von Art und Umfang der praktischen pädagogischen Arbeit	53	45	-	-	40	40
- Qualität von Art und Umfang der praktischen pädagogischen Arbeit	-	-	50	38	-	-

55   Für das 8. Semester der Matrikel 1974 liegen entsprechende Ergebnisse von Befragungen an den Pädagogischen Hochschulen Dresden (n = 208) und Erfurt (n = 315) vor:

Tabelle 69   Wirksamkeit der Praktika für die fachliche Qualifizierung
(1. Zeile) und die Persönlichkeitsentwicklung (2. Zeile) (Angaben in G/$\bar{x}$)

	Dresden	Erfurt	zum Vergleich: Potsdam
PPT	60	43	53
	65	48	58
FLP	74	68	67
	77	70	70
PPP	56	55	52
	57	55	53
(SPÜ)	70	52	65
	70	62	62
GSP	95	91	92
	93	87	88

56 Die Bewertungen der Wirksamkeit der praktischen Ausbildungsformen korrespondieren mit dem Erleben und der Beurteilung der Gestaltung dieser Formen und der Bedingungen für die Bewältigung der Praktikumsaufgaben. In der genannten Untersuchung (PREUSS 1979) urteilten die Studenten so:

Tabelle 70   Bedingungen für die Arbeit in den Praktika (Angaben in G/$\bar{x}$)

	PPT (n = 845)	FLP (n = 550)	PPP (n = 672)
- Eigene Initiative und Aktivität	61	72	71
- Selbständige Aufgabenbewältigung	-	71	76
- Praktikumsanleitungen	41	51	59
- Anleitung durch Lehrkräfte während des Praktikums	39	35	59
- Organisation des Praktikums	-	51	64
- Theoretische Vorbereitung durch Lehrveranstaltungen in Pädagogik und Psychologie	51	47	50

Die Erhebung von RIEDEL (1974) führte zu folgenden Ergebnissen:

Tabelle 71   Gestaltung und Wirksamkeit praktischer Ausbildungsformen
(n = 95, Angaben in G/$\bar{x}$)

	PPT	FLP	PPP
Organisation der Praktika	30	69	61
Kontinuität der Anleitung während der Praktika	25	69	49
Klare Vorstellungen über die Aufgabenstellung	41	69	62
Notwendigkeit, in Lehrveranstaltungen erworbene Kenntnisse anzuwenden	33	52	65
Für die Tätigkeit als Lehrer relevante Aufgabenstellungen	36	65	59
Förderung positiver Einstellungen zu Kindern und Jugendlichen	51	74	66
Bewußtwerden der gesellschaftlichen Verantwortung des Pädagogen	45	72	63

57 Diese Zusammenfassung resultiert aus den Äußerungen der Studenten, die WERRES/WITTENBRUCH S. 11/12 in Auswahl als Beleg zitieren:

„- Während des Praktikums bekommt man die Möglichkeit, festzustellen, ob einem der Lehrerberuf Spaß macht. Ich habe wieder Mut bekommen, das Studium so schnell wie möglich abzuschließen, um endlich den Lehrerberuf, der mir gut gefallen hat, auszuüben.

- Es ist die einzige Möglichkeit, den theoretischen Ansatz der Hochschule umzusetzen in die Praxis, und man sieht endlich den „Sinn" des Studiums ein. Das Praktikum ist die entscheidende Möglichkeit, den Weg zum Fachidioten zu umgehen und einen Schülerbezug zu erhalten.

- Einziger Bestandteil des Studiums, in dem man die unterrichtliche Situation erleben und eigene Fähigkeiten und Fertigkeiten erlernen und erweitern kann. In der Grund- und Hauptschule sind gerade die unterrichtlichen Fähigkeiten mehr gefragt als Fachwissen. Der Fortfall des Praktikums wäre ein unersetzlicher Verlust für jeden Studenten.

- Das Praktikum ist meines Erachtens das Allersinnvollste am ganzen Studium Erziehungswissenschaft. Nur hier kann man sehen, ob man evtl. geeignet ist, Lehrer zu werden. Ich halte es für eine Zumutung für die Schüler, ohne jegliche praktische Erfahrung auf sie losgelassen zu werden.

- Konkrete Praxiserfahrung, Umgang mit Schülern aller Altersstufen, Kennenlernen der inneren Organisation der Schule und des Lehrerkollegiums.

- Fünf Wochen Praktikum bringen mehr als vier Semester Studium.

- Alles: Erfahrung des Schulalltags; Wissen, worauf es beim folgenden Studium ankommt; Einbringen von Schulerfahrungen in das folgende Studium und damit Stärkung des Praxisbezugs in Seminaren; das Studium nicht im luftleeren Raum durchzuführen, sondern mit der Möglichkeit, sinnvoll auf eine bereits erlebte Berufswirklichkeit hin zu studieren.

- Dies ist der einzige Praxisbezug in dem wissenschaftlichen „Wust". Fünf Wochen sind aber zu wenig. Besser wäre z.B. ein Praktikum über ein ganzes Schuljahr, in dem man einen Tag in der Woche immer in dieselbe Klasse geht.

- Zum ersten Mal lernt man intensiver den Schulalltag kennen. Hier kann und darf nun ausprobiert werden, was in der Schule alles möglich ist. Hier tauchen eigentlich wichtige Fragen und Probleme auf, für die es nötig wäre, noch mindestens sechs Semester zu studieren. Man stellt fest, worauf man Wert legen muß im Studium.

- Man will endlich einmal die Theorien bestätigt oder verworfen wissen, die einem im Studium begegnen. Ein Fach studieren und es den Kindern nahe bringen, sind zwei völlig verschiedene Dinge. Wer nicht mit Kindern klarkommt, merkt das schnell und kann seine Berufswahl noch ändern.

- Lehrerausbildung muß praxisnah sein. Deshalb wäre ich sogar für ein längeres Praktikum oder ein weiteres. . . Die fachdidaktischen Praktika bringen bei weitem nicht so viel."

58 Die in der folgenden Tabelle zusammengefaßten Ergebnisse entstammen ebenfalls einer experimentellen Untersuchung, die am IfL Weißenfels durchgeführt wurde (HERTWIG/ PRÖTZSCH/PRÖTZSCH, 1978). Es fällt auf, daß die Selbstbewertung der Studenten kritischer ausfallen als die Urteile der Mentoren; dies ist darauf zurückzuführen, daß im Prozeß der Herausbildung pädagogischen Könnens der Befähigung der Studenten zur kritischen Wertung ihrer eigenen Tätigkeit große Bedeutung zukommt und entsprechend betont wurde.

Tabelle 72   **Entwicklung pädagogischen Könnens im großen Schulpraktikum (Angaben in G/$\bar{x}$)**

	Studenten n = 31	Mentoren n = 31
Bestimmung der Ziele der Unterrichtsstunde	73	79
Planung des Verlaufs der Unterrichtsstunde	72	82
Planung der Schülertätigkeiten	68	78
Zielorientierung und Motivierung der Schüler	75	78
Aktivierung der Schüler	71	76
Steuerung der Schülertätigkeit	74	82
Erzieherisches Einwirken	71	81
Gestaltung der sozialen Beziehungen	68	79
Beachtung der Altersbesonderheiten	66	75
Einsatz sprachlicher Mittel	80	80

59 Ähnliche Ergebnisse brachte die Befragung der ZIJ (1987), in der Lehrerstudenten (n = 378) im letzten Studienjahr nach ihrer Teilnahme an verschiedenen Formen des WSW befragt wurden:

Tabelle 88   **Teilnahme am Wissenschaftlichen Studentenwettstreit (Angaben in %)**

	regelmäßig	nein, wollte auch nicht
Forschungs-/Oberseminar	12	65
Wissenschaftliches Jugendobjekt	8	61
Leistungsschau der Studenten und jungen Wissenschaftler	4	66
Wissenschaftliche Studentenzirkel	5	72
Jugendforscherkollektiv	5	75

Dies entspricht den Ergebnissen einer Erhebung bei den gleichen Lehrerstudenten im 2. Studienjahr (1983, n = 622), die das geringe Interesse am WSW dokumentiert:

Tabelle 89   **Teilnahme am Wissenschaftlichen Studentenwettstreit (Angaben in %)**

	„ja"	„nein, möchte auch nicht"
Wissenschaftlicher Studentenzirkel	7	64
Wissenschaftliches Jugendobjekt	8	60
Leistungsschau der Studenten und jungen Wissenschaftler	5	73
Forschungs-/Oberseminar	2	72
Forschungsobjekte der Sektion/Hochschule	7	48
Forschungsobjekte von Praxispartnern	0	57

Rolle und Wirksamkeit des wissenschaftlichen Studentenwettstreits werden auch in den Ergebnissen der Studentenbefragung Potsdam deutlich. Wir beziehen uns wiederum auf die 10. Befragung, in die Studenten der Hochschulen Dresden und Erfurt einbezogen waren:

Tabelle 90   **Wirksamkeit von Studienfaktoren für - die Realisierung der fachlichen Zielsetzungen des Lehrerstudiums (1. Zeile) - die persönliche Entwicklung (Charaktereigenschaften, menschliche Reife, Selbstverantwortung, Realisierung des Lehrplanes) (2.Zeile) (Angaben in G/$\bar{x}$)**

	Matrikel 1974, 8. Semester (1978)			
	Gesamt n = 792	Potsdam n = 266	Dresden n = 208	Erfurt n = 318
Teilnahme am wissenschaftlichen Studentenwettstreit zum Vergleich:	30	32	36	22
	35	38	37	30
Selbststudium	62	64	64	57
	62	62	67	57
wahlweise-obligatorische Ausbildung	49	52	45	48
	53	58	53	50
Hauptfach	61	60	63	60
	58	45	67	57
Pädagogik	37	39	34	37
	45	47	43	45

214

60 1970 wurde der Charakter der wahlweise-obligatorischen Ausbildung so bestimmt: „Die wahlweise-obligatorische Ausbildung der Studenten wird in einem der nachfolgend aufgeführten Ausbildungsbestandteile ab 5. Semester durchgeführt: Hauptfach, Methodik des Hauptfaches, Pädagogik, Psychologie, Marxismus-Leninismus. Ihre Zielstellung besteht darin, daß sich der Student tiefer in eine wissenschaftliche Problematik einarbeitet und dabei solche allgemeinen und speziellen Arbeits- und Forschungsmethoden kennen und anwenden lernt, die ihm zu schöpferischer wissenschaftlicher Arbeit bei der Gestaltung des Bildungs- und Erziehungsprozesses an der sozialistischen Oberschule und zur Teilnahme an der Lösung von Forschungsaufgaben auf einem speziellen Gebiet befähigen. Aus der wahlweise-obligatorischen Ausbildung und der Teilnahme der Studenten an der Lösung von Forschungsaufgaben auf einem speziellen Gebiet ergibt sich die Thematik der Diplomarbeit der Studenten. Die damit verbundenen wissenschaftlichen Arbeiten und Untersuchungen sind innerhalb der für die wahlweise-obligatorische Ausbildung zur Verfügung stehenden Zeit durchzuführen" (Anweisung zur Gestaltung der Phase des Fachstudiums. . . vom 10. Juni 1970, zit. nach KIRSCH, 1984, S. 8-9).

61 In einer Diplomarbeit untersuchte QUELLE (1985) die Motivation für das Selbststudium und dessen Intensität im Fach Pädagogik:

Tabelle 91 Zum Selbststudium im Fach Pädagogik (n = 35, Angaben in %)

	trifft zu	trifft überhaupt nicht zu
- Im Selbststudium konzentriere ich mich auf		
. die Fachwissenschaften	77	3
. das Grundstudium Marxismus-Leninismus	17	3
. die Pädagogik	0	9
. die Psychologie	3	3
- Für mich hat das Selbststudium im Fach Pädagogik den gleichen Stellenwert wie für die anderen Fächer	3	37
- Eine aktive Mitarbeit im Seminar (Pädagogik) ist auch ohne gründliches Selbststudium möglich	28	6
- Studienaufgaben sind für mich bedeutsam, wenn		
. der Bezug zur künftigen Lehrertätigkeit deutlich wird	69	11
. sie mein Leistungsstreben herausfordern	14	12
. mich die Problemsicht anregt	54	9

Die Befunde bezüglich der Studienarbeit in den pädagogischen Lehrgebieten werden gleichsamabgerundet durch die Erhebung von JACOBS/NAWROCKI (1979), die Studenten vor dem Großen Schulpraktikum befragten, welche pädagogische und psychologische Literatur sie im Laufe von sieben Semestern gelesen haben:

Tabelle 92   Gelesene pädagogisch-psychologische Literatur (n = 84, Angaben in %)

- ERLEBACH, IHLEFELD, ZEHNER Psychologie für Lehrer und Erzieher	35
- ZEHNER Schülerbeurteilung	15
- RUBINSTEIN Grundlagen der allgemeinen Psychologie	4
- Loewe Einführung in die Lernpsychologie	2
- NAUMANN Einführung in die Pädagogik	10
- MAKARENKO	10
- KLINGBERG Didaktik	5
- ROUSSEAU Emil	4
- BOLDYREW Klassenleiter	2
- METHODIKEN der Unterrichtsfächer	8
- Pädagogisch-psychologische Pflichtliteratur	15

62   Ein ähnliches Bild ergab sich in der 10. Befragung, die Studenten der Pädagogischen Hochschulen Dresden und Erfurt einbezog.

Tabelle 93   Bewertung von Tätigkeit und Wirksamkeit der Lehrkräfte (Angaben in G/ $\bar{x}$)

	Matrikel 1974, 8. Semester			
	Gesamt n = 792	Potsdam n = 266	Dresden n = 208	Erfurt n = 318
- Anleitung zur wissenschaftlichen Studienarbeit	52	52	52	52
- Von den Lehrkräften wird der Lehrstoff gut vermittelt und erklärt	55	53	57	55
- Von den Lehrkräften erhält der Student umfassend Hilfe und Unterstützung	53	52	53	52
- Vorbild der Lehrkräfte in den Lehrveranstaltungen	43	40	45	44
- Rat und Hilfe der Lehrkräfte außerhalb der Lehrveranstaltungen	41	35	45	41
- Gemeinschaftsarbeit mit Lehrkräften	37	34	43	36

Vergleichbare Ergebnisse liefert die Untersuchung des ZIJ von 1987 (n = 378):

Tabelle 94   Verhältnis der Lehrkräfte zu den Studenten (Angaben in G/ $\bar{x}$)

Zwischen Lehrkräften und Studenten herrschte eine vertrauensvolle Atmosphäre	61
Die Lehrkräfte erkannten die Stärkender Studenten	43
Die Studenten arbeiteten mit Lehrkräften gemeinsam an Forschungsprojekten	31
Studenten wurden von den Lehrkräften individuell gefördert	24

63 Über Meinungen und Vorschläge von Lehrerbildnern zur Gestaltung der Ausbildung gibt es kaum umfänglichere empirische Untersuchungen. Von Interesse - auch im Zusammenhang mit diesem Abschnitt - sind die Ergebnisse von PEIFER (1977), der im Jahre 1972 79 Erziehungswissenschaftler von drei Pädagogischen Hochschulen in Baden-Württemberg um ihre Vorschläge für die Reform der Ausbildung bat:

Tabelle 95 Reformvorschläge von Lehrerbildnern (Angaben in %)

- Bejahung der Reformbedürftigkeit	94
Stärkere Berufs- und Praxisorientierung, bessere Verbindung von Theorie und Praxis	70
Einphasige Ausbildung, Integration und Koordinierung beider Phasen	34
Verbesserung der personellen und materiellen Ressourcen	39
Längere Studiendauer	24
Kritik an Unverbindlichkeit der Inhalte, Forderung nach Integration	23
Verbesserung der Ausbildung in den Praktika	37
Hochschulmethodische Gestaltung	30
Veränderung der Inhalte	30

Die Realisierbarkeit dieser Vorschläge wird von 29 % der befragten Lehrerbildner generell positiv eingeschätzt.

64 In einem Arbeitspapier (Bliemel 1990) des BAK (Bundesarbeitskreis der Seminar- und Fachleiter e. V.) wird die Ausbildung in der zweiten Phase so beschrieben:

Die Ausbildung im S c h u l p r a k t i s c h e n   S e m i n a r (Allgemeines Seminar und Fachseminare) dient einer theoriebezogenen Handlungsfähigkeit und qualifiziert für die selbständige Unterrichts- und Erziehungstätigkeit. Sie bezieht sich dabei auf die Wissenschaftsbereiche der ersten Phase. Die Ausbildung dauert 24 Monate, die Lehramtsanwärter sind während dieser Zeit Beamte auf Widerruf. Vorgesetzter ist der Seminarleiter; Ausbildung und Schulaufsicht sind dadurch strikt getrennt. Alle an der Ausbildung Beteiligten - Seminarleiter, Fachseminarleiter, Schulleiter, Anleitende Lehrer - haben die Erste und Zweite Staatsprüfung für das Lehramt, für das sie ausbilden, auch selbst abgelegt.

Im A l l g e m e i n e n   S e m i n a r führt der Seminarleiter die Lehramtsanwärter unabhängig von ihren Schulfächern in die schulrelevanten Bereiche von Erziehungswissenschaft, Psychologie, Soziologie und Recht ein (3 Wochenstunden). Dabei soll - soweit möglich - von konkreten Sachverhalten ausgegangen und handlungsorientiert gearbeitet werden.

Die beiden F a c h s e m i n a r e , an denen jeder Lehramtsanwärter gemäß seinen Unterrichtsfächern teilnimmt (zweimal 4 Wochenstunden), befinden sich in der Regel an den Schulen der Fachseminarleiter. Diese sind haupt- und nebenamtlich

Ausbilder und Lehrer zugleich. Die fachdidaktische Ausbildung in kleinen Gruppen ist hier ganz eng verbunden mit regelmäßigem Übungsunterricht in bekanntem Planungszusammenhang mit längerfristig zur Verfügung stehenden Lerngruppen. Die Fachseminare leisten in der Ausbildung einen entscheidenden Beitrag zur Herstellung eines evidenten Theorie-Praxis-Bezuges.

An der A u s b i l d u n g s s c h u l e erteilt der Lehramtsanwärter an drei bis vier Tagen selbständigen Unterricht bzw. Unterricht unter Anleitung in seinen beiden Fächern und hospitiert auch. Er nimmt an allen Veranstaltungen des schulischen Lebens teil, ist Mitglied des Kollegiums und handelt im Rahmen der ihm vom Schulleiter/Seminarleiter übertragenen Aufgaben verantwortlich. Dauer und Intensität der Arbeit in der Schule (10 Wochenstunden) sind durch die vielfältigen Ansprüche an den 'Arbeitsplatz Schule' gerechtfertigt. Dabei stehen den jungen Kolleginnen und Kollegen a n l e i t e n d e L e h r e r beratend zur Seite. Sie haben als erfahrene kollegiale Gesprächspartner eine wichtige Funktion in der Ausbildung. Seminarleiter, Fachseminarleiter und Schulleiter besuchen die Lehramtsanwärter regelmäßig im Unterricht und beraten sie. Das 'Beratungsgespräch' ist ausbildungsdidaktisch bedeutsam.

Die Z w e i t e S t a a t s p r ü f u n g findet an einem Prüfungstag statt. Prüfungsteile sind die Schriftliche Prüfungsarbeit (Hausarbeit, 5 Monate Anfertigungszeit), zwei Unterrichtsstunden mit Analyse und Analysegespräch und die mündliche Prüfung (Erziehungswissenschaft, beide Fachdidaktiken und Schulrecht). Alle vier Prüfungsteile werden mit Noten einfach gewichtet, eine Ausbildungsnote (Vornote), die der Seminarleiter aus den vorher abgegebenen Beurteilungen der Ausbilder zusammenfaßt, wird doppelt gewichtet. Ergebnis: Summe der Noten, geteilt durch 6. Stimmberechtigte Mitglieder der Prüfungskommission sind: Der Prüfungsvorsitzende, der Seminarleiter, der Schulleiter, die beiden Fachseminarleiter und ein vom Prüfling zu wählender Vertreter der Lehrerschaft.

65   Bezogen auf die erziehungswissenschaftliche Ausbildung stellt KLINK (1976, S. 177) fest: „Die wortreiche Gespreiztheit einer sich als wissenschaftlich verstehenden Theorie verstellt in ihrer unrealistischen Praxiseinschätzung den Zugang zu einer das erzieherische Handeln bewältigenden Professionalisierung des Lehrers."

218

66 Aus eigenem Erleben beschreibt HÖFER (1982, S. 65 ff.) Probleme der Referendare in der zweiten Ausbildungsphase:

„Zudem sind die im Studium erlernten Inhalte nur bedingt im Schulunterricht verwendbar. Fast nichts kann unmittelbar eingebracht werden. Ich muß ausklammern, vereinfachen, umbauen. Und genau das habe ich nicht gelernt in meinem Studium. Das muß ich jetzt in der Praxis alles nachholen, in kürzester Zeit, in einer neuen, ungewohnten Situation, unter Handlungszwang, mit unbekannten Hindernissen, konfrontiert mit fremden Schülern, unklaren Erwartungen und beschädigten Ansprüchen." (S. 65)

„Es fällt mir auf, daß die meisten Schwierigkeiten . . . in den Seminaren und Ausbildungsveranstaltungen kein Thema sind. Es fällt mir oft schwer, für mich den notwendigen Zusammenhang herzustellen zwischen den didaktischen Grundsatzdiskussionen des Seminars, meinen persönlichen Erwartungen und meiner Unterrichtspraxis. Eine sinnvolle Anbindung an die Studieninhalte unserer Universitätsausbildung fehlt zudem fast völlig. Dagegen nehmen technische Organisationsprobleme einen unverhältnismäßig großen Raum ein. Manchmal, wenn sich wieder einmal alles im Kreise zu drehen scheint, habe ich den resignierten Eindruck, daß diese Ausbildung fast so viele Probleme selbst produziert, wie sie andererseits zu lösen hilft. Und dabei wäre es höchst unfair, die Verantwortung hierfür einseitig den Ausbildern zuzuschieben. Vieles scheitert auch an unserer eigenen Initiativlosigkeit, manches wird durch die gesellschaftlichen und institutionellen Rahmenbedingungen der Ausbildung verhindert. Unvermeidlich, doch deshalb nicht weniger unangenehm, ist das Erleben von Kontrolle und Druck und das in einem Maße, wie es an der Universität unvorstellbar gewesen wäre." (S. 69)

„Je näher das Examen rückt, desto formaler werden die Anforderungen, desto wichtiger werden die Noten. Die Referendare geraten auch untereinander in ungewollte Konkurrenzbeziehungen. Während wir lernen sollen, wie wir den Schülern ein angstfreies Arbeiten ermöglichen können, geraten wir immer stärker in eine Lage der Angst und der Abhängigkeit . . . Eine letzte Zuspitzung erfährt diese Entwicklung am Tage des mündlichen Examens. Während der Vorbereitung der Prüfungsstunden werden die Schüler, um die es ja schließlich gehen sollte, immer mehr zum Ärgernis, zum möglichen Störfall der ausgearbeiteten Planungen. Sie werden zu lernzielorientierten Steinchen auf dem Schachbrett didaktischer Analysen; dies freilich alles im Rahmen einer emanzipatorischen Gesamtkonzeption, wie versichert wird. . . Der

Examensmarathon erinnert denn auch eher an einen sportlichen Mehrkampf als an eine pädagogische Prüfung: Unterricht - Pause - Nachbesprechung - Pause - Unterricht - Pause - Nachbesprechung - Pause - mündliche Prüfung - Pause - mündliche Doppelprüfung - und schon ist alles vorbei. Ich meine, daß hier weit mehr die psychische Belastbarkeit als die pädagogische Kompetenz geprüft wird. Ein Ritual vollzieht sich, ein unmenschliches Ritual, so jedenfalls habe ich es empfunden. Und das, obwohl ich von allen Beteiligten außerordentlich freundlich und fair behandelt wurde und auch mit dem Ergebnis sehr zufrieden bin. Am Ende sind alle nur froh, wenn es endlich vorbei ist. (Merkwürdig: Hier prüfen Pädagogen Pädagogen, und doch hat mir bisher niemand den pädagogischen Sinn dieses Prüfungsverfahrens erklären können.)" (S. 70/71)

67 Hinsichtlich der Lernerfolge in Pädagogik ergab sich für die Bundesländer ein recht differenziertes Bild (FRECH, 1976):

Tabelle 101   Lernerfolge in Pädagogik im Allgemeinen Seminar (Angaben in %, n = 842)

Land	Viel	Wenig
Baden-Württemberg	15	59
Bayern	16	65
Berlin	4	75
Bremen	26	41
Hamburg	36	20
Hessen	28	42
Niedersachsen	35	35
Nordrhein-Westfalen	27	43
Rheinland-Pfalz	14	49
Saarland	3	52
9Schleswig-Holstein	7	56

68 Zu ähnlichen, in der Tendenz vergleichbaren Ergebnissen kam WARNKEN (1977, S. 144), der seine Probanden (400 Lehramtsanwärter in Nordrhein-Westfalen) die für sie effektiven Ausbildungssituationen im Vorbereitungsdienst nennen ließ:

Tabelle 102   **Bewertung der Ausbildung an der Hochschule (H) und im Seminar (S) (Angaben in %, n = 500)**

- Intensität, Effektivität	H	S		H	S
intensiv	43	71	oberflächlich	57	29
anspruchsvoll	67	81	anspruchslos	33	19
kritisch	69	65	unkritisch	31	35
systematisch	36	64	planlos	64	36
effektiv	50	63	ineffektiv	50	37
angemessen	40	60	unangemessen	60	40
- Verschulung, Belastung					
frei	73	24	verschult	27	76
konservativ	30	43	fortschrittlich	70	57
pedantisch	29	75	großzügig	71	25
tolerant	80	55	intolerant	20	45
befreiend	57	20	bedrückend	43	80
belastend	42	87	nicht belastend	58	13
- Atmosphäre, Arbeitsklima					
freundlich	72	76	unfreundlich	28	24
verständnisvoll	62	60	verständnislos	38	40
persönlich	39	61	unpersönlich	61	39
ermutigend	60	54	entmutigend	40	46
- Theorie-Praxis					
praxisnah	14	82	praxisfern	86	18
theoretisch	95	60	praktisch	5	40

70   Im Sinne einer Zusammenfassung seien die Ergebnisse der ZIJ-Befragung (1987) nochmals angeführt (Siehe dazu auch die Tabellen 26, 30, 32, 36, 43):

Tabelle 116   **Bewertung der Wichtigkeit (1. Spalte) und der Qualität (2. Spalte) von Ausbildungsbereichen (Angaben in G/$\bar{x}$ und % für „deutliche Zustimmung", n = 378)**

	Wichtigkeit		Qualität	
	G/$\bar{x}$	%	G/$\bar{x}$	%
- Schulpraktische Ausbildung im 5. Studienjahr	94	95	88	85
- Unterrichtsmethodische Ausbildung	93	95	76	67
- Fachwissenschaftliche Ausbildung	93	94	85	85
- Ausbildung in Arbeitsrecht	86	83	31	10
- Psychologie	83	81	76	59
- Ferienlagerpraktikum	76	69	73	62
- Schulpraktische Übungen in Pädagogik und Psychologie	74	62	69	54
- Didaktik	73	61	65	43
- Anfertigung der Diplomarbeit	62	47	84	82
- Wahlweise-obligatorische Ausbildung	59	39	67	53
- Erziehungstheorie	57	32	56	32
- Grundlagen der Pädagogik	56	29	54	25
- Einbeziehung in die Forschung	43	18	33	12
- Geschichte der Erziehung	32	7	51	25

71   In der Untersuchung von OESTERREICH (1988) wurde Berufsanfängern die Frage gestellt: „Was hat Ihnen bei Ihrer Arbeit als Lehrer geholfen?" Das Ergebnis:

Tabelle 117   Hilfe für die Arbeit als Lehrer (n = 247, Angaben in G/$\bar{x}$)

Kollegen an der Schule (Vorgesetzte, Lehrer, Sozialarbeiter)	77
Berufliche und soziale Erfahrungen außerhalb des schulischen Bereichs	73
Ausbildung in der zweiten Phase	69
Ehepartner, Freunde	68
Andere Berufsanfänger	66
Schüler	65
Erfahrungen aus der eigenen Schulzeit	58
Das Studium	46

(Vgl. dazu auch die Tabellen 28 (OESTERREICH) und 38 (EITZMANN/WAGNER).

72   BEHRENS (1980) ermittelte folgende Werte:

Tabelle 118   Zur Bewältigung der Theorie-Praxis-Beziehungen (n = 210, Angaben in G/Z)

Im Lehrerstudium ist das Verhältnis von Theorie und Praxis so gestaltet, daß eine gute Vorbereitung auf die Anforderungen der Lehrertätigkeit gewährleistet ist	38
Es gelingt mir, meine praktischen Erfahrungen in theoretische Zusammenhänge einzuordnen	75
Ich bin in der Lage, in konkreten und spezifischen Formen des pädagogischen Prozesses an meiner Schule das Wirken übergreifender pädagogischer Gesetzmäßigkeiten zuerkennen	65
Es gelingt mir noch nicht, meine Tätigkeit und Handlungen im Unterricht bewußt als Anwendung und Umsetzung theoretischer Einsichten zu gestalten	50
Die während der Ausbildung vermittelten	
. pädagogischen	58
. psychologischen	58
. methodischen	80
Kenntnisse sind mir eine unmittelbare Hilfe bei der täglichen Unterrichtsgestaltung	

73   Ähnlich kritisch und pointiert urteilt BECKER, E. (1979, S. 54 f.) In der Lehrerausbildung werde unterstellt,

„- daß im allgemein pädagogischen Teil der Ausbildung sowie in den Fachwissenschaften und Fachdidaktiken verschiedene Aspekte der Berufsprobleme von Lehrern thematisiert würden und durch die richtige Kombination der dabei erreichten Teillösungen . . . eine allgemeine Problemlösungskapazität zustande käme;

- daß durch die Summe der Einzelqualifikationen eine Gesamtqualifikation zustande käme;

- daß sich durch die Transformation pädagogischer und didaktischer Theorien in Erziehungspraxis . . . eine Anleitung zur wissenschaftlichen Analyse des späteren Berufsfeldes und zur wissenschaftlichen Reflexion von Vermittlungsstrategien des Wissens ergäbe;

- daß es in den einzelnen Studienelementen ein Gemeinsames gäbe, wodurch das scheinbar Disparate geordnet und zu einem realitätsgerechten Qualifikationsprofil synthetisiert wird. Jedoch: eine umfassende Ausbildungsstrategie, ein Konzept von Lehrerausbildung, nach dem sich eine fachliche und pädagogische Kompetenz aufbauen ließe, die es den zukünftigen Lehrern ermöglicht, die Probleme ihrer Berufspraxis erfolgreich zu bewältigen, existiert gegenwärtig ebenso wenig wie ein Bildungsbegriff (,,Gesamtqualifikation")."

74 Das Antwortverhalten auf die Frage nach einer erneuten Entscheidung für den Lehrerberuf scheint im Laufe des Studiums relativ konstant zu bleiben. Die Studentenbefragung Potsdam ergibt folgendes Bild:

Tabelle 119   Wiederwahl des Lehrerberufs (Angaben in %)

	Matrikel 1973			Matrikel 1974			Matrikel 1975		
	4.Sem. n=320	7.Sem. n=243	8.Sem. n=262	4.Sem. n=291	7.Sem. n=256	8.Sem n=266	4.Sem. n=271	7.Sem. n=192	8.Sem. n=197
auf jeden Fall	20	14	22	22	12	14	22	17	18
wahrscheinlich	43	49	49	51	45	42	39	45	42
kaum	22	22	15	19	22	30	24	22	19
auf keinen Fall	7	9	8	5	12	9	5	7	9
o. A.	9	6	6	3	10	4	10	9	13

75 Weitgehend vergleichbar sind die Ergebnisse der Erhebung von LOOS/SCHIMUNEK (1980):

Tabelle 120   Berufseinstellung junger und erfahrener Lehrer (Angaben in G/Z)

	Absolventen n = 54	erfahrene Lehrer n = 55
Der Beruf des Lehrers ist äußerst vielseitig, er bringt viel Freude und Abwechslung	66	79
Es gibt kaum eine schönere Lebensaufgabe, als junge Menschen zu bilden und zu erziehen	67	80
Das Schöne am Lehrerberuf ist, daß man Liebe und Dankbarkeit seiner Schüler verspürt	60	57
Ich finde, die Lehrertätigkeit müßte sich mehr auf den Unterricht beschränken	56	45
Jeder Beruf hat seine Sonnen- und Schattenseiten, beim Lehrerberuf überwiegen die Schattenseiten	35	32

	Absolventen n = 54	erfahrene Lehrer n = 55
Der Lehrerberuf gefällt mir, weil ich mich gern mit Kindern beschäftige	80	82
Die Tätigkeit des Lehrers ist allzusehr in Schablonen eingeengt, für Selbstständigkeit und Schöpfertum bleibt wenig Raum	14	23
In keinem anderen Beruf hat man so wenig Erfolgserlebnisse wie im Lehrerberuf	27	31

76 Dieser scheinbare Widerspruch zwischen der Zahl von Publikationen, die für Reformen in der Lehrerausbildung plädieren und ihrer Wirkungslosigkeit läßt sich, salopp formuliert, so erklären: Die das Sagen haben, brauchen deshalb nicht zu schreiben, und denen, die nicht das Sagen haben, bleibt nur das Schreiben.

10 Literaturverzeichnis

Bücher und Broschüren

ACHINGER, G.: Das Studium des Lehrers. Berlin 1969

APENBURG u.a.: Studium und Lehre aus der Sicht von Lehrenden und Lernenden. Saarbrücken 1977

BADER, R./HABEL,W. v. LÜDE, R.: Wider die behauptete Untauglichkeit der professionalisierten Lehrerausbildung - Zur Öffnung latenter beruflicher Alternativen für Lehrer. - **In: HABEL, W. u.a. (Hrsg.)**: Blockierte Zukunft - Reaktionen von Studierenden und Lehrenden. Weinheim 1987.

BARGEL, TH./BÜRMANN, J./JUNGBLUT, G.: Hochschulsozialisation und Studienreform (Blickpunkt Hochschuldidaktik 44). Hamburg 1977.

BÄUERLE, S. (Hrsg.): Lehrer auf die Schulbank - Vorschläge für eine zeitgemäße Lehreraus- und fortbildung. Stuttgart 1991.

BAYER, M.: Lehrerausbildung und pädagogische Kompetenz. Frankfurter Beiträge zur Lehrerausbildung, Bd. 4. Frankfurt am Main 1978.

BAYER, M./JAHN, G./SEN, F.: Soziale Kompetenz. Konzepte und Handreichungen für die Lehrerfortbildung. Frankfurt am Main 1986.

BAYER, M./BECK, J./SPINDLER, D./TACK, K. (Hrsg.): Alternativen in der Lehrerausbildung. Kooperation und Selbstorganisation. Reinbek 1982.

BECK, J.: Eine notwendige Lehrerbildung. Erfahrungen und Hoffnungen 1981. - **In: BAYER, M. u.a. (Hrsg.)**: Alternativen in der Lehrerausbildung. Reinbek 1982.

BECK, J.: Kleiner Exkurs in die Praxis: Drei Versuche, die eigene Lehrerausbildung nicht „zerphasern" zu lassen. - **In: BAYER, M. u.a. (Hrsg.)**: Alternativen in der Lehrerausbildung. Reinbek 1982.

BECK, J.: Kooperation zwischen Referendaren, Studenten, Ausbildungsleitern und Hochschullehrern: Mögliche Elemente einer einphasigen Lehrerausbildung unter

225

den Bedingungen der Zweiphasigkeit. - **In: BAYER, M. u.a. (Hrsg.):** Alternativen in der Lehrerausbildung. Reinbek 1982.

BECKER, E.: Zum Theorie-Praxis- Syndrom in der Lehrerausbildung. - **In:** Sozialwissenschaften; Studiensituation, Vermittlungsprozesse, Praxisbezug. Frankfurt/M. 1979.

BECKER, H./v. HENTIG, H. (Hrsg.): Der Lehrer und seine Bildung. Beiträge zur Überwindung einer Resignation. Frankfurt/Berlin/Wien 1984.

BECKER, H.: Die verspätete Lehrerbildung. - **In: BECKER, H./v. HENTIG, H. (Hrsg.):** Der Lehrer und seine Bildung. Frankfurt/Berlin/Wien 1984.

BERGMANN, CH./BERNATH, L./HOHMANN, I. u.a.: Schwierigkeiten junger Lehrer in der Berufspraxis. Eine empirische Untersuchung unter pädagogisch-psychologischem Aspekt. - **In:** ZfL Diskussion Nr. 1. hrsg. vom Zentrum für Lehrerausbildung der Justus-Liebig-Universität Giesen 1976.

BOKELMANN, H./SCHEUERL, H. (Hrsg.): Der Aufbau erziehungswissenschaftlicher Studien und der Lehrerberuf. Heidelberg 1970.

BOOS-NÜNNING, U.: Professionelle Orientierung, Berufszufriedenheit, Fortbildungsbereitschaft. Eine empirische Untersuchung bei Grund- und Hauptschullehrern. Königstein/Ts. 1979.

BRACHT, U./HÜLSMANN, B./KEINER, D./PAPP, W./WILDT, J.: Demokratische Lehrerausbildung. Konzept zur Studienreform der Lehrerbildung aus gewerkschaftlicher Sicht. Arbeitsgemeinschaft Hochschuldidaktik e.V. Bielefeld 1980.

BUCHBERGER, F. / SEEL, H.: Materialien zur Lehrerbildung. Wien - Linz 1985.

BUCHBERGER, F. (Hrsg.): Lehren und Lernen in der Lehrerbildung. Wien - Linz 1988.

CHRISTIANI, R.: Lehrerbildung - einphasig oder zweiphasig. Neue pädagogische Bemühungen 64, Essen 1974.

CLOETTA, B./HEDINGER, U. K.: Die Berufssituation junger Lehrer. Eine empirische Untersuchung über Probleme, Einstellungen, Befinden und Schulsituation von Berufsanfängern an Primarschulen des Kantons Bern. Bern 1981.

DANN, H.-D./CLOETTA, B./MÜLLER-FOHRBRODT, G./HELMRICH, R.: Umweltbedingungen innovativer Kompetenz. Eine Längsschnittuntersuchung zur Sozialisation von Lehrern in Ausbildung und Beruf. Königstein/Ts. 1978.

DEITENBECK, Kl.: Gestalten des Praxisschocks - aus der Sicht eines Lehramtsreferendars (GHRS-Bereich). - **In: SIEVERING U.O. (Hrsg.):** Schule und Praxisschock - Beiträge zur Berufsbezogenheit der Lehrerausbildung. Frankfurt am Main 1982.

DANNHÄUSER, A.: Lehrer zwischen Pädagogik und Politik - zur Profession des Lehrers im Spannungsfeld der Schule. München 1987.

DIETRICH, T./ELZER, M. M.: Schulpraktische Studien in der Lehrerausbildung. (Funktion schulpraktischer Studien in erziehungswissenschaftlicher und fachdidaktischer Forschung und Lehre). Weinheim, Basel 1972.

DIETERICH, R. (Hrsg.): Pädagogische Handlungskompetenz. Paderborn, München, Wien, Zürich 1983.

DUTILLY, M.: Und sie bewegen sich doch. Lehrer nach dem Ende der pädagogischen Euphorie. Berlin 1983.

EITZMANN, G./WAGNER, U.: Der Stellenwert der Sozialpädagogik in der Lehrerausbildung. Eine empirische Untersuchung. - **In: EBERLE/MÜLLER/SIEPE (Hrsg.)**: Lernen für die Praxis? Frankfurt am Main 1984.

ELBING, E.: Theoriebezogenes und reflexives Praxishandeln als Dominanzbereich pädagogischer Handlungskompetenz. - **In: DIETRICH, R. (Hrsg.)**: Pädagogische Handlungskompetenz. Paderborn, München, Wien, Zürich 1983.

FICHTNER, W./SPINDLER, D./STEINBRINK, U. (Hrsg.): Dokumentation zur einphasigen Ausbildung. 6 Bde. Oldenburg 1981.

FLACH, H.: Zur Vorbereitung von Schülern auf das Lehrerstudium. - Fortschrittsberichte und Studien. APW, Berlin 1980.

FLACH, H./PREUß, R.: Zur Weiterentwicklung der Pädagogikausbildung. Positionen - Ergebnisse - Tendenzen. Materialien zur Lehrerbildung. APW/ITG, Berlin 1990.

FRANKE, U./REGENBRECHT, A. (Hrsg.): Lehrerbildung an Universitäten. Köln 1985.

FRANKE, R.: Die Auswirkungen antizipierter Arbeitslosigkeit auf Studienentscheidungen und Studienverhalten von Erstsemestern. - **In: HABEL, W. u.a. (Hrsg.)**: Blockierte Zukunft. Weinheim 1987.

FRECH, H.-W.: Empirische Untersuchungen zur Ausbildung von Studienreferendaren. Berufsvorbereitung und Fachsozialisation von Gymnasiallehrern. Berlin 1976.

FRECH, H.-W./REICHWEIN, R.: Der vergessene Teil der Lehrerausbildung. Stuttgart 1977.

227

FRIEDE, CH. K.: Motive bei der Studien- und Berufswahl des Lehramtes an Grund- und Hauptschulen (Europäische Hochschulschriften XI, Bd. 26). Bern/München 1975.

FURCK, C.-L.: Neue Formen der Verbindung von Theorie und Praxis in der Lehrerbildung an der Universität Oldenburg - ein gescheiterter Versuch? - **In: DIETRICH, R. (Hrsg.):** Pädagogische Handlungskompetenz. Paderborn, München, Wien, Zürich 1983.

GIESECKE, H.: Anleitung zum pädagogischen Studium. Wissenschaft und Berufspraxis. München 1974.

GIESECKE, H.: Was müssen Lehrer wirklich lernen und wie teuer muß das sein? Über Lehrerausbildung und Bildung der Lehrer. - **In: STEUBER, H./ANTOCH, R. (Hrsg.):** Einführung in das Lehrerstudium. Stuttgart 1980.

GIESECKE, H.: Pädagogik als Beruf. Grundformen pädagogischen Handelns. München 1987.

GNAD, G./KLISA, B./PRASSE, W.: Lehrerausbildung als Erfahrung. Eine Untersuchung zur beruflichen Sozialisation von Gymnasiallehrern in der zweiten Phase ihrer Ausbildung. - **In: GRÜNDER, K. (Hrsg.):** Unterrichten lernen. München 1980.

GRABBE-EGLOF, I. (Hrsg.): Schulische und außerschulische Erkundungen in der einphasigen Lehrerausbildung. Oldenburg 1981.

GRÜNDER, K. (Hrsg.): Unterrichten lernen. München 1980.

GRODDECK, N.: Zur pädagogischen Professionalisierung des Lehrerberufs. - **In: SIEVERING, U. O. (Hrsg.):** Schule und Praxisschock - Beiträge zur Berufsbezogenheit der Lehrerausbildung. Frankfurt am Main 1982.

GUKENBIEHL, H.L.: Tendenzen zur Verwissenschaftlichung der Lehrerbildung. Weinheim/Basel 1975.

HAAN, G. de: Pädagogik vor der Möglichkeit der Unmöglichkeit von Zukunft - zur problematischen Position wissenschaftsorientierter Didaktik. - **In: HEURSEN, G. (Hrsg.):** Didaktik im Umbruch. Königstein/Ts. 1984.

HABEL, W./v. LÜDE, R./METZ/GÖCKEL/STEUER (Hrsg.): Blockierte Zukunft. Reaktionen von Studierenden und Lehrenden. Weinheim 1987.

HAIDL, M. (Hrsg.): Lehrerpersönlichkeit und Lehrerrolle im sozialintegrativen Unterricht. München 1981.

HÄNDLE, CH.: Lehrerbildung und Berufspraxis. Weinheim 1972.

228

HÄNDLE, CH./NITSCH, W.: Steuerung des Lehrerstudiums. Hamburg 1981.

HÄNDLE, CH.: Lehrerausbildung. - **In: LENZEN, D. (Hrsg.):** Pädagogische Grundbegriffe. Reinbek 1989.

HÄNDLE, CH./NITSCH, W.: Integrierte Lehrerausbildung bleibt aktuell. Materialien zur deutsch-deutschen Reformdiskussion. Oldenburg 1991.

HÄNSEL, D.: Die Anpassung des Lehrers. Weinheim/Basel 1975.

HEBEL, K.-H.: Methodologische Implikationen einer Feldstudie zur Gymnasiallehrerausbildung konkretisiert an ausgewählten Beispielen zur Berufsmotivation. Berlin 1976.

HENNING, R./HENNING, B.: Zur Situation in der Lehrerausbildung im Bereich der Sekundarstufe I. Frankfurt am Main / Bern / Cirencester / U.K. 1980.

HENNING, P.: Gedanken über eine neue Zielsetzung der Lehrerbildung. Hannover 1987.

HENNINGSEN, J.: Vom Klempner zum Schwätzer. Voraussagen zur Lehrerbildung. - **In: BECKER/v. HENTIG (Hrsg.):** Der Lehrer und seine Bildung. Stuttgart 1984.

HENTIG, H. v.: Vom Verkäufer zum Darsteller. Absagen an die Lehrerbildung. - **In:** Lehren und Lernen in der Lehrerausbildung. Oldenburg 1981.

HEURSEN, G. (Hrsg.): Didaktik im Umbruch. Aufgaben und Ziele der (Fach-) Didaktik in der integrierten Lehrerbildung. Königstein/Ts. 1984.

HIMMERICH, W.: Schulpraktische Studien als Innovationsstrategie. ZFL Diskussion Nr. 5 Gießen 1977.

HINSCH, R.: Einstellungswandel und Praxisschock bei jungen Lehrern. Weinheim 1979.

HINSCH, R./JÜRGENS, B./STEINHORST, H. (Hrsg.): Der Lehrer in Erziehung und Unterricht. Hannover 1980.

HITPASS, J.: Das Studien- und Berufsschicksal von Volksschullehrern. Bielefeld 1970.

HIRSCHFELD, H.: Der Vorbereitungsdienst der Junglehrer. Weinheim/Berlin/Basel 1970.

HÖFER, D.: Gestalten des Praxisschocks aus der Sicht eines Studienreferendars (Gymnasium). - **In: SIEVERING, U.O. (Hrsg.):** Schule und Praxisschock - Beiträge zur Berufsbezogenheit der Lehrerausbildung. Frankfurt am Main 1982.

HOMFELD, W.: Theorie und Praxis der Lehrerausbildung. Ziele und Auswirkungen der Reformdiskussion im 19. und 20. Jahrhundert. Weinheim und Basel 1978.

HOLFORT, F.: Lehramtsanwärter in der Ausbildung. Opladen 1980.

HOPF, A. (Hrsg.): Entwicklungen in der Lehrerbildung. Oldenburg 1988.

HOPF, A.: Lehrerbewußtsein im Wandel. Eine empirische Untersuchung über politische und gesellschaftliche Einstellungen bei Junglehrern. Düsseldorf 1974.

HORN, H.: Volksschullehrernachwuchs. Untersuchungen zur Quantität und Qualität. Weinheim/Berlin/Basel 1968.

HÜBNER, P.: Probleme der Lehrerbildung in den 90er Jahren. - **In: HÜBNER, P. (Hrsg.):** Lehrerbildung in Europa vor der Herausforderung der 90er Jahre. Berlin 1988.

IPFLING, H.-J.: Die Erzieherpersönlichkeit des Lehrers. - **In: HAIDL, M. (Hrsg.):** Lehrerpersönlichkeit und Lehrerrolle im sozial-integrativen Unterricht. München 1981.

KAISER, A.: Sozialisation von Lehrerstudenten. Sozialtheoretische Interpretation von empirischen Ergebnissen zu Einstellungen angehender Lehrer. Frankfurt am Main 1982.

KLAFKI, W.: Gymnasiallehrer-Ausbildung an der Universität und am Studienseminar - Ergebnisse einer Umfrage. - **In: BOKELMANN, H./SCHEUERL, H. (Hrsg.):** Der Aufbau erziehungswissenschaftlicher Studien und der Lehrerberuf. Heidelberg 1970.

KLAFKI, W.: Lehrerausbildung in den 90er Jahren. Wissenschaftsorientierung und pädagogischer Auftrag. - **In: HÜBNER, P. (Hrsg.):** Lehrerausbildung in Europa vor den Herausforderungen der 90er Jahre. Berlin 1988.

KLINK, J.-G. (Hrsg.): Modelle der Eingangsphase in der Lehrerausbildung. Bericht über den 9. Pädagogischen Hochschultag 1974. Kastellaun 1976.

KLÜVER, H.-P./ZIEGENSPECK, J. (Hrsg.): Situation und Probleme der Zweiten Phase der Lehrerbildung. Hannover 1969.

KNAUP, G.: Das Studium als Praxisfeld und Praxisvorbereitung für Lehrerstudenten. - **In: SÜßMUTH, R. (Hrsg.):** Lehrerbildung und Entprofessionalisierung. Köln und Wien 1984.

LAUFF, W./HOMFELD, H.G.: Pädagogische Lehre und Selbsterfahrung. Erziehung der Erzieher mit pädagogischen Medien. Weinheim und Basel 1981.

LECHNER, E./ZIELINSKI, J.: Wirkungssysteme und Reformansätze in der Pädagogik (Aspekte pädagogischer Innovation). Frankfurt am Main 1988.

LIEBRAND-BACHMANN, M.: Zum Stand der Ausbildungsforschung im Bereich der Lehrerausbildung. Göttingen 1981.

LÖRCHER, R./MOGGE, H./MÜLLER-FOHRBRODT, G.: Berufliche Probleme im Urteil junger Grund- und Hauptschullehrer. Konstanz 1974.

MELCHERT,H.: Die erste Ausbildungsphase im Urteil Berliner Lehramtsanwärter. Frankfurt am Main/Bern/New York 1985.

MERZ, J.: Berufszufriedenheit von Lehrern. Eine empirische Untersuchung. Weinheim und Basel 1979.

MILLER, R.: Lehrer lernen. Weinheim 1986.

MITSCHKE, M.: Rezepte im Schulpraktikum. Oldenburg 1984.

MÜLLER-FOHRBRODT, G./CLOETTA, B./DANN, H.-D.: Der Praxisschock bei jungen Lehrern. Stuttgart 1978.

OESTERREICH, D.: Die Berufsentscheidung von jungen Lehrern. Berlin 1987.

OESTERREICH, D.: Lehrerkooperation und Lehrersozialisation. Weinheim 1988.

PEIFER, H.: Lehrerausbildung im Urteil der Hochschule. Bildungsziele - Reformbereitschaft - Praxisbezug. Stuttgart 1977.

PIRKER, H.: Koordinierung praxisorientierter Theorie und theoriegeleiteter Praxis zur Optimierung unterrichtlicher Handlungskompetenz bei Lehramtsstudenten an pädagogischen Akademien. - In: **LECHNER, E./ZIELINSKI, J. (Hrsg.):** Wirkungssysteme und Reformansätze in der Pädagogik. Frankfurt am Main/Bern/New York/Paris 1988.

PREUSS, O./BENTS-RIPPEL, B.: Lehrerbewußtsein und Ausbildungsreform. Ergebnisse der Untersuchungen. Bremen 1987.

REICHWEIN, R.: Traditionelle und innovatorische Tendenzen in der beruflichen Ausbildungsphase von Gymnasiallehrern. Berlin 1976.

REINERT, G.-B./DIETRICH, R. (Hrsg.): Theorie und Wirklichkeit: Studium zum Lehrerhandeln zwischen Unterrichtstheorie und Alltagsroutine. Stuttgart 1987.

REMMERS, W.: Lehrerausbildung für die 80er Jahre. - In: Lehren und Lernen in der Lehrerausbildung. Oldenburg 1981.

RITSCHER, H.: Die zweite Phase der Lehrerausbildung. Der Vorbereitungsdienst der Lehrer in Hamburg 1968 - 1970. Frankfurt am Main/Berlin/München 1971.

ROEDER, P.M.: Lehrerbildung und Bildungsreform. - In: **HEURSEN, G. (Hrsg.):** Didaktik im Umbruch. Königsstein/Ts. 1984.

ROSENBUSCH, H./SACHER, W./SCHENK, H.: Schulreif? Die neue bayrische Lehrerbildung im Urteil ihrer Absolventen. Europäische Hochschulschriften, Reihe XI Pädagogik, Bd./Vol. 346. Frankfurt am Main/Bern/New York/Paris 1988.

ROTH, L. (Hrsg.): Handlexikon zur Didaktik der Schulfächer (Erziehungswissenschaft - Allgemeine Didaktik - Fachdidaktik - Fachwissenschaft). München 1980.

RUMPF, H.: Nichts als Anfängerschwierigkeiten? - In: **SIEVERING, U.O. (Hrsg.):** Schule und Praxisschock - Beiträge zur Berufsbezogenheit der Lehrerausbildung. Frankfurt am Main 1982.

SANDFUCHS, U.: Zum Verhältnis von Theorie und Praxis und den Konsequenzen für eine künftige Lehrerausbildung. - In: **BÄUERLE, S. (Hrsg.):** Lehrer auf die Schulbank - Vorschläge für eine zeitgemäße Lehreraus- und -fortbildung. Stuttgart 1991.

SAUER, K.: Lehrerausbildung zwischen Wissenschaft, Politik und Praxis. Lüneburg 1980.

SCHÖN, B.: Das gesellschaftliche Bewußtsein von Gesamtschullehrern. Eine empirische Analyse am Beispiel des Bundeslandes Nordrhein-Westfalen. Weinheim/Basel 1978.

SCHÖNWÄLDER (Hrsg.): Lehrerarbeit. Eine vergessene Dimension der Pädagogik. Freiburg 1987.

SCHRAMM, H.: Fachliches Interesse und fachliche Kompetenz von Lehrerstudenten und Lehrern. - In: Schramm (Hrsg.): Schulpraktikum. Weinheim 1979.

SCHRAMM, H.: Zur Berufsmotivation von Lehramtsstudenten. - In: **SCHRAMM, H. (Hrsg.):** Schulpraktikum. Weinheim 1979.

SCHRECKENBERG, W.: Vom „guten" zum „besseren" Lehrer. Düsseldorf 1982.

SCHRECKENBERG, W.: Der Irrweg der Lehrerausbildung. Über die Möglichkeit und Unmöglichkeit, ein „guter" Lehrer zu werden und zu bleiben. Düsseldorf 1984.

SCHULZ, D.: Das „Selbstverständnis" des Mentors im Spannungsfeld von Theorie und Praxis. - In: **SÜßMUTH, R. (Hrsg.):** Lehrerbildung und Entprofessionalisierung. Köln/Wien 1984.

SCHWÄNKE, U.: Der Beruf des Lehrers. Professionalisierung und Autonomie im historischen Prozeß. Weinheim/München 1988.

232

SMOLEY, F.: Die Lehrerbildung im Brennpunkt erziehungswissenschaftlicher Forschungsperspektiven - Innovatorische Aspekte einer einheitlichen Lehrerbildung. - In: LECHNER, E./ZIELINSKI, J. (Hrsg.): Wirkungssystem und Reformansätze in der Pädagogik. Frankfurt am Main 1988.

SIEVERING, U.O. (Hrsg.): Schule und Praxisschock. Beiträge zur Berufsbezogenheit der Lehrerausbildung. Frankfurt am Main 1982.

SPINDLER, D.: Neue Erfahrungen unter veränderten Ausbildungsstrukturen an der Universität Oldenburg - Zur Einführung in die einphasige Lehrerausbildung. - In: BAYER/BECK/SPINDLER/TACK (Hrsg.): Alternativen in der Lehrerausbildung. Reinbek 1982.

STARKE, K.: Jugend im Studium. Berlin 1979.

STEUBER, H.: Theoriefeindschaft und Praxisferne. Das Theorie-Praxis-Problem und die Lehrerausbildung. - In: STEUBER, H./ANTOCH, R. (Hrsg.): Einführung in das Lehrerstudium. Stuttgart 1980.

SUSTECK, H.: Lehrer zwischen Tradition und Fortschritt. Braunschweig 1975.

SÜßMUTH, R. (Hrsg.): Lehrerbildung und Entprofessionalisierung. Köln/Wien 1984.

TIETZE, W.: Lehramtsstudium und Lehrerfortbildung aus der Sicht von Absolventen der Universität für Bildungswissenschaften Klagenfurt. - In: HÜBNER, P. (Hrsg.): Lehrerbildung in Europa vor der Herausforderung der 90er Jahre. Berlin 1988.

UNDEUTSCH, U.: Motive der Abiturienten für die Wahl oder Ablehnung des Volksschullehrerberufs. Frankfurt am Main 1964.

VIERLINGER, R.: Plädoyer für einige Nachbesserungen in der universitären Lehrerbildung der Bundesrepublik Deutschland. - In: BÄUERLE, S. (Hrsg.): Lehrer auf die Schulbank - Vorschläge für eine zeitgemäße Lehreraus- und -fortbildung. Stuttgart 1991.

WALTER, H.: Auf der Suche nach dem Selbstverständnis. Studium und Beruf im Urteil der Junglehrer. - In: IPFLING, H.-J. (Hrsg.): Verunsicherte Lehrer. München 1974.

WARNKEN, G.: Das Ausbildungscurriculum in der zweiten Phase der Lehrerausbildung - eine empirische Analyse. Kronberg 1977.

WERRES, W./WITTENBRUCH, W.: Schulpraktikum - Untersuchungen zu schulpraktischen Studien an der Westfälischen Wilhelms-Universität Münster. Oldenburg 1986.

WEISE, W.W.: Lehrerbildung zwischen Anspruch und Wirklichkeit. München/Berlin/Wien 1976.

WITTENBRUCH, W.: Schulpraktikum. Ein Arbeitsbuch. Stuttgart 1985.

WITTENBRUCH, W.: Schulpraktische Studien an Universitäten. - **In: FRANKE, U./REGENBRECHT, A. (Hrsg.):** Lehrerbildung an Universitäten. Köln 1985.

ZEIHER, H.: Gymnasiallehrer und Reformen. Eine empirische Untersuchung über Einstellungen zu Schule und Unterricht. Stuttgart 1973.

Zeitschriften

ANDRIESSENS, P./VOIGT, E.: Studienbeginn und Studienverlauf im Urteil der Examensabsolventen des Sommersemesters 1968 an der Pädagogischen Hochschule Göttingen. - **In:** Zeitschrift für Pädagogik, 1969, 8. Beiheft.

ALBRECHT, T.: Berufsbezogenes Lehrerstudium? - **In:** Westermanns Pädagogische Beiträge, 25. Jg., 1973, 4

AURIN, K./MAURER, M.: Das Lehrerethos bedarf der Aufhellung durch empirisch-analytische Untersuchungen. - **In:** Die Deutsche Schule 82 (1990) 1.

BATHKE, G.-W.: Merkmale der Hochschullehrkraft - Kenntnis und Einstellungswirkung aus der Sicht der Studenten. - **In:** Jenaer Erziehungsforschung, 1977, 3.

BATHKE, G.-W./KASEK, L.: Lehrerstudent und Studium. - **In:** Informationen zur Lehrerbildungsforschung, APW/ALB Potsdam, 9 (1979) 5/6.

BAUER, H./HUMMEL, A.: Zur Wirksamkeit der Pädagogikausbildung im Studium der Diplomlehrer der allgemeinbildenden polytechnichen Oberschule. - **In:** Informationen zur Lehrerbildungsforschung, APW/ALB Potsdam, 9 (1979) 1/2.

BAYER, M.: Das pädagogische Begleitstudium für Lehramtsstudenten. - **In:** Zeitschrift für Pädagogik 26 (1980) 4.

BAYER, M./HABEL, W.: Professionalisierung in der Lehrerausbildung als öffentliche Ausgabe - eine Utopie von gestern? - **In:** Zeitschrift für Pädagogik (1989) 23. Beiheft.

Beiträge zur Gestaltung der schulpraktischen Übungen in Pädagogik und Psychologie. - In: Informationen zur Lehrerbildungsforschung, APW/ALB Potsdam, 14 (1989) 5/6.

BECKMANN, H.K.: Modelle der Lehrerausbildung in der BRD. - In: Zeitschrift für Pädagogik 26 (1980) 4.

BLANKERTZ, H.: Hanlungsrelevanz pädagogischer Theorie-Selbstkritik und Perspektiven der Erziehungswissenschaft am Ausgang der Bildungsreform. - In: Zeitschrift für Pädagogik 24 (1978) 2.

BÖHME, H.-J.: Aufgaben der Universitäten und Hochschulen im Studienjahr 1988/89. - In: Das Hochschulwesen 36 (1988) 9.

BREZINKA, W.: Über den begrenzten Nutzen wissenschaftstheoretischer Reflexionen für ein System der Erziehungswissenschaft. - In: Zeitschrift für Pädagogik 34 (1988) 2.

EDER, A.: Akademische Lehrerbildung als Problem und Aufgabe. - In: Erziehung und Unterricht 135 (1985) 4.

FLACH, H.: Bildungspolitisch-theoretische Positionen und empirisch-analytische Ergebnisse zur Einarbeitungsphase der jungen Lehrer. - In: Informationen zur Lehrerbildungsforschung, APW/ALB, Potsdam 7 (1977) 5/6.

FLACH, H.: Einige Schlußfolgerungen aus der Bewährung der Fachlehrerabsolventen in der Schulpraxis für die Gestaltung der erziehungswissenschaftlichen Ausbildung. - In: Informationen zur Lehrerbildungsforschung, APW/ALB Potsdam, 7 (1977) 11/12.

FLACH, H.: Reform der Lehrerbildung - aber wie? - In: Pädagogik 45 (1990) 5.

FLACH, H.: Zur Berufsbezogenheit der Pädagogikausbildung (Thesen). - In: Informationen zur Lehrerbildungsforschung, APW/ALB Potsdam, 13 (1983) 7/8.

FLACH, H.: Zur Einheit von Analyse und Qualifizierung der Unterrichtstätigkeit junger Lehrer. - In: Informationen zur Lehrerbildungsforschung, APW/ALB Potsdam, 7 (1977) 7/8.

FLACH, H./FULDE, E.: Probleme der Ermittlung von Motiven für die Wahl des Lehrerstudiums und ihres Zusammenhangs mit berufsrelevanten Einstellungen. - In: Informationen zur Lehrerbildungsforschung, APW/ALB Potsdam, 10 (1980) 9/10.

FLACH, H./HUMMEL, A./MAASSDORF, E.: Pädagogikausbildung im Diplomlehrerstudium - Stand und Entwicklungsprobleme. - **In:** Informationen zur Lehrerbildungsforschung, APW/ALB Potsdam, 11 (1981) 11/12.

FLACH, H./HUMMEL, A./MAASSDORF, E./TRIEBWASSER, P.: Zur Gestaltung und Weiterentwicklung der Ausbildung im Fach Pädagogik. - **In:** Informationen zur Lehrerbildungsforschung, APW/ALB Potsdam, 13 (1983) 1/2.

FLACH, H.: Pädagogikausbildung in einem reformierten Lehrerstudium. - **In:** Pädagogische Forschung, 31 (1990) 3.

FLACH, H.: Die „Verordnung über die Ausbildung für Lehrämter" - ein Kommentar. - **In:** Das Hochschulwesen 39 (1991) 1. a)

FLACH, H.: Wer hat die beste Lehrerausbildung in Europa? - **In:** Das Hochschulwesen 39 (1991) 3. b)

FLACH, H./LÜCK, J.: Zweiphasige Lehrerausbildung - Geschichte, Konsequenzen und Perspektiven. - **In:** Pädagogik und Schulalltag 46 (1991) 1.

FLACH, H./PREUß, R./STRUTZBERG, P.: Thesen zur Reform der Lehrerbildung in den Ländern der ehemaligen DDR. - **In:** Pädagogik und Schulalltag 46 (1991) 1.

FLACH, H./LÜCK, J./PREUß, R.: Zur Ausbildung von Primarstufenlehrern in den neuen Bundesländern. - **In:** Die Grundschulzeitschrift 6 (1992) 55.

FISCHER, A.: Neuere Untersuchungen zur Berufs- und Studienmotivation, Studienschicksal und Ausbildungserfolg von Lehramtsstudenten. - **In:** Zeitschrift für erziehungswissenschaftliche Forschung 20 (1986) 4.

FLITNER, A.: Eine Wissenschaft für die Praxis? - **In:** Zeitschrift für Pädagogik 24 (1978) 2.

FORNECK, H.J.: Modernisierung und Lehrerbildung. Überlegungen und Thesen zu den Aufgaben der Lehrerbildung in den neunziger Jahren. - **In:** Beiträge zur Lehrerbildung (1990) 2.

FUCHS, G.: Die weiteren Aufgaben bei der Entwicklung des theoretischen Niveaus und der Praxiswirksamkeit der pädagogischen Ausbildung der Diplomlehrerstudenten. - **In:** Pädagogik 42 (1987) 9.

GEHRING, H.: Ansätze zu einer Gesamtkonzeption der Lehrerbildung. - **In:** Beiträge zur Lehrerbildung 7 (1989) 3.

GROCHOWSKI, K.: Möglichkeiten und Grenzen der Entwicklung pädagogischen Könnens im Ferienlagerpraktikum. - **In:** Informationen zur Lehrerbildungsforschung, APW/AEA Potsdam, 12 (1982) 7/8.

HÄNDLE, CH./NITSCH, W.: Lehrerbildung in der deutschen und europäischen Integration. - **In**: Pädagogische Forschung 31 (1990) 5/6.

HÄNSEL, D.: Lehrerausbildung in den 90er Jahren. Bestandsaufnahme und Entwicklungsperspektive. - **In**: Pädagogik - Pädagogische Beiträge (1991) 11.

HAFT, H.: Polyvalente Lehrerausbildung als Problem der Hochschule. - **In**: Zeitschrift für Pädagogik (1985) 19. Beiheft.

HASEMANN, K./HEINEN, G.: Philologen blicken auf ihr Studium zurück. - **In**: Bildung und Erziehung 25 (1972) 4.

HERTWIG, F./PRÖTZSCH, H./PRÖTZSCH, R.: Zur Entwicklung pädagogischen Könnens der Studenten im großen Schulpraktikum. - **In**: Informationen zur Lehrerbildungsforschung, APW/ALB Potsdam, 8 (1978) 7/8.

HIRSCH, G. u.a.: Welche Bedeutung messen Oberstufenlehrer der Lehrerbildung im Rückblick auf ihre Berufserfahrungen zu. - **In**: Beiträge zur Lehrerbildung (1989) 1.

HOFFMANN, F./MAAßDORF, E.: Zur Entwicklung berufsrelevanter Einstellungen im Prozeß der kommunistischen Erziehung von Lehrerstudenten. - **In**: Informationen zur Lehrerbildungsforschung, APW/ALB Potsdam, 8 (1978) 9/10.

HOFFMANN, F.: Wissenschaftssprache der Pädagogik in historischer Sicht. - **In**: Die Wissenschaftssprache der Pädagogik. Martin-Luther-Universität Halle, Wissenschaftliche Beiträge 1985, 22 (E 66).

HOFFMANN, C.: Ausbildung nicht zeitgemäß - historische betrachtung. - **In**: berliner lehrerinnenzeitung (1991) 3/4.

HORST, I.: Pädagogisches Können und pädagogische Handlungskompetenz - Zielbilder zweier unterschiedlicher Lehrerbildungssysteme? - **In**: Pädagogik und Schulalltag 47 (1992) 3.

HUMMEL, A.: Untersuchungen zur Effektivität praxisnaher Übungen für die Entwicklung von Einstellungen, Fähigkeiten und Kenntnissen zur Analyse und Beurteilung unterrichtlicher Prozesse unter didaktischem Aspekt. **In**: Informationen zur Lehrerbildungsforschung, APW/ALB Potsdam, 7 (1977) 11/12.

KIEWITZ, M./KRETSCHMER, H./WURL, B.: Ein Studienkonzept für die Fachdidaktik. - **In**: Brennpunkt Lehrerbildung (1984) 1.

KIRSCH, W.: Die Entwicklung und Festigung berufsrelevanter Einstellungen bei Diplomlehrerstudenten während des großen Schulpraktikums. - **In**: Informationen zur Lehrerbildungsforschung, APW/ALB Potsdam, 9 (1979) 3/4.

KIRSCH, W.: Die Befähigung der Lehrerstudenten zur selbstständigen wissenschaftlichen Tätigkeit im Rahmen der wahlweise-obligatorischen Ausbildung. - Informationen zur Lehrerbildungsforschung, APW/ITG Berlin, 15 (1985) 7/8.

KRETOWSKI, G.: Pädagogische Handlungskompetenz als Ziel des Vorbereitungsdienstes. - **In**: Die Realschule 93 (1985) 7.

KRETSCHMAR, W.: Zur Entwicklung der Studieneinstellung bei Lehrerstudenten im Vergleich zu Studenten anderer Ausbilödungseinrichtungen im Hinblick auf Bestimmte Studienbedingungen. - **In**: Informationen zur Lehrerbildungsforschung, APW/ALB Potsdam, 9 (1979) 5/6.

KRAUSE, J.: Zu einigen ausgewählten Problemen der Gestaltung von Theorie-Praxisbeziehungen in der Lehrerausbildung der BRD. - **In**: Informationen zur Lehrerbildungsforschung, APW/AEA Potsdam 12 (1982) 3/4.

KRUMM, V.: Die Referendarausbildung im Urteil der Lehrer. - **In**: Wirtschaft und Erziehung 21 (1969) 12.

KRUMM, V.: Das Universitätsstudium im Urteil von Lehrern. **In**: Wirtschaft und Erziehung 21 (1969) 1.

LAURIEN, H.-R.: Ein Plädoyer für eine pädagogische Lehrerbildung. **In**: Pädagogische Impulse 78 (1990) 1.

LASSAHN, R.: Theorie - eine vernachlässigte Dimension der Pädagogik. - **In**: Bildung und Erziehung 34 (1981) 4.

LENZEN, D.: Ernüchternde Frage an die deutsche Pädagogik. - **In**: Frankfurter Rundschau v. 7. Juni 1990.

LESCHINSKY, A./OELKERS, J.: Lehrerbildung - à nouveau. - **In**: Zeitschrift für Pädagogik 33 (1987) 6.

LIEBHART, E.H.: Sozialisation im Beruf. Ergebnis einer Panelbefragung von Studienreferendaren. - **In**: Kölner Zeitschrift für Soziologie und Sozialpsychologie 22 (1970) 4.

LITZBARSKI, B.: Zur Könnensentwicklung der Studenten in den Schulpraktischen Übungen in Methodik des Biologieunterrichts. - **In**: Informationen zur Lehrerbildungsforschung, APW/ALB Potsdam, 8 (1978) 3/4.

LITZBARSKI, B.: Ausgewählte Untersuchungen zur Wirksamkeit und Gestaltung der Ausbildung in Biologiemethodik. - **In**: Informationen zur Lehrerbildungsforschung, APW/ALB Potsdam, 9 (1979) 1/2.

LOOS, E./MAAßDORF, E.: Zur hochschulpädagogischen Gestaltung der Schulpraktischen Übungen in Pädagogik und Psychologie. - **In:** Informationen zur Lehrerbildungsforschung, APW/AEA Potsdam, 15 (1985) 3/4.

LUBIENSKI, H.: Zur Entwicklung berufsrelevanter Einstellungen in der Vorbereitung auf das Lehrerstudium. - **In:** Informationen zur Lehrerbildungsforschung, APW/ALB Potsdam, 9 (1979) 5/6.

LUCKER, E.: Die Berufswahlsituation eines Abiturientenjahrganges. Unter besonderer Berücksichtigung seiner Einstellung zum Volksschullehrerberuf. - **In:** Erziehung und Psychologie. Beihefte der Zeitschrift „Schule und Psychologie" (1965) 34.

MAAßDORF, E.: Zur Studentätigkeit in der Pädagogikausbildung. - **In:** Informationen zur Lehrerbildungsforschung, APW/AEA Potsdam, 13 (1983) 3/4.

MASKUS, R.: Das Theorie-Praxis-Verhältnis In Erziehungswissenschaft und Lehrerbildung. - **In:** Die Deutsche Schule 66 (1974) XI.

MEIS, R.: Der Lehrerberuf und der Lehrermangel aus studentischer Sicht. - **In:** Pädagogische Rundschau 17 (1963).

MEYER, E.: Schwachstellen der Lehrerbildung. Möglichkeiten der Behebung. - **In:** Die Realschule 93 (1985) 9.

MÜLLER, H.: Probleme der weiteren Gestaltung der Fachlehrerausbildung. - **In:** Pädagogik 24 (1969) 3.

MÜLLER, H.: Ziele, Aufgaben und Probleme der weiteren Entwicklung der Diplomlehrerausbildung. - **In:** Pädagogik 36 (1981) 3.

NAUMANN, W./PREUß, R.: Thesen zum Verhältnis von pädagogischen Wissenschaftsdisziplinen und pädagogischen Lehrgebieten. - **In:** Pädagogische Forschung 30 (1989) 2.

OELKERS, J.: Theorie und Praxis - Modelle pädagogischer Wirksamkeit. - **In:** Neue Sammlung 24 (1984).

OESTERREICH, D.: Vorschläge von Berufsanfängern für Veränderungen der Lehrerbildung. Praxisprobleme in der Reform der Lehrerausbildung. - **In:** Zeitschrift für Pädagogik 33 (1987) 6.

OSER, F.: Können Lehrer durch ihr Studium Experten werden? Ein Reformkonzept für die Lehrerbildung. - **In:** Zeitschrift für Pädagogik 33 (1987) 6.

Pädagogikunterricht in der Lehrerbildung. - **In:** Beiträge zur Lehrerbildung (1984) 2.

PASCHEN, H.: Zur Systematik der Erziehungswissenschaft. - **In**: Bildung und Erziehung 34 (1981) 1.

PREUß, R./KIRSCH, W.: Einige inhaltliche Positionen und Ergebnisse empirischer Untersuchungen zur effektiven Gestaltung der erziehungswissenschaftlichen Ausbildung unter besonderer Berücksichtigung der Theorie-Praxis-Beziehungen. - **In**: Informationen zur Lehrerbildungsforschung, APW/ALB Potsdam 7 (1977) 11/12.

PREUß, R.: Zur Gestaltung und Wirksamkeit der pädagogischen Praktika im ersten und zweiten Studienjahr unter besonderer Berücksichtigung der Gestaltung der Theorie-Praxis-Beziehungen. - **In**: Informationen zur Lehrerbildungsforschung, APW/ALB Potsdam, 8 (1978) 3/4. a)

PREUß, R.: Ausgewählte Ergebnisse der Analyse der Ausbildung in Methodik des Geschichtsunterrichts. - **In**: Informationen zur Lehrerbildungsforschung, APW/ALB Potsdam, 8 (1978) 11/12. b)

PREUß, R.: Einige Ergebnisse und Probleme zur Entwicklung von Studienmotivation, Studien- und Berufseinstellung im Bereich der erziehungswissenschaftlichen Ausbildung und pädagogischen Praktika. - **In**: Informationen zur Lehrerbildungsforschung, APW/ALB Potsdam, 9 (1979) 3/4.

PREUß, R./PROTZE, I./WIPPER, R.: Zu einigen Fragen der Methodikausbildung von Diplomlehrerstudenten. - **In**: Informationen zur Lehrerbildungsforschung, APW/AEA Potsdam, 13 (1983) 3/4.

PREUß, R.: Stand und Probleme der Koordinierung der erziehungswissenschaftlichen Ausbildung. - **In**: Jahrbuch der APW, Berlin 1987.

PREUß, R.: Zur Entwicklung der pädagogischen Wissenschaftsdisziplinen in Lehre und Forschung und zu den Bedingungen ihres Zusammenwirkens in der Ausbildung. - **In**: Beiträge zur Allgemeinen Pädagogik, APW/ITG (1989) 1.

RECUM v., H.: Nachwuchsprobleme des Volksschullehrerberufes in Schleswig-Holstein. - **In**: Soziale Welt (1955) 9.

ROTH, W.: Lehrerausbildung und schulische Praxis. - **In**: Die Deutsche Schule 64 (1972).

SALFENAUER, H.: Für die Zukunft qualifizieren. - **In**: Erziehung und Unterricht (1989) 9.

SCHMIDT-STEIN, G.: Ergebnisse einer Erhebung zum Vorbereitungsdienst in NRW. - **In**: Neue Deutsche Schule 25 (1973) 19.

SELTMANN, K.: Warum ist das Lehrerstudium so ineffektiv? - **In:** Bildung und Erziehung (1979) 1.

STRIEBECK, H.: Auf ein Wort. - **In:** Brennpunkt Lehrerbildung (1987) 6.

WALTER, H.: Junge Lehrer '79. - **In:** Der Junglehrer. Sondernummer Dezember 1980.

WANZENRIED, P.: Theorie-Praxis-Bezug in der Lehrerbildung. - **In:** Beiträge zur Lehrerbildung 7 (1989) 3.

WIATER, W.: Innovieren, ein vergessener Aspekt des Lehrerberufs? - **In:** Pädagogische Welt 44 (1990) 1.

WILDT, J.: Ordnung in der Lehrerausbildung?! - **In:** Pädagogik und Schule in Ost und West (1991) 3.

WITTENBRUCH, W./WERRES, W./ALBERTS, W.: Mentoren äußern sich zum Schulpraktikum. - **In:** Schule heute (1982) 2.

ZYDATIß, W.: Was sie schon immer über Fachdidaktik wissen wollten. 13 wiederlehrende Vorwürfe gegen Fachdidaktik. - **In:** Brennpunkt Lehrerbildung (1984) 1.

Dissertationen - Diplomarbeiten

ANTOCH, R.F.: Bedingungsmuster der Entscheidung für den Gymnasiallehrerberuf. (Untersuchung am Beispiel einer Gruppe von Mathematikstudenten des ersten Semesters) Diss. phil. Düsseldorf 1976.

BAUER, B.: Praxisbezug und Berufsvorbereitung im erziehungswissenschaftlichen Grundstudium. Diss. päd. Dortmund 1977.

BAUER, G.: Schul- und berufsbezogene Einstellungen und Einstellungsänderungen bei Studierenden der Pädagogik und Lehramtsanwärtern. Diss. päd. Dortmund 1973.

BEHRENS, L.: Untersuchungen zur Gestaltung der Einarbeitungsphase bei jungen Fachlehrern. Diss. A. APW 1979.

BLONTKE, C.U./HUBER, P./JENDROSSEK, H./ROSSNER, V./ SKLASCH-US, H.: Untersuchungen zur Bewährung von Fachlehrerabsolventen im ersten Dienstjahr und Ableitung von Schlußfolgerungen für die Ausbildung und Anleitung der Absolventen. Diplomarbeit APW/ILO 1973.

BRENNER, A.: Aktuelle und habituelle Komponenten der bewußten Handlungsregulation bei Lehrerstudenten und ihre Entwicklung in Abhängigkeit von konkreten Anforderungen des Studiums. Diss. A. PH Halle 1985

DAHL, E.: Untersuchungen zur Entwicklung von Einstellungen zum Studium und zum Beruf in der Ausbildung von Diplomlehrern der Fachrichtung Mathematik und Physik. Diss. A. HU Berlin 1980.

DEFFNER, W.: Einstellungsuntersuchung bei Lehrern und Studenten. Diss. Universität Osnabrück 1976.

DENGLER, K.: Untersuchungen zu Problemen der Betreuung von Absolventen in den ersten beiden Dienstjahren im Hinblick auf die Bewältigung ihrer Aufgaben als Klassenleiter. Diplomarbeit PH Potsdam 1972.

DOLIWA, CH./HANISCH, M./KÖNIG, A./SCHWARZER, U.: Untersuchungen zur Wirksamkeit und Gestaltung des Großen Schulpraktikums. Diplomarbeit PH Potsdam 1973.

FERSE, K.: Theoretische Positionen zur Motivierung wissenschaftlich-schöpferischer Tätigkeit von Lehrerstudenten. Diss. A. PH Halle 1990.

FULDE, E.: Untersuchungen zum Erziehungsprozeß im Studentenkollektiv in der Anfangsphase im Lehrerstudium (unter besonderer Berücksichtigung der Entwicklung von studien- und berufsrelevanten Einstellungen der Studenten). Diss. A. APW 1979.

FÜSSEL, W.: Der junge Lehrer in der sozialistischen Schule: eine Untersuchung zu Problemen der Leitungstätigkeit unter besonderem Aspekt der Menschenführung. Diss. A. PH Potsdam 1966.

GEPHART, H.: Zur beruflichen Sozialisation von Grundschullehrern. Belastungen während des Referendariats und Grundlegung eines Selbsthilfeprogramms. Diss. phil. Bonn 1982.

GRAUPNER, CH./FREITAG, W.: Untersuchungen zur Erhöhung der Effektivität des Großen Schulpraktikums in der Diplomlehrerausbildung unter besonderer Berücksichtigung der Befähigung und Wirksamkeit des Mentors. Diplomarbeit APW/ILO 1977.

GREIF, H.-K.: Zur berufsbezogenen Auswahl und Vorbereitung von Schülern der allgemeinbildenden polytechnischen Oberschule für das Studium als Lehrer der unteren Klassen. Diss. A. PH Potsdam 1976.

GRÖNIG, K./POHL, E./PREUß, M./REICHOLD, U./ZIEGER, C.: Untersuchungen zur Bewährung der Fachlehrerabsolventen im 1. Dienstjahr und Ableitung von Schlußfolgerungen für die Lehrerausbildung und die Anleitung von Absolventen. Diplomarbeit APW/ILO 1973.

GRÖGER, U.: Untersuchungen zur inhaltlichen und didaktischen Gestaltung der Literaturausbildung an Instituten für Lehrerbildung unter besonderer Berücksichtigung der Anforderungen der Schulpraxis und der Bewährung der Absolventen. Diss. A. APW 1982.

GÖBBELS, H.: Über die Zukunftsperspektive in der erzieherischen Identifikation bei Lehramtsanwärtern und Lehrern. Diss. phil. Bonn 1979.

HEGNER, B.D.: Zur Praxisbewährung junger Lehrer unter besonder Berücksichtigung ihrer Wirkung auf die Entwicklung von Leistungsstärke und die Ausübung von Leistungstätigkeiten. Diss. A. PH Potsdam 1988.

HINZ, D.: Einstellungen von Pädagogikstudenten und Junglehrern zur Berufswahl und zum Beruf. Diss. Universität Braunschweig 1972.

HORN, J./KALINER, E.: Untersuchungen zur Tätigkeit junger Lehrer der Oberstufe unter besonderer Berücksichtigung ihrer Selbsterziehung und Selbstbildung. Diplomarbeit Universität Rostock 1973.

HUMMEL, A.: Theoretische und empirische Untersuchungen zur Weiterentwicklung der Didaktikausbildung künftiger Lehrer. Ein Beitrag zur Entwicklung einer Methodik der Pädagogikausbildung. Diss. B. PH Potsdam 1982.

JACOBS, I./NAWROCKI, W.: Untersuchungen zur Wirksamkeit des großen Schulpraktikums, insbesondere im Hinblick auf die Entwicklung und Festigung ausgewählter Bereiche berufsrelevanter Einstellungen bei Diplomlehrerstudenten. Diplomarbeit APW/ILO 1979.

JANNS, A./KRETSCHMER, H.: Untersuchungen zur wahlweise-obligatorischen Ausbildung in Pädagogik und Psychologie unter dem Aspekt der selbstständigen wissenschaftlichen Tätigkeit der Studenten. Diplomarbeit PH Potsdam 1984.

KLEMENT, A.: Die Motivation als subjektive Triebkraft des menschlichen Handelns - eine gruppenspezifische Untersuchung zum Persönlichkeitsprofil von Lehrerstudenten. Diss. A. PH Dresden 1986.

KOBERT, A.: Zur Entwicklung von Lehrerstudentenkollektiven in der Anfangsphase des Studiums. Diss. A. PH Potsdam 1983.

KOLBE, M.: Erziehungsintentionen und Lehrerverhalten. Eine empirische Untersuchung über berufsbezogene Einstellungen von Studienreferendaren. Diss. phil. Frankfurt/M. 1975.

KOPITZKI, K./MUCH, P.: Untersuchungen zum Zusammenhang von Literaturunterricht und literaturwissenschaftlicher Ausbildung der Lehrerstudenten unter Berücksichtigung des Einflusses auf die Berufsmotivation. Diplomarbeit PH Potsdam 1975.

KRAUSE, W.: Zur freien bewußten Entscheidung von Schülern der erweiterten Oberschule für den Beruf des sozialistischen Fachlehrers. Diss. A. PH Potsdam 1977.

KRETSCHMAR, W.: Die Möglichkeiten der Gestaltung des Lehr- und Lernprozesses für die Entwicklung einer sozialistischen Einstellung zum Studium. Diss. B. Universität Jena 1979.

LANGE, K.: Untersuchungen zur Wirksamkeit der pädagogisch-psychologischen Ausbildung in der Phase des Grundstudiums. Diplomarbeit PH Potsdam 1972.

LAUBE, R.: Untersuchungen zur Führung und Gestaltung der Weiterbildung von Absolventen in der Einarbeitungsphase. Diss. A. PH Potsdam 1978.

LAUTENSCHLÄGER, K.: Zur politisch-moralischen Bewährung der Persönlichkeit sozialistischer Lehrerstudenten im Großen Schulpraktikum. Diss. A. PH Potsdam 1977.

LUBIENSKI, H.: Die pädagogische Gestaltung der Übergangsphase von der zehnklassigen allgemeinbildenden polytechnischen Oberschule zum Studium an Instituten für Lehrerbildung. Diss. A. PH Potsdam 1979.

MUCK, K.-H.: Die zweite Phase der Lehrerausbildung für das berufliche Schulwesen - Situation - Analyse - Perspektiven. Diss. päd. PH Dortmund 1974.

MÜLLER, G.: Die Befähigung der Absolventen der Fachlehrer-Ausbildungseinrichtungen zur Erziehungsarbeit im Unterricht - Eine Untersuchung zu ausgewählten Bereichen. Diss. A. PH Potsdam 1975.

PARSON, D.: Die Nutzung der Potenzen des Großen Schulpraktikums durch die Mentoren zur Befähigung von Geschichtslehrerstudenten zur Unterrichtsführung. Diss. A. APW 1978.

QUELLE, F.: Zum Studienverhalten im Selbststudium am Beispiel der Pädagogikausbildung im Fachgebiet Didaktik. Diplomarbeit PH Potsdam 1985.

RICHTER, K.: Untersuchungen zur Ausprägung einer aktiven und bewußten Studienhaltung bei Studenten des 1. Studienjahrs. Diplomarbeit PH Potsdam 1982.

RIEDEL, M.: Zur Qualität und Wirksamkeit der pädagogischen Praktika (untersucht an Lehrerstudenten des 3. Studienjahres). Diplomarbeit PH Potsdam 1974.

SCHMIDT, J.: Das Theorie-Praxis-Verhältnis in der Pädagogik- und Psychologieausbildung. - Untersuchung zu Wirkungen auf die Entwicklung der Einstellung zum Studium dieser Fächer und der Einstellung zum Lehrerberuf. Diss. A. Universität Jena 1984.

SIEKERKÖTTER, R.: Das Persönlichkeitsbild der Studenten für das Lehramt an Grund-, Haupt- und Sonderschulen in der Zeit wirtschaftlicher und beruflicher Unsicherheit. Diss. päd. Dortmund 1979.

STAROSKE, CH.: Untersuchungen zu Problemen der Betreuung von Absolventen in den ersten Dienstjahren im Hinblick auf die Bewältigung ihrer unterrichtlicher Aufgaben. Diplomarbeit APW/ILO 1971.

SZYSKA, K.: Untersuchungen zur Wechselwirkung von inneren und äußeren Studienbedingungen. Diss. A. PH Potsdam 1980.

TEPPER, H.: Untersuchungen zur Ausprägung einer aktiven und bewußten Studienhaltung bei Studenten des 3. Studienjahres. Diplomarbeit PH Potsdam 1982.

THORMANN, E.: Zu Problemen der Auswahl und Vorbereitung von Schülern der erweiterten Oberschulen auf ein Fachlehrerstudium. Diss. A. PH Potsdam 1976.

VOLAND, T.: Zur erziehungswirksamen Gestaltung ausgewählter Lehrveranstaltungen in Pädagogik/Psychologie bezogen auf die Entwicklung der Berufseinstellung im Erleben der Studenten. Diplomarbeit PH Potsdam 1981.

WEGENER, J.: Untersuchungen zu Problemen der Vorbereitung der Absolventen von Pädagogischen Instituten und Hochschulen auf die Klassenleitertätigkeit durch die Ausbildungseinrichtungen. Diplomarbeit APW/ILO 1973.

Manuskripte - Materialien

BATHKE, G.-W.: Problemlage Lehrerstudenten - leistungsorientierte Persönlichkeitsentwicklung vor und im Studium (1. bis 3. Studienjahr). ZIJ 1987.

BATHKE, G.-W./LÜCK, J.: Notwendigkeit der Reform der Lehrerausbildung aus der Sicht von Lehrerstudenten. Manuskript 1990.

BLIEMEL, G.: Lehrerausbildung in der Bundesrepublik Deutschland (Beispiel: Land Berlin). Bundesarbeitskreis der Seminar- und Fachleiter e.V. Berlin 1990.

FLACH, H./KIRSCH, W.: Zur Qualität und Wirksamkeit der Fachlehrerausbildung aus der Sicht von Absolventen und Schulfunktionären. - Untersuchungsbericht. PH Potsdam / Leitstelle für Lehrerbildungsforschung 1972.

FLACH, H./KIRSCH, W./MAAßDORF, E./WENZEL, G.: Untersuchungsbericht zur Bewährung von Absolventen in der Schulpraxis als Bestandteil der Analyse der Ausbildungsergebnisse im 3. und 4. Studienjahr - Fachlehrerausbildung - PH Potsdam / Leitstelle für Lehrerbildungsforschung 1973.

FLACH, H. (unter Mitarbeit von RINCK, M./THORMANN, E./REINECKE, W.): Probleme der Studienmotivation und Studienvorbereitung von Lehrerstudenten. APW/ALB 1974.

FLACH, H.: Motive und Einflußfaktoren für die Wahl des Lehrerstudiums und ihre Bedeutsamkeit. - In: Berichte und Materialien, Lehrerbildungsforschung Nr. 7 Potsdam, APW/ALB 1976.

FLACH, H. (Mitarbeit BEHRENS, L./REINECKE, W.): Zur Bewährung der Fachlehrerabsolventen in der Schulpraxis im Hinblick auf ihre Persönlichkeitsentwicklung und die Qualität der unterrichtlichen Tätigkeit. - In: Berichte und Materialien, Lehrerbildungsforschung Nr. 19 Potsdam, APW/ALB 1978.

FLACH, H./REINECKE, W.: Zur Ermittlung der Studieneinstellung von Lehrerstudenten (Methodologische und inhaltliche Probleme). 4 Teile - Potsdam, APW/ALB 1981.

GROCHOWSKI, K./HOFFMANN, F./MAAßDORF, E.: Bericht über die Ergebnisse der Befragung von Studenten des Immatrikulationsjahrganges 1974 im 8. Semester an den PH Dresden, Erfurt und Potsdam (10. Befragung). APW/ALB 1978.

GROCHOWSKI, K./HOFFMANN, F./MAAßDORF, E.: Studie zu Grundfragen der Entwicklung, sozialistischer Studien- und Berufseinstellungen im Prozeß kommunistischer Erziehung von Lehrerstudenten und Ableitung von Hinweisen für die Gestaltung der Prozesse durch die Lehrerbildner. APW/ALB 1980.

HÄNDLE, CH.: Lehrerinnnen und Lehrer in der Berufseingangsphase. Fallstudien zur beruflichen Sozialisation. Max-Planck-Institut für Bildungsforschung, Berlin 1987.

HOFFMANN, F./MAAßDORF, E.: Zur Qualität und Wirksamkeit wesentlicher Studienbedingungen im Urteil von Lehrerstudenten. - Forschungsbericht. - In: Berichte und Materialien, Lehrerbildungsforschung Nr. 18, APW/ALB 1978.

HOFFMANN, F./MAAßDORF, E.: Zur Gestaltung der erzieherischen Arbeit in der Anfangsphase des Lehrerstudiums - Forschungsbericht. - In: Berichte und Materialien, Lehrerbildungsforschung Nr. 11, APW/ALB 1976.

HOFFMANN, F.: Bedingungen für die Entwicklung des Lehrerstudentenkollektivs. - Forschungsbericht. - In: Berichte und Materialien, Lehrerbildungsforschung Nr. 16, APW/ALB 1977.

HOFFMANN, A.: Student und Studium. Bedingungen des Leistungsverhaltens von Studenten. Informationsbulletin Jugendforschung. ZIJ 1979.

HORST, I.: Materialien einer Erhebung an der Pädagogischen Hochschule Halle 1989.

HUMMEL, A.: Zur Struktur und hochschulpädagogischen Beeinflussung der Studienmotivation bei Lehrerstudenten des 2. Studienjahres. - In: Berichte und Materialien, Lehrerbildungsforschung Nr. 19, APW/ALB 1978.

JENDROSSEK, H.: Zur Gestaltung und Wirksamkeit des pädagogisch-psychologischen Praktikums im Urteil von Lehrerstudenten. Manuskript, Potsdam 1978.

KASEK, L.: Hochschulabsolventen in der Praxis. Informationsbulletin Jugendforschung. ZIJ 1979.

KNAUER, W.: Untersuchungen zur Gestaltung der Schulpraktischen Übungen im Chemieunterricht - Forschungsbericht. PH Potsdam 1973.

KNAUER, W.: Ergebnisse und hochschulmethodische Gestaltung der Schulpraktischen Übungen im Fach „Methodik des Chemieunterrichts" - Forschungsbericht. PH Potsdam 1976.

KIRSCH, W./KRAUSE, J.: Zur Einschätzung der Gestaltung und Wirksamkeit des Großen Schulpraktikums durch Studenten des 4. Studienjahres der Pädagogischen Hochschule „Karl Liebknecht" Potsdam - Forschungsbericht. APW/ALB 1973.

KIRSCH, W.: Studie zur wahlweise-obligatorischen Ausbildung im Diplomlehrerstudium unter besonderer Berücksichtigung der Befähigung der Lehrerstudenten zur selbstständigen wissenschaftlichen Tätigkeit. APW/AEA 1984.

LOOS, E./SCHIMUNEK, F.-P.: Untersuchungen zu beruflichen Einstellungen von jungen nd erfahrenen Lehrer. APW/ALB 1980.

LÜCK, J.: Professionalisierung und Berufsbezogenheit der Lehrerausbildung. Manuskript 1990.

LÜCK, J./BATHKE, G.-W.: Lehrerausbildung in der DDR aus der Sicht von Lehrerstudenten - Probleme - Vergleiche - Positionen. Manuskript 1990.

MAAßDORF, E.: Zur Wirksamkeit von Bedingungen des Lehrerstudiums im Urteil der Studenten - Forschungsbericht. - In: Berichte und Materialien, Lehrerbildungsforschung Nr. 7, APW/ALB 1976.

MAAßDORF, E.: Zur Qualität der Studientätigkeit in der Pädagogikausbildung - Forschungsbericht. APW/AEA 1982.

MEDE, K./KÜSTER, B.: Materialien einer Befragung von Absolventen und Lehrern am Ratke-Institut Köthen 1991.

OESER, F.: Zu einigen Ergebnissen einer Befragung von Praktikanten über das Große Schulpraktikum. Technische Hochschule Karl-Marx-Stadt 1980.

PREUß, R.: Empirisch-analytische Untersuchungen zur Gestaltung und Wirksamkeit der pädagogischen Praktika im 1. und 2. Studienjahr an den Pädagogischen Hochschulen Potsdam, Leipzig, Güstrow - Tabellen. APW/ALB 1978.

PREUß R.: Zum methodologischen Vorgehen bei der Ermittlung pädagogischen Könnens im Großen Schulpraktikum und zum Entwicklungsstand pädagogischen Könnens bei Geschichtslehrerstudenten in ausgewählten Bereichen der unterrichtlichen Tätigkeit - Untersuchungsbericht. APW/AEA 1981.

PREUß, R.: Zu einigen theoretischen Grundlagen von Pädagogik- und Methodikausbildung im Diplomlehrerstudium. Potsdam 1984.

SCHUBERT, S.: Untersuchungen zum Prozeß der berufsfindung und zur Entwicklung der Berufsmotivation sowie studien- und berufsrelevanter Einstellungen am Institut für Lehrerbildung - Studie. Rochlitz 1985.

STEINERT, H.: Wie bewähren sich unsere Absolventen in der Praxis? - Arbeitsmaterial. Technische Hochschule Karl-Marx-Stadt 1980.

Thesen und Forderungen: Zur Bedeutung der Fachdidaktiken an Hochschulen. Fachdidaktikertagung am 4. Dez. 1985 in Oldenburg. Oldenburg 1986.

Zentralinstitut für Jugendforschung: Zur Persönlichkeitsentwicklung sozialistischer Studenten. Protokoll der SIS - Konferenz am 13. März 1975.

Zentralinstitut für Jugendforschung: Materialien und Befragungen von Studenten (1987) und Absolventen (1989).

Arbeitsgruppe Lehrerbildung: Vorschlag für ein Studium und Vorbereitungsdienst synchronisierendes Modell zur Lehrerausbildung unter gemeinsamer Verantwortung von Hochschule und Schulbehörde. Berlin, Juli 1990.

Beschluß des Politbüros der SED vom 18. März 1980: Die Aufgaben der Universitäten und Hochschulen in der entwickelten sozialistischen Gesellschaft. - In: Das Hochschulwesen, Berlin 28 (1980) 5.

Beschluß des GEW-Hauptvorstandes vom 21. Okt. 1989: Mobilität in Europa. Zur wechselseitigen Anerkennung von Lehramtsexamen.

Beschluß der Kultusministerkonferenz vom 21. Okt. 1990: Richtlinie des Rates der Europäischen Gemeinschaft vom 21. Dez. 1988 über eine allgemeine Regelung zur Anerkennung der Hochschuldiplome, die eine mindestens dreijährige Berufsausbildung abschließen. Umsetzung in innerstaatliches Recht für die Berufe des lehrers.

Beschluß der Kultusministerkonferenz vom 5. Okt. 1990: Vorläufige Grundsätze zur Anerkennung von auf dem Gebiet der ehemaligen DDR erworbenen Lehramtsbefähigungen.

Deutscher Ausschuß für das Erziehungs- und Bildungswesen: Rahmenplan zur Umgestaltung und Vereinheitlichung des allgemeinbildenden öffentlichen Schulwesens. Stuttgart 1963.

Deutscher Bildungsrat: Strukturplan für das Bildungswesen. Bonn 1970.

Empfehlungen der ständigen Kommission für die Studienreform im Lande Niedersachsen zur Fachdidaktik. 27. Juni 1980.

Empfehlungen des Wissenschaftsrates zur Lehrerbildung in den neuen Ländern. 1991.

Erklärung der Deutschen Gesellschaft für Erziehungswissenschaft (DGfE) zu den Aufgaben erziehungswissenschaftlicher Studiengänge aus Anlaß des 3. Oktobers 1990. - In: Pädagogik und Schulalltag 75 (1990) 12.

GEW - Stellungnahme zu den Empfehlungen des Wissenschaftsrates zur Lehrerbildung in den neuen Ländern. 1991.

GEW: Eckpunkte gewerkschaftlicher Forderungen zur Lehrerausbildung. November 1990.

Kultusministerium Nordrhein-Westfalen: Lehrerausbildung (Grundlagen): Lehrerausbildungsgesetz 1981, Ordnung der ersten Staatsprüfungen 1981, Ordnung des Vorbereitungsdienstes und der Zweiten Staatsprüfung für Lehrämter an den Schulen 1980. Köln 1982.

Die Lehrerbildung in der DDR. Eine Sammlung der wichtigsten Dokumente und gesetzlichen Bestimmungen für die Ausbildung der Lehrer, Erzieher und Kindergärtnerinnen. Hrsg.: Ministerium für Volksbildung. Berlin 1983.

Stellungnahme der Deutschen Gesellschaft für Erziehungswissenschaft zum „Erziehungswissenschaftlichen Studium im Rahmen der Lehrerausbildung" vom 12. Dez. 1981.

Verordnung über die Ausbildung für Lehrämter vom 18. Sept. 1990. Gesetzblatt Teil I, 1990, Nr. 63, Berlin.

11 Abkürzungsverzeichnis

AEA	Arbeitsstelle für erzeihungswissenschaftliche Ausbildung an der Akademie der Pädagogischen Wissenschaften der DDR
ALB	Arbeitsstelle für Theorie und Methodik der Lehrerausbildung an der Akademie der Pädagogischen Wissenschaften der DDR
APW	Akademie der Pädagogischen Wissenschaften der DDR
BAK	Bundesarbeitskreis der Seminar- und Fachleiter e.V.
BRD	Bundesrepublik Deutschland
BRRG	Beamtenrechtsrahmengesetz
DDR	Deutsche Demokratische Republik
DGfE	Deutsche Gesellschaft für Erziehungswissenschaft
EG	Europäische Gemeinschaft
EOS	Erweiterte Oberschule
FLP	Ferienlagerpraktikum
G	Gewichtszahl, entsteht durch Transformation von Mittelwerten (x bzw. Z) auf den Zahlenraum 0 ... 100
GEW	Gewerkschaft Erziehung und Wissenschaft
GSP	Großes Schulpraktikum
HU	Humboldt-Universität
IfL	Institut für Lehrerbildung
ILO	Institut für Leitung und Organisation des Volksbildungswesens an der APW
ITG	Institut für Theorie und Geschichte der Pädagogik an der APW
MS	Ausdruck für Ausprägungsgrad (die „Stärke") eines Motivs (Motivstärke)
PA	Produktive Arbeit
PH	Pädagogische Hochschule
POS	Polytechnische Oberschule
PPP	Pädagogisch-psychologisches Praktikum
PPT	Politisch-pädagogisches Praktikum
Sem.	Semester
SIS	Studenten-Intervall-Studie

SPÜ	Schulpraktische Übungen
SWS	Semesterwochenstunden
woA	wahlweise-obligatorische Ausbildung
WSW	Wissenschaftlicher Studentenwettstreit
Z	Zentralwert
ZIJ	Zentralinstitut für Jugendforschung

Nachwort: Lehrerausbildung im Urteil ost- und westdeutscher Studierender aus Bamberg, Bielefeld, Greifswald und Halle nach 1989

INES HORST

Empirische Untersuchungen zu Berufs- und Studieneinstellungen zukünftiger Lehrer liegen aus der ehemaligen DDR und der BRD vor, sie können als ein Spiegel der Veränderungen der gesellschaftlichen Stellung, der Anforderungen und Belastungen des Lehrerberufes betrachtet werden. Probleme ergeben sich immer mit der Vergleichbarkeit der Untersuchungsergebnisse, da sich Fragestellungen und Stichprobenauswahl änderten bzw. sich unterschieden. Diese Problem war auch bei der vorliegenden Untersuchung zu beachten, deshalb wurden bei der Konstruktion des Fragebogens gezielt Items gewählt, die in früheren Untersuchungen der ehemaligen DDR (vgl. u.a. Fragebögen der Arbeitsstelle für Lehrerbildung Potsdam 1973-1979 in FLACH/LÜCK/PREUß in diesem Buch; FULDE 1979) und der BRD (vgl. u.a. OESTERREICH 1987) vorhanden waren.

Dabei interessierten insbesondere folgende Frage- bzw. Problemstellungen:

- Haben sich durch den gesellschaftlichen Umbruch in der ehemaligen DDR die Berufs- und Studieneinstellungen von Lehramtsstudierenden in den neuen Bundes-ländern geändert ?
- Gibt es (bezogen auf das Studienjahr 1991/92) Unterschiede in der Berufsmotivation zwischen ost-und westdeutschen Lehramtsstudenten ?
- Wie bewerten Lehramtsstudenten ihre eigene Ausbildung ?

In die schriftliche und anonyme Befragung wurden Studierende des Lehramtes einbezogen, die im Semester 1991/92 Veranstaltungen in den Erziehungswissenschaften an der PH Halle-Köthen und der Universität Bielefeld sowie im Sommersemester 1993 an der Universität Bamberg belegt hatten. Um aktuelle Entwicklungstendzen zu erfassen und die Ergebnisse der ostdeutschen Stichprobe, die sicher stark durch die Wendezeit beeinflußt waren, zu überprüfen und unter Umständen zu relativieren, wurde die Untersuchung an einer Zufallsstichprobe im November 1994 an der Ernst-Moritz-Arndt-Universität Greifswald wiederholt.

Die Hallenser Stichprobe setzte sich aus 58% weiblichen und 42% männlichen Studierenden zusammen; 60% der Befragten befanden sich im 3./4. Semester, 12% im 5./6. Semester und 28% im 7.-9. Semester. Eine Besonderheit sind die "gewählten" Fachkombinationen, die sich auf Mathematik/Physik, Mathematik/Chemie, Biologie/Chemie und Physik/Technik beschränken (Ursache: Ausrichtung der PH Halle auf naturwissenschaftliche Kombinationen zu DDR-Zeiten). Damit sind in der Stichprobe keine Primarstufenstudenten.

In der Bielefelder Stichprobe ist das Verhältnis zwischen weiblichen und männlichen Probanden ähnlich (56% zu 44%). 34,6% befanden sich zum Erhebungszeitpunkt im 1/2. Semester, 38,5% im 3./4. Semester, 13,4% im 5./6. Semester und 13,5% im 7.- 17. Semester. 36,5% der befragten Studierenden strebten das Lehramt Primarstufe an.

In der Bamberger Stichprobe dominierten mit 80% die weiblichen Studierenden. Zum Befragungszeitpunkt befanden sich 5% im 1./2. Semester, 26 % im 3./4.Semester, 57,5% im 5./6. Semester und 11,5% im 7.-9. Semester. 54 % strebten das Lehramt für die Grundschule an.

Auch in der Greifswalder Stichprobe überwiegen mit 80% die weiblichen Studierenden. 32% befanden sich zum Erhebungszeitpunkt im 1./2.

Studiensemester, 11% im 3./4.Semester , 8% im 5./6. Semester und 49% im 7-9. Semester. 19% streben davon das Lehramt für Grund-und Hauptschule an.

Berufs- und Studieneinstellungen

In der Bielefelder und Bamberger Stichprobe dominierten eindeutig pädagogische Motive auf den ersten beiden Rangplätzen. 86% bzw. 95% stimmten der Aussage in äußerst starkem bis starkem Maße zu, den Lehrerberuf aus Interesse und Freude an der Arbeit mit Kindern gewählt zu haben, 88% bzw. 92% wählten den Lehrerberuf, da sie Interesse an der Entwicklung der Persönlichkeit der Kinder haben. Diese Ergebnisse bestätigen Ergebnisse früherer Untersuchungen, auch hier dominierten eindeutig pädagogische Motive. So gaben in der Untersuchung von ÖSTERREICH, der 1978 PH-Studenten in Westberlin befragte, 76,7% (Rangplatz 1) als Berufswahlmotiv an, "weil ich gern mit Kindern und Jugendlichen zusammen bin". In einer Essener Untersuchung, durchgeführt 1990/91 (vgl. KNAUF 1992), die allerdings nur ausschließlich PrimarstufenstudentInnen umfaßt, nimmt dieses Motiv ebenfalls Rangplatz 1 ein, allerdings ist es prozentual noch höher belegt (95,9%).

Auch in den ostdeutschen Stichproben sind diese pädagogischen Motive relativ hoch besetzt (Interesse und Freude an der Arbeit mit Kindern Halle 83,3%, Greifswald 87%/ Interesse an der Persönlichkeitsentwicklung Halle 70,8%, Greifswald 87%).

FULDE (1979) kam bei einer Untersuchung an der PH Potsdam im Jahre 1976 zu einem ähnlichen Ergebnis; 85% der befragten Studierenden wählten den Lehrerberuf aus Interesse an der Entwicklung der Persönlichkeit der Kinder und Jugendlichen, bei einer Erhebung des Zentralinstituts für

Jugendforschung (ZIJ) bei Studienanfängern (1982) gaben 92% als Berufswahlmotiv "weil ich gern mit Kindern arbeiten möchte" an.

Damit wird deutlich: Bei den Studienanfängern - in der ehemaligen DDR
und in der BRD - dominieren pädagogische Berufswahlmotive. Diese bleiben auch während gesellschaftlicher Veränderungen relativ stabil.

Unklar bleibt, ob in der Gesamttendenz bei Lehramtsstudierenden die
Erwartung, es im späteren Beruf mit heranwachsenden Menschen zu tun haben, an Bedeutung gegenüber "Sachaspekten" gewonnen hat (vgl. KNAUF
1992) bzw. ob es diesbezüglich Unterschiede zwischen den einzelnen Lehrämtern und Fachkombinationen gibt.

In der Hallenser Stichprobe rangieren diese pädagogischen Motive
hinter dem fachlichen Motiv "Den Lehrerberuf wählte ich aus Interesse an
meiner Fachwissenschaft", daß mit 87,5% den ersten Rangplatz einnimmt
(Bielefeld 60%, Bamberg 47,5% Rangplatz 4 bzw. 6). Bereits in einer Erhebung 1989 wurde diese leichte Verschiebung zugunsten fachlicher Motive
- zumindestens innerhalb einer Stichprobe von Studierenden an der PH Halle
- gegenüber pädagogischer Motive deutlich. In der Erhebung von FULDE an
der PH Potsdam lag dieses fachliche Motiv mit 70% auf Rang 2.

Im Zusammenhang damit ist auch zu sehen, daß nur 29% der Studenten
das Studium aus Interesse an pädagogisch-psychologischen Fragestellungen
und Problemen aufgenommen (Bielefeld 52%, Bamberg 56 %, Greifswald
28%) haben.

Eine Ursache für die stärkere fachwissenschaftliche Orientierung der
Studenten in Halle (hier sogar nur auf Naturwissenschaften) könnte darin zu
sehen sein, daß diese den Umbruch in der Schule selbst miterlebten, in
Praktika die erhöhte Aggressivität der Kinder sahen und z.T. auch die Hilf-
losigkeit der Lehrer beobachteten - dadurch sind sie insgesamt verunsichert;
aber eine Erziehungswissenschaft, die sich verstärkt von Problemen der Gegenwart und Zukunft abwendet und sich einseitig auf die Reflexion der Dis-

ziplin und auf ihre Geschichte konzentriert (vgl. auch HEINEMANN 1992, S. 314), kann den Studierenden kaum Antworten und Orientierungen geben.

Hinzu kommt, daß die meisten dieser Studierenden bereits zu DDR-Zeiten ihr Lehrerstudium aufnahmen und sich deshalb schon bei der Bewerbung für eine bestimmte Fachkombination entscheiden mußten. Dabei bestimmte häufig das schulische Lieblingsfach diese Wahl. Darin kann eine weitere Ursache für die stärkere Identifizierung der Hallenser Studierenden mit ihrem Fach liegen (im Vergleich zur Bielefelder Stichprobe).

Da die Erhebungen 1989 und 1991/92 - also während des gesellschaftlichen Umbruchs und der Umstrukturierung der Lehrerausbildung (Abwicklung der Erziehungswissenschaft, Einführung der zweiphasigen Lehrerausbildung, Trennung des SI-und SII-Lehramtes) stattfanden, können auch diese Einflüsse zu einer stärkeren Orientierung auf die sogenannten "harten, ideologiefreien, unbelasteten" Naturwissenschaften geführt haben. Die Greifswalder Ergebnisse unterstützen diese Vermutungen; denn hier dominieren eindeutig die pädagogischen Motive vor den rein fachlichen. Das Motiv „Ich wählte den Lehrerberuf aus Interesse an meiner Fachwissenschaft" liegt hier mit 59% auf Rangplatz 5.

Erfreulich ist, daß in beiden Stichproben das Item "Ich wählte den Lehrerberuf, da er schöpferisches Arbeiten verlangt und ermöglicht", sehr hoch besetzt ist (87,5% in Halle; 82,7% in Bielefeld; 85% in Bamberg; 87% in Greifswald).

Besonders bei den Studierenden in Halle deutet sich hier eine progressive Entwicklung an. In einer schriftlichen Befragung 1987 war dieses Motiv lediglich mit 57 % besetzt. Eine mögliche Erklärung für die stärkere Bedeutung des schöpferischen Charakters der Lehrertätigkeit für die ostdeutschen Studierenden ist in der Ablösung der rigiden Lehrplanvorgaben zu sehen, die in Sachsen-Anhalt durch Rahmenrichtlinien ersetzt wurden, ebenso in den größeren Möglichkeiten bei der Auswahl von Unterrichtsmitteln und Unterrichtsmethoden; d.h. die Studierenden haben die neuen pädagogischen Freiräume an den Schulen sensibel wahrgenommen.

Eine relativ große Differenz zwischen der Hallenser und Bielefelder sowie der Bamberger Stichprobe gab es bei der Aussage: "Das Lehramtsstudium ermöglicht mir eine Vertiefung und Erweiterung meiner Allgemeinbildung." 75% der Hallenser, aber nur 44,2 % der Bielefelder und 49 % der Bamberger Studierenden stimmen dieser Aussage zu. Eine Erklärung für die höhere Belegung dieses Studienmotives in Halle könnte das - im Vergleich zu DDR-Zeiten - erweiterte Studienangebot darstellen. Auch in Greifswald ist dieses Item mit 61% (Rangplatz 4) relativ hoch belegt.

Trotz der neuen sozialen Unsicherheiten geben in den ostdeutschen Stichproben nur 20,8% (Halle) bzw. 15% (Greifswald) die relativ gesicherte Berufspostion /Beam-tenstatus als ein Berufswahlmotiv an, in den westdeutschen Stichproben waren es dagegen 34,6% in Bielefeld und 42,6% in Bamberg.

Tendenziell ist die Wichtung und prozentuale Besetzung dieses Berufswahlmotives gestiegen. So gaben in der Untersuchung von FULDE 1976 an der PH Potsdam lediglich 11% das Motiv "Streben nach gesicherten Berufsweg" an. In der Westberliner Befragung 1978 stimmten 19% dem Berufswahlmotiv "gute Bezahlung und Sicherheit als Beamter" zu, bei der Essener Stichprobe 1990/91 waren es immerhin 35,4%.

Eine sehr geringe Rolle bei der Berufswahl der Studierenden aus Halle und Greifswald spielte das Motiv "Ich wählte den Lehrerberuf, da er mir viel Freizeit und Ferien bietet." (16,6% bzw. 11%); dagegen ist es in Bielefeld mit 31% und in Bamberg mit   23 % besetzt. Zu DDR-Zeiten wurde dieses Motiv nicht 'offiziell' erhoben. Betrachtet man westdeutsche Untersuchungen (1979-1992), so zeigt sich eine deutliche Zunahme dieses Motives (PH West-Berlin 1979 "weil ich als Lehrer viel Freizeit habe" - 51,8%; in Essen 1991 81,6%).

"Die in zahlreichen Untersuchungen festgestellte hohe Bewertung von arbeiternehmerfreundlichen Arbeitszeitregelungen durch die Beschäftigten findet offensichtlich in noch steigenden Maße unmittelbar Eingang in die Berufswahlentscheidungen" (KNAUF 1992, S.56). KNAUF erklärt diese prozentuale Zunahme mit der objektiven und subjektiven Entwicklung unserer Gesellschaft zur Freizeitgesellschaft.

Für rund ein Drittel der Studierenden beider Stichproben spielt das Motiv "Ich wählte den Lehrerberuf, da der Lehrer aktiven Einfluß auf gesellschaftliche Veränderungen nehmen kann" (25% Halle; 24% Greifswald; 38,5% Bielefeld; 47,5% Bamberg) und das Motiv "Ich entschied mich für den Lehrerberuf, um aktiv an der Ausgestaltung/Veränderung des Bildungswesens mitzuwirken" (29%; 35%; 39%; 33%) eine entscheidende Rolle.

Hier scheinen die Erwartungen an den Lehrerberuf und seine Wirkungen bei westdeutschen Lehramtsstudenten höher zu sein. Insgesamt unterliegen diese politischen Motive relativ großen Schwankungen.

In der ehemaligen DDR kann man diese Tendenz an der prozentualen Besetzung des Berufswahlmotives: "Einsicht in die gesellschaftliche Bedeutung des Lehrerberufes" nachvollziehen (PH Potsdam 1973 21%, 1975 41%, 1976 36%, PH Halle 1989 3%, 1991/92 25%).

In der BRD scheinen politische Motive für die Wahl des Lehrerstudiums leicht abzunehmen. So gaben bei einer Befragung von ANTOCH (1976) immerhin 66% der Befragten gesellschaftliche Auswirkungen der Berufstätigkeit als ein Berufswahlmotiv an, in der Westberliner Untersuchung (1978) lag das politische Motiv "weil man als Lehrer eine wichtige gesellschaftliche Aufgabe hat" mit 59% auf Rangplatz 2 aller erfaßten Motive.

Wie schätzen die StudentInnen ihre eigene Ausbildung ein ?

87,5% der Hallenser, 87% der Greifswalder, 73% der Bielefelder und 84% der Bamberger Studierenden halten den ständigen Kontakt zu Kindern - auch während der 1. Ausbildungsphase - für unbedingt erforderlich.

50% der Hallenser, 61% der Greifswalder und 75% der Bielefelder sowie 79% der Bamberger Studierenden haben große Zweifel, ob sie durch ihr Studium lernen, in der Praxis auftretende Probleme zu lösen.

Eine Bamberger Studentin (6. Semester, Lehramt Realschule) äußerte sich zu diesem Aspekt:

"Da beim Lehramtsstudium der fachwissenschaftliche Anteil überwiegt und auf Probleme, die der Beruf später mit sich bringt (z.B. Disziplinprobleme) nur in geringem Maß eingegangen wird, fühle ich mich manchmal unzureichend auf meinen späteren Beruf vorbereitet."

Trotzdem halten nur 62,5% der Hallenser, aber immerhin 82,7% der Bielefelder und 77% der Bamberger Lehramtsstudenten, die erziehungswissenschaftliche Ausbildung für ihre spätere berufliche Tätigkeit mindestens ebenso wichtig wie die fachwissenschaftliche. In Greifswald vertreten 80% diese Auffassung.

Dieses Ergebnis ist besonders an der Bamberger Universität überraschend, da die zukünftigen Gymnasiallehrer laut Lehrerprüfungsordnung nicht zum Besuch schulpädagogischer Lehrveranstaltungen verpflichtet sind.

Zwei schriftliche Aussagen von Gymnasialstudentinnen reflektieren darüber ergänzend:

"Es wäre ratsam, im Rahmen des Grundstudiums eine Reihe von (EWS)-Veranstaltungen vorzuschreiben. Somit könnte sehr leicht verhindert werden, daß gerade wir Gymn.-Leute erst am Ende unseres Studiums mit diesem Bereich konfrontiert werden.-- Zwingt uns doch zu unserem Glück !!!" (Studentin im 6.Semester);

"... leider fehlt beim Gymnasialamt eine gründliche päd. Ausbildung, bzw. muß diese noch neben den festen Stunden "freiwillig" gemacht werden, und kommt zeitmäßig oft zu kurz!"(Studentin im 5. Semester).

Die Mehrzahl der Studierenden hat die wachsende Bedeutung von pädagogisch-psychologischen Wissen und Fähigkeiten für ihre zukünftige Berufspraxis erkannt.

Damit verbinden sich aber auch konkrete Erwartungen an die Gestaltung der Lehre in den Erziehungswissenschaften (a) und ihre Inhalte (b):

a) "Negativ fällt mir auf, daß oftmals Vorlesungen angeboten werden, die ... nicht vorbildlich abgehalten werden hinsichtlich pädagogischer Inhaltsstoffe. Schon allein die Darstellungsweise (mancher) Vorlesungen - man kann kaum folgen, die Inhalte sind zu kompakt gefaßt. Wie soll man als "Lehrer"student einen anders dargebotenen Frontalunterricht gestalten?" (Grundschulstudentin im 4.Semester);

b) "Im pädagogischen Bereich mehr "Inhalte" Konfrontation mit Problemen, keine Aussparung von Problemen wie Drogen, Rechtsradikalität, Gewalt, Mißhandlung etc, die ja auch in der Schule vorhanden sind..." (Gymnasialstudentin im 7. Semester);

"...Auch der erziehungswissenschaftliche Teil...geht an den Problemen der Kinder und der Schule vorbei. Es sollte mehr Wert gelegt werden auf Problematiken wie Aggresivität, Gewalt, Alkohol etc. in der Schule, Verhaltensstörungen, oder auch Methoden des Unterrichts, z.B. Freier Unterricht, Projektunterricht und Praktika stärker einbezogen werden" (Grundschulstudentin im 4.Semester).

Diese (Auf)Forderungen liegen im konkreten Verantwortungsbereich der Lehrenden in den Erziehungswissenschaften und stellen eine Möglichkeit für eine "innere Reform der Lehrerausbildung" dar.

Eine andere wünschenswerte Konsequenz für eine Reformierung der Lehrerbildung bringt R. WINKEL in seinem "Flensburger Plan" zum Ausdruck:

" Wenn es stimmt, daß wir in der Schule keine Biologen, wohl aber für biologische, ökologische, chemische oder physikalische Probleme zuständige Pädagogen benötigen, dann muß dies bereits in der Hochschule grundgelegt werden. Deshalb würde ich das gesamte Studium wie folgt dritteln: ein Drittel wäre fachwissenschaftlich, ein Drittel interdisziplinär und ein weiteres Drittel humanwissenschaftlich zu studieren." (WINKEL 1991, S.159)

Ein großer Kritikpunkt an der Ausbildung ist die zu starke Aufsplitterung des Lehrerstudiums in eine Vielzahl von Einzeldisziplinen. 71% der Hallenser, 67% der Greifswalder, 60% der Bielefelder und 64% der Bamberger Studenten kritisieren diesen Aspekt des Lehrerstudiums. Auch daher wird die Prüfungsordnung, nicht eigene Neigungen und Schwerpunktsetzungen, als ein entscheidender Orientierungsschwerpunkt für die Gestaltung des Studiums gesehen (79% in Halle, 67% in Greifswald, 50% in Bielefeld, 56% in Bamberg).

Besonders gravierend wird diese Aufsplitterung bei einer normalen Grundschullehrerausbildung, die D. HÄNSEL treffend als ein Studium im Fächerwirrwarr kennzeichnete. 70% der Bamberger und 89 % der Bielefelder Primarstufenstudentinnen und - studenten haben deshalb das Gefühl, sich nie auf eine Sache richtig einlassen zu können.

Aber gerade in der Grundschule sind die Erfahrungen zu projektorientiertem und offenem Unterricht am weitesten fortgeschritten.

Eine Primarstufenstudentin mit dem Schwerpunktfach Sachunterricht/ Gesellschaftslehre muß nach der nordrhein-westfälischen Prüfungsordnung auch Deutsch und Mathematik als Pflichtfächer und darüber hinaus Erziehungswissenschaften studieren. Das Studium des Schwerpunktfaches Sachunterricht Gesellschaftslehre gliedert sich wiederum in das Studium vier verschiedener Disziplinen, das Studium der Erziehungswissenschaften gar in sechs (Pädagogik, Psychologie, Philosophie, Soziologie, Rechts- und Politikwissenschaften). Wenn eine Primarstufenstudentin die Prüfungsordnung voll ausschöpft, würde sie innerhalb der ersten drei Studiensemester an zehn der insgesamt dreizehn Fakultäten der Universität Bielefeld studieren müssen. Mit dem Studium von sieben bis elf Disziplinen ist die fachliche Differenzierung des Primarstufenstudiums aber noch nicht abgeschlossen. Die einzelnen Wissenschaftsdisziplinen gliedern sich wiederum in verschiedene Teildisziplinen, die laut Prüfungsordnung abgedeckt werden müssen (vgl. HÄNSEL 1992). So gestaltet sich das Studium im Fächerwirrwarr zu einem Mosaikspiel, dessen Zusammensetzung in der Verantwortung des Studierenden liegt.

Damit setzt sich an der Universität das Lernen im Schubfachprinzip der Schule fort. Das segmentierte Lernen im 45 Minuten-Fach-Rhythmus wird lediglich durch einen 2-Stunden-Rhythmus ersetzt.

Aber : Viele globale Probleme, die Gegenstand von Projektunterricht an der Schule sein könnten (vgl. epochaltypische Schlüsselprobleme nach KLAFKI 1991), setzen ein fachübergreifendes und lebensbezogenes Herangehen voraus.

Zukünftige Lehrer müßten also während ihrer Ausbildung Lernerfahrungen mit interdisziplinärer Lehre machen.

Diese Aufgabe setzt allerdings voraus, daß sich Wissenschaftler an Universitäten auch als Lehrende verstehen, sich verantwortlich fühlen für das zu erreichende Ausbildungsziel und miteinander kommunizieren und kooperativ zusammenarbeiten.

Aus diesen Untersuchungen und der empirischen Analyse von FLACH/LÜCK/PREUß wird das gemeinsame und ungelöste Kernproblem deutscher Lehrerbildung deutlich: das Verhältnis von **Berufsbezogenheit** und **Wissenschafts- orientierung**.

Unter Berufsbezogenheit verstehen die Autoren keine praktizistische, atheoretische, auf Fertigkeitsentwicklung und Einübung orientierte Ausbildung.

"Es geht vielmehr darum, die Potenzen der Wissenschaft und Wissenschaftlichkeit der akademischen Ausbildung zu nutzen, um künftige Lehrer zu wissenschaftlich fundierter pädagogische Arbeit, d.h. zur sachgerechten Anwendung von Wissenschaft in der beruflichen Tätigkeit zu befähigen." (FLACH 1994, S.21)

Damit bedarf es auch einer erweiterten Fassung des Begriffes "Wissenschaftlichkeit" als eine notwendige Qualität von Lehrerbildung. Wissenschaftlichkeit ist nicht identisch mit Wissenschaftsorientierung oder Verwissenschaftlichung der Ausbildung.

"Wissenschaftlichkeit bezeichnet zunächst eine bestimmte Qualität der Ausbildungsinhalte und meint hier vor allem ihre Richtigkeit und Wahrheit, aber auch ihre logische Schlüssigkeit und Systematik; Wissenschaftlichkeit bezieht sich aber auch auf die hochschulpädagogische Gestaltung der Ausbildungs- bzw. Studienprozesse; nicht zuletzt ist auch die Befähigung zu wissenschaftlich fundierter und auch reflektierter beruflicher Tätigkeit einzubeziehen." (FLACH 1994, S.21)

Daraus schlußfolgern die Autoren, daß der Vorwurf gegenüber der Ausbildung von Pädagogen an Fachschulen (wie z.B. Instituten für Lehrerbildung), ihr fehle es an Wissenschaftlichkeit, prinzipiell nicht gerechtfertigt ist.

In diesem Zusammenhang stellt sich die Frage , ob die Universität, wie sie sich gegenwärtig darstellt, überhaupt in der Lage ist, eine so verstandene wissenschaftliche und berufsbezogene Lehrerausbildung zu gestalten. So könnte man auch die Behauptung "Wissenschaftlichkeit ist kein Privileg der

Universität" als Zweifel der Autoren an der Richtigkeit der Universitätslösung auslegen. Zu ähnlichen, aber resoluter und konsequenter formulierten Schlußfolgerungen zum Ort der Lehrerbildung kommen auch NICKLIS (1988) und NEUMANN (1985). So schreibt NICKLIS:

"1a. Die jüngste Geschichte der Universität ist mit ihrer Verfallsgeschichte identisch, die wir den Bildungswahnrufen auf den Minaretten weiter unterhalb der Lorelei verdanken.

1b. Die Integration der gesamten Lehrerbildung in eine so verfaßte Institution zum denkbar ungünstigsten Zeitpunkt war zugleich die Liquidation der Pädagogischen Hochschule ohne Bewährungsfrist.

1c. Die Lehrerbildung ist der Natur der Sache nach auch für den traditionell universitären Studiengang der Gymnasiallehrer universitätsfremd; sie ist insgesamt aus der zum Fachschulgroßverband denaturierten Universität auszugliedern und in selbständigen autonomen Hochschulen ihren Erfordernissen entsprechend organisatorisch und studieninhaltlich neu zu ordnen." (NICKLIS 1988, S.12/13)

Betrachtet man die Gründe für die Forderungen nach universitärer Ausbildung für alle Lehrer seit 1848, kommt man zu folgender Konsequenz:

"Die hauptsächlichsten Gründe, wenigstens für Volksschullehrer, waren ehrenwert, nämlich Aufstieg, Status, und Besoldung, aber sie konnten das fehlende Konzept nicht ersetzen. Wie sollte auch eine nicht nur akademische, sondern universitäre Lehrerbildung vollzogen werden, wenn es dafür wohl überschiessende Erwartungen, aber nur geringe und keineswegs spezifische Erfahrungen gab ?" (OELKERS 1993, S.10)

Es vergingen indessen Jahrzehnte, ehe in Deutschland Anfang der 20er Jahre unseres Jahrhunderts erste Erfolge in der Qualifizierung der universitären Lehrerausbildung auch für Volksschullehrer erreicht werden konnten (vgl. RÖHRS/PEHNKE 1994, S.174).

Aber trotz der in der BRD durchgesetzten und heute bundeseinheitlich universitären Grundschullehrerausbildung ist die Besoldung und das Sozialprestige von Grund-und Hauptschullehrern niedriger als das von Gymnasiallehrern. Diese Erwartungen wurden also nur zum Teil erfüllt, wie sieht es mit den Erwartungen an eine "wissenschaftliche" Lehrerbildung aus ?

"Nunmehr ist Realität bzw. soll realisiert werden, was mehr als hundertfünfzig Jahre lang Postulat bleiben mußte. Nunmehr muß aber auch erfüllt werden können, was als Postulat bloß vor Augen schwebte: die Verbesserung der Lehrerausbildung durch komplette Verwissenschaftlichung." (NEUMANN/OELKERS 1984, S.229)

Diesen Mythos der Verwissenschaftlichung - so NEUMANN/OELKERS (vgl. ebd.) konnte es nur geben, weil nicht klar war, was damit theoretisch und praktisch verbunden sein würde.

Dabei erscheint es notwendig, zwischen verwissenschaftlichter und wissenschaftlicher Lehrerbildung zu unterscheiden (vgl. auch HABEL 1991, 1993, FLACH/PREUß 1990, SCHALLER 1984). So formuliert SCHALLER: "Die verwissenschaftlichte Lehrerbildung gewiß, aber nicht die wissenschaftliche Lehrerbildung ist für Unterricht und Erziehung gefährlich." (SCHALLER 1984, S.383)

Unter Verwissenschaftlichung der Lehrerbildung versteht HABEL folgendes:

"Eine verwissenschaftlichte Lehrerbildung folgt zunächst insofern der allgemeinen Entwicklung der Verwissenschaftlichung, als sie die bislang nicht wissenschaftlicher Erkenntnisproduktion entstammenden Inhalte ersetzt durch wissenschaftlich konstituierte. Und zwar geschieht dies prinzipiell so, daß die wissenschaftlichen Inhalte nach Maßgabe der je standortspezefischen disziplinären Ausdifferenzierungs- und Forschungssituation, aus denen sie entstehen, in den Ausbildungszusammenhang eingestellt werden. Die Inhaltskonstitution des verwissenschaftlichten Ausbildungszusammenhanges folgt also sozusagen der dynamisierten, d.h. empirisierten und temporalisierten wissenschaftlichen Erkenntnisproduktion."(HABEL 1993, S.103)

Die Realität an Universitäten ist eine verwissenschaftlichte Lehrerbildung, die sich immer mehr zersplittert.

Damit wird deutlich: Auch die Hoffnungen, die sich mit einer wissenschaftlichen und berufsbezogenen Ausbildung für alle Lehrer an Universitäten verbanden, konnten nur in geringem Maße erfüllt werden. Eine Ursache dürfte dabei wohl auch im Entwicklungsstand der Erziehungswissenschaft gesehen werden.

NEUMANN (1985) und NEUMANN/OELKERS (1982) kommen daher zu der Konsequenz, daß das landläufig konstruierte Bild einer Fortschrittsgeschichte der Lehrerausbildung, wonach mit dem Übergang vom Seminar zur Akademie, und von dort zur Hochschule und Universität, ein kontinuierlicher Fortschritt verbunden ist, einer entsprechenden Korrektur bedarf.

"Zwar kann unter professionstheoretischen Aspekt die Erfüllung der alten Forderung von 1848 nach Wissenschaftlichkeit und Universität für die Lehrerausbildung als Fortschritt interpretiert werden - und auch die "Gehaltsfragen", die dieser Ebene zuzurechnen sind, erscheinen gelöst. Ob aber der prognostizierte qualitative Geländegewinn, den man sich von der kontinuierlichen Akademisierung versprach, wirklich eingetreten ist, kann bezweifelt werden." (NEUMANN 1985, S.118)

FLACH/LÜCK/PREUSS gehen davon aus, daß eine weiterreichende Reform der Lehrerausbildung an bildungspolitische Rahmenbedingungen und an strukturelle Veränderungen gebunden sein muß. Aber "eine tatsächliche Verbesserung" wird ihrer Meinung nach nur über und mit Lehrerbildnern möglich sein. Deshalb widmen sie sich umfangreich der Rolle und Funktion des Lehrerbildners. Der Lehrerbildner hat eine Doppelfunktion zu erfüllen: Er ist einerseits Vertreter seiner Wissenschaftsdisziplin, ist in ihr wissenschaftlich tätig (in diesem Sinne Produzent von Wissenschaft), gehört der sozialen Institution Wissenschaft an und ist ihren Konventionen unterworfen und er ist andererseits Hochschullehrer, der die Aufgabe hat, zur Ausbildung künftiger Lehrer beizutragen und dabei die von ihm vertretene Wissenschaftsdsziplin als Mittel zu diesem Zwecke zu nutzen und sinnvoll einzusetzen (in diesem Sinne "Vermittler und Anwender" von Wissenschaft). In dieser Doppelfunktion widerspiegelt sich wiederum das Kernproblem der Lehrerbildung - das Verhältnis von Wissenschaftsorientiertheit und Berufsbezogenheit. Beide Funktionen bedürfen einer Vermittlung, diese setzt aber eine Reflexion und Akzeptanz dieser Doppelfunktion bei allen an der Lehrerausbildung beteiligten Wissenschaftlern voraus.

Gegenwärtig scheint in Fragen der Lehrerausbildung - wenigstens an einigen Universitäten - neue Bewegung gekommen zu sein.

Handlungsbedarf für die Lehrerausbildung erwächst aus dem Wandel von Schule (Öffnung zum Gemeinwesen, multikulturelle Schülerschaft, Koedukation, Integration von Behinderten, Ganztagesbetrieb, gestiegene Kompetenzerwartungen an das Alltagsverhalten z.B. im ökologischen oder gesundheitsprophylaktischen Bereich usw.). Diese Bereiche erfordern eine Erweiterung der Professionalität der Berufsausübung und somit eine entsprechende Veränderung der Lehrerausbildung. Nur schwer vorstellbar erschiene es, alle Lehrerinnen und Lehrer gleichermaßen mit diesen Kompetenzen zur Bearbeitung der gewandelten Anforderungen an Schulen auszustatten. Möglicherweise gewinnen solche Spezialisierungen in bezug auf die sich verändernden Anforderungen an Schule größeres Gewicht als etwa die schulartspezifische und fachliche Differenzierung, ohne diese etwa vollständig ersetzen zu wollen.

Vor dem Hintergrund einer solchen erweiterten Professionalitätskonzeption (darunter ist keine Polyvalenz zu verstehen) muß die Frage nach Aufgabe und Struktur der Erziehungswissenschaft in der Lehrerausbildung und nach dem Verhältnis von Wissenschaftsorientiertheit und Berufsbezogenheit neu gestellt werden. (vgl. auch WILDT 1992)

Neue Lehrer und Lehrerinnen braucht das Land - Damit braucht es aber auch Wissenschaftler, die sich auch als Lehrende und damit vielleicht sogar als Lehrerbildner verstehen.

Die Hamburger Tagung zur Lehrerbildung 1993 verabschiedete folgende Thesen:

" 1. Lehrerbildung in den derzeitigen Strukturen ist überholt!

2. Lehrerbildung in der inhaltlichen Gestaltung ist desolat!

3. Lehrerbildung in der methodischen Gestaltung ist veraltet!

4. Lehrerbildung in der einseitigen Ausrichtung auf die Vermittlung von Fachwissen ist wirklichkeitsfremd !

5. Lehrerbildung wird sozialen Problemlagen nicht gerecht!

6. Lehrerbildung geht an gesellschaftlichen Herausforderungen vorbei!

7. Lehrerbildung vernachlässigt Möglichkeiten der schulinternen Kooperation!" (BASTIAN/KÖPKE/OBERLIESEN 1993, S.49-51)

Es bleibt die Hoffnung, daß an einer Umsetzung gearbeitet wird und nicht nur in den schon traditionell reformorientierten Universitäten.

Mit der Veröffentlichung dieses zweiten Bandes der Greifswalder Studien zur Erziehungswissenschaft und der wissenschaftlichen Fortführung dieser Untersuchungsthematik stellen sich auch Greifswalder Erziehungswissenschaftler dieser Aufgabe.

Literaturverzeichnis

ANTOCH, R.F.:Bedingungsmuster der Entscheidung für den Gymnasial-lehrerberuf. Diss.phil. Düsseldorf 1976

BASTIAN, J. /KÖPKE, A./OBERLIESEN, R.: Zur Revision der Lehrerbildung in Hamburg. Hamburg 1993

FLACH, H./PREUß, R.: Zur Weiterentwicklung der Pädagogikausbil-dung. Positionen-Ergebnisse-Tendenzen. APW/ITG Berlin 1990

FLACH, H.: Lehrerbildung zwischen Wissenschaftsorientierunng und Berufsbezogenheit. **In: HÜBNER, P. (Hrsg.)**: Lehrerbildung im ver-einigten Deutschland. Referate eines Colloquiums zu Fragen der Ge-staltung der zukünftigen Lehrerbildung. Frankfurt am Main; Bern; New York; Paris 1994, S.19-41

FULDE, E.: Untersuchungen zum Erziehungsprozeß im Studentenkol-lektiv in der Anfangsphase im Lehrerstudium (unter besonderer Be-rücksichtigung der Entwicklung von Studien- und berufsrelevanten Ein-stellungen der Studenten). Diss. PH Potsdam 1979

HABEL, W.: Der Lehrerberuf in der Europäischen Gemeinschaft - Wis-senschaftliche Orientierung in der verwissenschaftlichen Welt. **In: HEITZER, M./ SPIES, W. (Hrsg.)**: LehrerInnen in Europa der 90er Jahre. Bochum 1993 , S.94-109

HABEL, W.: Vom Leer-zum Lehrstück: Lehrerbildung in Nordrhein - Westfalen am Scheideweg. **In: HOMFELDT, H.G.(Hrsg.)**: Ausbil-den und Fortbilden. Bad Heilbrunn/Obb. 1991, S.29-37

HÄNDLE, C./NITSCH, W.: Intergrierte Lehrerausbildung bleibt aktu-ell. Materialien zur deutsch-deutschen Reformdiskussion. Oldenburg 1991

HÄNSEL, D.: Studium im Fächerwirrwarr. **In:** Die Grundschulzeitschrift 6(1992) 56, S. 41-45

HEINEMANN, K.-H.: Nach dem Kongreß der Deutschen Gesellschaft für Erziehungswissenschaft: Keine Auseinandersetzung mit der DDR-Pädagogik. **In**: Pädagogik und Schulalltag 47 (1992) 3; S.312-314

HORST, I.: Lehrerausbildung im Urteil ost-und westdeutscher Studierender. **In**: Pädagogik und Schulalltag 49(1994)1, S. 118-125

HÜBNER, P. (Hrsg.): Lehrerbildung im vereinigten Deutschland. Referate eines Colloquiums zu Fragen der Gestaltung der zukünftigen Lehrerbildung. Frankfurt am Main;Bern; New York; Paris 1994

KLAFKI, W.: Gemeinsam lernen-Pädagogik für die Gesamtschule. **In**: **MEYER, E./WINKEL, R.(Hrsg.)**: Unser Konzept: Lernen in Gruppen. Hohengehren 1991, S. 142-153

KNAUF, T.: "..weil ich gern mit Kindern zusammen bin" Berufswahlmotive von Lehramtsstudierenden im Wandel. **In**: PÄD extra 1/1992, S.55-58

NEUMANN, D.: Tradition und Fortschritt in der Lehrerausbildung. Die Bildung des Lehrers im Kontext pädagogischer Theoriebildung. Bad Heilbrunn/Obb. 1985

NEUMANN, D./OELKERS, J.: Verwissenschaftlichung als Mythos? Legitimationsprobleme der Lehrerbildung in historischer Sicht. In: Zeitschrift für Pädagogik 30 (1984) 2, S. 229-252

NICKLIS, W. S.: Versuch einer Theorie der Lehrerbildung und der Gestaltwandel der Universität. Frankfurt am Main; Bern; New York; Paris 1988

OELKERS, J.: Die Rolle der Erziehungswissenschaft in der Lehrerbildung. Vortrag auf der Tagung "Schule und Lehrerbildung neu denken". Bielefeld 1993

RÖHRS,H./PEHKE,A. (Hrsg.): Die Reform des Bildungswesens im Ost-West-Dialog. Geschichte, Aufgaben, Probleme. Bd.1 der Greifswalder Studien zur Erziehungswissenschaft, hrsg. von A. PEHNKE. Frankfurt am Main, Berlin, Bern, New York,Paris, Wien 1994

OESTERREICH, D.: Die Berufswahlentscheidung von jungen Lehrern. Berlin 1987

Potsdamer Modell der Lehrerbildung. Denkschrift der Universität Potsdam. Potsdam 1992

SCHALLER, K.: Die wissenschaftliche Lehrerbildung - eine Gefährdung von Erziehung und Unterricht? **In:** Bildung und Erziehung 37 (1984) 4, S.383-405

WILDT, J.: Zu Aufgaben und Struktur der Erziehungswissenschaft in der Lehrerausbildung- eine Skizze. **In:** Pädagogik und Schule in Ost und West. 40 (1992) 2, S.113-121

WINKEL, R.: Wenn ich eine Woche Kultusminister wäre...Oder: Lehrerbildung von heute für morgen. **In: HOMFELDT, H.G. (Hrsg.):** Ausbilden und Fortbilden. Krisen und Perspektiven der Lehrerbildung. Bad Heilbrunn/Obb. 1991,S.150-164

Verordnung über die Ausbildung für Lehrämter vom 18. Sept. 1990. Gesetzblatt Teil I, Nr. 63, Berlin 1990

Zentralinstitut für Jugendforschung: Materialien der Befragungen von Studenten (1987) und Absolventen (1989). Unveröffentlichter Manuskript. Leipzig 1990

Greifswalder Studien zur Erziehungswissenschaft

Herausgegeben von Andreas Pehnke

Peter Lang · Europäischer Verlag der Wissenschaften

Hermann Röhrs / Andreas Pehnke (Hrsg.)

Die Reform des Bildungswesens im Ost-West-Dialog

Geschichte, Aufgaben, Probleme

Frankfurt/M., Berlin, Bern, New York, Paris, Wien, 1994. 321 S.
Greifswalder Studien zur Erziehungswissenschaft.
Herausgegeben von Andreas Pehnke. Bd. 1
ISBN 3-631-47137-8 · br. DM 48.–*

Der Band beabsichtigt, die Erörterung der Grundfragen einer Bildungs-reform möglichst beispielhaft anzuregen. Dazu wird zurückgegriffen auf den reichen Kanon der kritisch gesichteten Erfahrungen im Rahmen typi-scher reformpädagogischer Modelle. Verantwortliche Referenten sind pädagogische Repräsentanten aus Ost- und Westdeutschland, die vorwiegend über Erfahrungen in beiden Teilen verfügen. Dadurch entsteht eine übergreifende Diskussion, die die Entwicklung gleichermaßen in Ost und West zu vertiefen vermag.
Aus dem Inhalt: Das reformpädagogische Erbe als Herausforderung für die Gegenwart · Die gegenwärtige Reform des Unterrichts und der Lehrerbildung · Gymnasium und (oder) Gesamtschule, Reform- und Alternativschulen

Frankfurt/M · Berlin · Bern · New York · Paris · Wien
Auslieferung: Verlag Peter Lang AG
Jupiterstr. 15, CH-3000 Bern 15
Telefon (004131) 9402131
*inklusive Mehrwertsteuer
Preisänderungen vorbehalten

Selma-Maria Behrndt / Martina Steffen (Hrsg.)

Lese-Rechtschreibschwäche im Schulalltag

Frankfurt/M., Berlin, Bern, New York, Paris, Wien, 1996. 345 S., zahlr. Tab.
Greifswalder Studien zur Erziehungswissenschaft.
Herausgegeben von Andreas Pehnke. Bd. 3
ISBN 3-631-30682-2 · br. DM 48.–*

Lese-Rechtschreibstörungen treten im schulischen Alltag häufig auf und haben oft einen bedeutsamen Einfluß auf die weitere Persönlichkeitsentwicklung der Kinder. Anliegen dieses Bandes ist es deshalb, die Komplexität des Phänomens der Legasthenie aus wissenschaftlicher, schulpraktischer und schulorganisatorischer Sicht zu betrachten, um neue Wege im Interesse der betroffenen Kinder zu finden und praktische Hilfen abzuleiten. In diesem Zusammenhang werden gewonnene Erkenntnisse und Erfahrungen bei der Umsetzung einer schulischen Förderstrategie in Mecklenburg-Vorpommern dargestellt. Es handelt sich hierbei um eine pragmatische Vorgehensweise unter realen schulischen Bedingungen.

Aus dem Inhalt: Lese-Rechtschreibschwäche aus kinder- und jugendpsychiatrischer Sicht · Legasthenie und Auffälligkeit des Verhaltens · Zentrale Fehlhörigkeit · Bildungspolitische Konsequenzen · Prophylaktische Möglichkeiten · Kurzverfahren zur Überprüfung des lautsprachlichen Niveaus · Prävention · Rostocker Wahrnehmungstraining · Korrektur der neuen Lesedidaktik · „LRS-spezifische Lesehilfe" · LRS-Förderstrategie

Frankfurt/M · Berlin · Bern · New York · Paris · Wien
Auslieferung: Verlag Peter Lang AG
Jupiterstr. 15, CH-3000 Bern 15
Telefon (004131) 9402131
*inklusive Mehrwertsteuer
Preisänderungen vorbehalten

Peter Lang · Europäischer Verlag der Wissenschaften

Andreas Pehnke (Hrsg.)

Einblicke in reformorientierte Schulpraxis der neuen Bundesländer

Anregungen einer Tagung

Frankfurt/M., Berlin, Bern, New York, Paris, Wien, 1996. 279 S., 5 Abb.
Greifswalder Studien zur Erziehungswissenschaft.
Herausgegeben von Andreas Pehnke. Bd. 4
ISBN 3-631-30548-6 · br. DM 48.–*

Der Band vermittelt Erkenntnisse zu Modernisierungseffekten von Reform- und Alternativschulen für das Regelschulwesen (Pehnke), zur Integrationspädagogik zwischen Individualisierung und sozialem Lernen (Preuss-Lausitz) und zur Autonomie der Schule (Tillmann). Er gewährt Einblicke in Jenaplan-, Montessori- und Gesamtschulpädagogik sowie in die Praxis der Leipziger Nachbarschaftsschule, des Chemnitzer Schulmodells, eines Greifswalder Schulprojekts zur Gesundheitserziehung und nicht zuletzt in Beispiele erfolgreich praktizierter wohnortnaher Integration behinderter Kinder in Regelschulen. Er dokumentiert auch Erfahrungen der Reformpädagogik-Rezeption in Tschechien (Rỳdl) und Polen (Szymanski).
Aus dem Inhalt: Modernisierungseffekte von Reform- und Alternativschulen · Integrationspädagogik · Autonomie der Schule · Jenaplan · Montessori · Gesamtschulpädagogik · Reformpädagogik in Tschechien und Polen

Frankfurt/M · Berlin · Bern · New York · Paris · Wien
Auslieferung: Verlag Peter Lang AG
Jupiterstr. 15, CH-3000 Bern 15
Telefon (004131) 9402131
*inklusive Mehrwertsteuer
Preisänderungen vorbehalten